AF317291

Mémoire
Pour rendre la paix perpetuelle En Europe

Preface.

Vüe generale du projet

Il y a environ quatre ans, que faisant reflexion sur les cruautez, les meurtres, les violences, les incendies & les autres divers ravages que cause la Guerre, plus affligé qu'à l'ordinaire de ceux dont la France & les autres Nations de l'Europe font accablées, Je me mis à chercher si la Guerre estoit un mal absolument sans remede, & s'il estoit entierement impossible de rendre la Paix durable ; j'y avois autre fois pensé à diverses reprises ; mais toûjours sans succez : il est vray, que c'estoit dans des lieux ou l'esprit est toûjours fort partagé, fort affoibly par des distractions, ou de devoir, ou de plaisir, au lieu qu'estant alors à la campagne, aidé des forces que donnent à l'esprit le calme & le loisir de la solitude, je crû pouvoir par une meditation suivie approfondir une matiére qui jusques-là pouvoit bien n'avoir point encore esté approfondie au point qu'elle le méritoit.

Je me proposai donc d'examiner si supposé que l'on trouvast les moyens de rendre la Paix inalterable en Europe, les Souverains ne se porteroient pas avec ardeur à favoriser un pareil establissement : Or il me parût qu'il ne seroit pas impossible de leur faire voir avec évidence du moins aux plus sensez, au plus grand nombre, & mesme aux plus puissans, qu'ils trouveroient dans le Systême de Paix que je viens leur proposer, differens agrandissemens, & differens avantages incomparablement plus grands &

A

plus eſtimables que l'agrandiſſement de Territoire qui eſt le ſeul qu'ils puiſſent eſperer dans le Syſtême de Guerre où ils ſont depuis le commencement du monde; ainſi il me parut d'un coſté qu'ils ſouhaiteroient tous fortement de trouver les moyens de rendre la Paix inalterable, & de l'autre, que les moyens ſeroient faciles à trouver dès qu'ils ſouhaiteroient qu'on les trouvaſt.

Je fis donc deſſein d'examiner avec toute l'attention dont j'eſtois capable ces deux Points. Le premier, *de rendre la Guerre deſormais impoſſible*, en formant peu à peu une Diéte perpetuelle entre les Etats de l'Europe à peu près ſur les modeles qui y ſont déja entre divers Etats de differentes eſpeces en Allemagne, en Suiſſe, en Hollande. Le ſecond, *de montrer les prodigieux avantages qui en reviendroient à chacun des Souverains.*

Je compris meſme bien-toſt que plus je trouverois de moyens de rendre la Paix inalterable, plus je la rendrois facile à conclure preſentement par rapport aux Alliez de la Maiſon d'Autriche, qui deſirent la Paix autant que nous; mais qui ne la veulent qu'à condition qu'on leur donnera des *ſeuretez ſuffiſantes de ſa durée.*

En effet à examiner l'intereſt de ces Alliez dans la Guerre preſente, on trouvera que tout roule ſur deux Chefs principaux. Le premier, c'eſt *une ſeureté ſuffiſante* de la conſervation de leurs Etats contre la grande puiſſance de la Maiſon de France, qui peut dans la ſuite trouver des prétextes ſpécieux & des conjonctures favorables, pour faire des conqueſtes ſur eux, & introduire dans leur païs une Religion, & un Gouvernement pour leſquels ils ont un extrême éloignement. L'autre Chef, c'eſt *une ſeureté ſuffiſante* pour la liberté du Commerce, ſoit celuy de l'Amerique par Cadis, ſoit celuy de la Mediterranée, ces deux Commerces font la moitié du revenu de l'Angleterre & de la Hollande.

Mais quelles *ſeuretez ſuffiſantes* peut-on imaginer pour le plus foible contre le plus fort? Il ny a ſur cela que deux Syſtêmes; le premier eſt d'affoiblir, s'il ſe peut, *ſuffiſamment* le plus fort, c'eſt celuy que ſuivent les Alliez dans la Guerre preſente; le ſecond eſt de fortifier *ſuffiſamment* le plus foible ſans rien oſter de la force du plus fort, c'eſt celuy que je propoſe par un Traité d'Union, qui

donnéroit au plus foible une nouvelle augmentation d'Alliez très-
forts & beaucoup plus estroitement unis , non pour arracher au
plus fort rien de ce qu'il possede ; mais pour luy oster *tout pou-*
voir de troubler désormais les autres , soit dans leurs possessions,
soit dans leur Commerce.

Ce fut sur ce plan que je me mis à examiner les diverses idées
qui y avoient quelque rapport : la grandeur de l'objet me donnoit assez de courage pour ne me pas rebuter du grand nombre
d'obstacles qui se presentoient en foule de tous costez ; enfin je
formay une premiere ébauche , je la montray à plusieurs personnes d'esprit de la Province, je mis à profit, & leurs lumieres , &
leurs obscuritez ? je laissay reposer mes reflexions cinq ou six mois,
j'y trouvay beaucoup à corriger , ainsi je fus obligé d'en faire une
seconde ébauche plus courte que la premiere , & d'un ordre different : cette seconde ébauche examinée par de plus habiles gens en
a produit une troisiéme fort differente, qui est celle-cy , où j'ay
beaucoup ajoûté, beaucoup retranché , & où tout se trouve dans
un nouvel arrangement ; ainsi voilà le fruit d'une meditation longue & opiniastre , voilà ce qu'ont produits les observations & les
critiques judicieuses de mes amis , & à l'occasion de ces critiques
je feray une remarque, c'est qu'elles estoient souvent opposées :
ainsi j'ay esté obligé de laisser plusieurs choses que quelques-uns
vouloient retrancher , & j'en ay retranché d'autres que de plus
indulgens vouloient conserver.

Je voy combien l'on pourroit encore perfectionner cette troisiéme ébauche ; mais il est bien plus important de donner l'ouvrage imparfait pour profiter du secours des conjonctures, que
d'attendre à le montrer lors qu'il sera dans une plus grande perfection ; mais dans un temps ou n'ayant plus le grand secours des
conjonctures, toute sa perfection luy deviendroit inutile : ainsi je
me suis rendu à l'avis de plusieurs personnes qui ont connoissance
des affaires publiques, qui m'ont asseuré que tel qu'il est, s'il estoit
imprimé en diverses Langues , & répandu dans les principales
Villes de l'Europe , *il pourroit donner des vûës tres-utiles aux Mi-*
nistres principaux , & à ceux qui seront employez dans les Negocia-

tions de la Paix prochaine, *pour la rendre plus facile & plus durable*, que l'occasion est favorable, puisque les deux partis opposez sont à peu près également las d'une longue Guerre, qu'ils sont tous à peu près également épuisez, qu'ils voyent que les Conquestes seront désormais de part & d'autre tres-difficiles, d'une grande dépense, & très-peu décisives ; enfin que ceux mesme qui se croiront superieurs en forces peuvent regarder comme une occasion tres-glorieuse pour eux d'offrir des conditions d'une Paix inalterable dans le temps mesme qu'ils pourroient profiter de leur superiorité.

Le dessein de l'Ouvrage est grand, & demandoit un Ouvrier d'un genie proportionné à sa grandeur ; mais qu'on laisse-là l'Ouvrier, qu'on ne songe qu'à la matiére : or si l'on en proposa jamais une digne d'estre examinée avec attention, soit par les plus habiles Ministres, soit par les Souverains eux-mesmes, on peut dire que c'est celle-cy, puisqu'il ne s'agit pas de moins que de se servir de la conjoncture des affaires, pour procurer à tous les Souverains, & à toutes les Nations la plus grande felicité qu'un nouvel establissement puisse jamais leur procurer ; aussi pour faciliter cet examen aux Lecteurs, j'ay réduit tout l'Ouvrage à *quatre* propositions, que je prétens démontrer en *quatre* discours differens, ils verront ainsi facilement s'il y en a quelqu'une qui ne soit pas assez bien prouvée, & quels obstacles ils croyent insurmontables, je les supplie par l'interest qu'ils prennent au bien public, de vouloir bien me communiquer leurs difficultez, parce qu'il arrive souvent que ce qui paroist impossible aux uns, n'est que difficile pour d'autres, qui par leur longue application au mesme sujet peuvent après avoir monté plus haut de ce costé-là, voir les choses d'un poinct de vûë plus élevé, & découvrir par consequent des routes & des moyens dont ceux qui n'ont pas eû pareille attention du mesme costé, ne sçauroient avoir d'idée. Voicy donc les *quatre* propositions.

I. *Le Systême de l'Union de l'Europe est incomparablement meilleur à tous égards que le Systême de l'équilibre entre la Maison de France & la Maison d'Autriche.*

II. *Le Traité d'Union de l'Europe aux conditions que l'on va proposer rendroit la Paix de tout point inalterable.*

III. *Il n'y a aucun Souverain en Europe qui puisse jamais signer aucun Traité si avantageux pour luy que seroit ce Traité d'Union generale.*

Voilà les trois principales propositions, dont la preuve sera utile à tous les Souverains dans tous les temps, j'y ajoûte la quatriéme par rapport à l'estat presens des affaires, pour rendre la Paix future plus facile.

IV. *Si les mesmes Souverains qui signeront le Traité de la Paix prochaine signent en mesme-temps le Traité d'Union de l'Europe, il sera dans la suite selon toute apparence signé de tous les autres ; mais quand ils refuseroient de le signer, ceux qui l'auront signé n'en recevront aucun tort, & il leur aura toûjours produits un tres-grand avantage en ce qu'il aura rendu le Traité de Paix plus facile & plus durable.*

Après ce quatriéme discours, je répondray aux objections qui m'ont este faites jusqu'icy, il me restera quelques observations à faire sur l'interest que chaque Etat, que chaque Souverain peut avoir en son particulier, pour soliciter l'establissement de l'Union ; ce seront des vûës prises de l'estat present ou des affaires, ou de la famille, ou du caractere du Souverain, ce sera un supplément que je donneray avec un recueil des nouvelles objections qui m'auront esté faites.

Le fonds de cette idée d'Union entre les Souverains n'est rien de nouveau, il y a plus de deux mille ans que les Princes & les Republiques de Grece formerent une Assemblée perpetuelle composée de Députez de ces Etats sous le nom d'Amphictyons, pour terminer sans Guerre leurs differens futurs, & pour se soûtenir mutuellement dans les Guerres à venir contre les Puissances Etrangeres. C'est sur une pareille idée que s'unirent les Allemans il y a plusieurs siecles sous le nom *d'Empire*, que s'unirent ensuite les Cantons Suisses, que ce sont unies depuis les sept Provinces souveraines des Pays-Bas, & c'est sur une idée de mesme nature que Henry IV Roy de France, Prince aussi sage que vaillant, avoit peu de temps avant sa mort pris le dessein de former à Cologne

A iij

une efpece de République Chreftienne compofée de Députez ou de Plénipotentiaires des Etats Chreftiens.

Je ne merite donc pas la gloire d'une penfée nouvelle, je m'attache feulement à mettre dans un plus beau jour une penfée fort ancienne, & qui fe prefente naturellement à l'efprit de ceux, qui cherchent à faire durer la Paix.

L'Allemagne eft une efpece de Republique generale de Souverains continuellement reprefentée dans fes Diétes par des Députez revocables de ces diverfes Puiffances, foit Princes, foit Republiques particulieres, formée pour terminer fans Guerre leurs differens, & pour fe maintenir tous enfemble dans la Guerre contre les efforts des Puiffances Etrágeres. Mon deffein eft de montrer que l'on peut faire prefentement de l'Europe, & mefme plus facilement ce qui s'eft fait autrefois de l'Allemagne, je tâcheray d'éviter dans la Republique moderne les défauts de l'ancienne.

Sur la fin du Regne de Loüis le Débonnaire fils de Charlemagne, enfuite fous le Regne de ceux de ces Defcendans qui gouvernerent l'Empire d'Allemagne, on vit les Duchez, les Comtez, & les autres efpeces de gouvernemens immediats fe donner pour toute la vie, quelques-uns obtenoient mefme des furvivances pour leurs enfans. Enfin il arriva des Regnes fi foibles que ces gouvernemens devinrent peu à peu hereditaires, & comme ces Gouverneurs avoient tout droit fur les armes & fur la juftice; leurs Gouvernemens devinrent autant de petites fouverainetez qui ne tenoient plus à l'Empereur que par de trés-legers tributs, par un acte d'inveftiture, & de foy & hommage, que l'heritier du défunt prenoit de l'Empereur, & que l'Empereur ne pouvoit pas ordinairement luy refufer : ils eftoient feulement obligez à caufe de ces fiefs Imperiaux de fecourir l'Empereur dans les Guerres de l'Empire : un grand nombre d'Archevefques, d'Evefques, & d'autres Ecclefiaftiques fe conferverent de mefme le droit de la juftice & des armes : plufieurs Villes confiderables obtinrent de n'avoir plus de Gouverneurs, & de fe gouverner elles-mefmes en Republiques fous la protection de l'Empire, en payant leurs Contingens.

Ainſi des débris de la Puiſſance Impériale ſe forma peu à peu une multitude prodigieuſe de petites Puiſſances particulieres, il en reſte encore en Allemagne plus de deux cens ; mais il y en avoit alors beaucoup davantage. 1°. Parce que l'Empire s'eſtendoit plus loin qu'il ne fait : car il comprenoit autrefois la Flandre juſqu'à Cambray & Anvers, le Danemarck en deçà de la mer Baltique, les trois Eveſchez, la Lorraine, l'Alſace, la Franche-Comté, Geneve, les Suiſſes, le Milanois, & preſque toute l'Italie, la Curlande, & meſme une partie de la Pologne. 2°. Pluſieurs Princes plus puiſſans ont réüni en leur perſonne ſoit par ſucceſſion, ſoit par conqueſte, ſoit par confiſcation, ſoit par des Traitez de Maiſon à Maiſon un grand nombre de ſouverainetez qui avoient autrefois leurs Souverains particuliers, comme la Stirie, la Carinthie, la Carniole, le Tirol, l'Autriche, le Comté de Silley, le Comté de Gorits, le Comté de Grats, la Luſace, Magdebourg & tant d'autres.

Tel eſtoit l'eſtat de l'Empire lorſqu'il paſſa des Princes de la Maiſon de Charlemagne à des Princes de Maiſons differentes lors qu'il ceſſa d'eſtre hereditaire en devenant Electif : il eſtoit bien difficile ou plûtoſt il eſtoit abſolument impoſſible qu'un ſi grand nombre de Souverains auſſi voiſins, & qui avoient tant de choſes à demeſler & à partager enſemble ſur des Limites & ſur le Commerce, ne fuſſent pas ſouvent en guerre, il arrivoit meſme ſouvent que l'Empereur ne pouvoit y remedier faute de force, ou qu'il ne vouloit pas terminer ces differens, ſoit par jalouſie, ſoit par la vûë de quelques intereſts particuliers, auſſi vit-on de temps en temps pendant pluſieurs ſiecles, tantoſt une partie de l'Empire, tantoſt une autre, tantoſt toutes les parties déſolées, où par les Guerres du dedans, ou par les Guerres du dehors : or ce fut pendant ces calamitez publiques qu'on chercha les moyens de les faire ceſſer, & meſme de les éloigner pour jamais.

Je ne ſçay pas ſi le plan de l'Union des Etats d'Allemagne tomba d'abord dans l'eſprit d'un Prince ou d'un Particulier Alleman, je ne ſçay pas non plus juſqu'où il porta ce projet dans ſes commencemens ; mais toûjours il eſt certain que quelqu'un commencé par le propofer : or quelque foit ce fage inventeur on croira facilement qu'il fe trouva une infinité de gens d'efprit mefme parmy les bons Citoyens qui après avoir lû fon Projet, le décrierent comme chimerique , & dirent qu'à la verité , il eftoit infiniment defirable & digne de l'attention d'un homme de bien ; mais qu'il fuppofoit que les Souverains fuffent tous fages , raifonnables , fans paffion, inftruits par eux-mefmes de leurs affaires , occupez du bonheur de leurs fujets, que le Projet eftoit propre pour des Princes tels qu'ils devroient eftre , & non pas pour des Princes tels qu'ils eftoient. Enfin , que le Plan eftoit tres-beau dans la fpeculation , mais qu'il eftoit abfolument impoffible dans l'execution à caufe de la multitude inombrable de paffions & d'interefts oppofez, qu'il feroit toûjours impoffible de concilier.

S'il ne fe rebuta point par ces difcours vagues & generaux , c'eft qu'il vit clairement alors , comme je croy voir clairement à prefent , que tous ces interefts oppofez fe pouvoient facilement réünir par la confideration & le defir de plus grands interefts que chacun trouveroit dans une Union qui devoit procurer la durée de la Paix entr'eux , & une nouvelle augmentation de feureté contre la force , l'ambition, ou l'injuftice des puiffances Etrangeres.

Quoy qu'il en foit , il faut bien que les Souverains d'Allemagne qui entrerent dans l'Union generale fous le nom d'Empire reconnuffent alors avec évidence, qu'à tout compter le Projet de ce Solon Alleman , s'il eftoit figné de tous , feroit extrêmement avantageux à chacun d'eux ; & que ce feroit faire une grande folie, que de refufer d'entrer dans un pareil traité, il faut bien qu'il jugeaffent alors ainfi : car enfin l'Union fe forma , & elle dure depuis plufieurs fiecles, quoy qu'elle ait plufieurs défauts effentiels. Je vas en indiquer deux principaux.

Le premier, c'eft que les Membres en s'uniffant pour avoir une entiere liberté de donner leurs fuffrages, & de faire des propofitions utiles au bien commun , devoient convenir que les Députez feroient tour à tour Prefidens de l'Affemblée ou de la Dié-

te

te , au lieu de cela , c'eſt toûjours l'Empereur qui y preſide par
ſon Député, & l'on a toûjours ſujet de craindre qu'il n'y faſſe
propoſer que les choſes qui ſont à la verité conformes à ſes intereſts particuliers ; mais qui peuvent eſtre ſouvent préjudiciables
à l'intereſt du Corps.

Le ſecond défaut, c'eſt que pour la ſeureté des membres à l'é-
gard des Etrangers, ils ne devoient jamais élire un Empereur pour
commander ou faire commander les armées , & pour faire lever
les Contingens en troupes & en argent dans le Corps Germanique , ils devoient ſeulement ſe choiſir un General ou Stathouder
eapérimenté, qui ne fût point de Maiſon ſouveraine , & qui fuſt
revocable à la pluralité des voix ; de ce défaut eſt venuë la trop
grande puiſſance des Empereurs , qui s'eſt continuellement accruë depuis trois ou quatre cens ans aux dépens du territoire , de
la liberté , du commerce, & de l'autorité de pluſieurs des Membres de l'Union Germanique.

Cette faute d'avoir établi un Preſident perpetuel au lieu d'un
Preſident alternatif, un Empereur au lieu d'un General revocable toutesfois & quantes, a produit le plus grand de tous les inconveniens qui puiſſent arriver à une Union , à une Republique,
c'eſt d'empeſcher qu'elle ne puiſſe ni s'accroiſtre, ni s'affermir ;
les Etats voiſins de la Republique d'Allemagne n'ont jamais pû
ſe reſoudre à entrer dans cette Union , parce qu'il euſt fallu ſe
donner l'Empereur pour maiſtre , ou au moins pour ſuperieur,
au lieu que ſans cet obſtacle, la plûpart des Republiques d'Europe
n'auroient pas mieux demandé dans diverſes conjonctures depuis cent-cinquante ans , que d'entrer dans le Corps Germanique , & d'avoir d'autres Republiques pour compagnes dans cette Union ſi ſalutaire , pluſieurs Princes moins puiſſans , & peut-
eſtre meſme les plus puiſſans n'auroient pas mieux demandé non
plus en certaines conjonctures fâcheuſes, que d'avoir pour com-
pagnons, pour aſſociez dans cette Union , dans cette Alliance
ſi avantageuſe d'autres Princes ſages & pacifiques ; cela a fait
que cette Union loin de s'agrandir par l'Alliance & la jonction
de Veniſe , des autres Etats d'Italie , des Ligues Suiſſes , de la

Hollande, de l'Angleterre, du Danemarck, du Portugal, &
mesme des autres Etats de l'Europe, loin de devenir ainsi par sa
grandeur parfaitement inalterable au dedans, & inattaquable au
dehors, s'estfort affoiblie, soit par la diminution de la liberté des
Membres, soit par les depenses excessives pour soûtenir les Guerres civiles & estrangeres.

Les treize petites souverainetez des Suisses se garderent bien
de se choisir un Chef perpetuel, & les Provinces souveraines des
Pays-bas se sont souvent repenties d'avoir choisir un Prince pour
Stathouder, de luy avoir donné la nomination des Officiers, &
de l'avoir rendu perpetuel, & mesme hereditaire, de ce costé-là
l'Union des souverainetez Suisses est un modele bien plus parfait
que celle des Allemans, & que celle des Hollandois.

Je conviens que le sage qui proposa ce projet en Allemagne
est tres-excusable, en ce qu'il fut contraint de bastir une espece
de Republique sur d'anciens restes de l'Empire de Charlemagne,
& qu'il ne luy estoit pas permis de bastir tout à neuf: or il estoit
bien difficile en retenant quelque chose de ce vieux édifice Impe-
rial, de faire de tous ces divers Etats un Etat plus Republicain, que
celuy du Corps Germanique; mais il est vray aussi qu'il luy arriva comme à ces Architectes qui gastent leur bastiment nouveau pour vouloir conserver quelque chose de l'ancien, & la
faute, quoyque très excusable, par rapport à l'Auteur, n'en est
pas moins considerable par rapport à l'Ouvrage.

Il ne faut pas croire que l'Union generale des Souverains Allemans, qui fut executée, trouvast alors moins de difficultez &
moins d'obstacles à surmonter que l'Union generale des Souverains d'Europe, que je propose, n'en trouveroit presentement.

Je ne sçay pas si lors de la formation du Corps Germanique les
esprits des Princes & des Peuples estoient plus disposez à s'unir
pour avoir une Paix durable, qu'ils ne sont presentement; mais
je sçay bien que l'Europe entiere n'a jamais esté si fatiguée, si dé-
solée par la Guerre, qu'elle l'est depuis plusieurs années.

On m'a objecté que cette Union, que je propose, sera sou-
haitée par les moins puissans, parce qu'ils craignent d'estre en-

vahis ; mais que par la mefme raifon elle trouvera de l'oppofition du cofté des plus puiffans, parce qu'ils efperent trouver l'occafion d'envahir.

A cela je répons que lorfque l'Union du Corps Germanique fe forma il y avoit trois ou quatre Princes Allemans plus puiffans que les autres, tels que ceux qui devinrent quelques fiecles après Electeurs féculiers , ils avoient à proportion les mefmes raifons de s'oppofer à l'Union de l'Allemagne , qu'en peuvent avoir les trois ou quatre plus puiffans Princes Européens a s'oppofer à l'Union de l'Europe : cependant ils ne s'y oppoferent point , ils la fignerent , ils s'y foumirent , il faut donc bien , qu'à tout confiderer ils trouvaffent alors des avantages beaucoup plus grands à la figner qu'à ne la pas figner, & ce font ces mefmes avantages que je montreray en détail dans la fuite.

On m'a objecté encore que pour l'execution du projet d'U-nion que je propofe aux Souverains d'Europe, il faudroit qu'il fuft agréé de tous en mefme-temps : or cela feroit effectivement impoffible ; mais j'ay à répondre que le Projet du fage Alleman avoit la mefme difficulté à furmonter , & plus grande en ce qu'il y avoit un plus grand nombre de Souverains à affembler , & ce-pendant elle fut furmontée , apparemment que fon Projet eut le bonheur de commencer à plaire à quelqu'un des Souverains de cette Nation , celuy-cy le propofa , & le fit agréer à un autre, ceux-cy le propoferent, & le firent agréer à quelques-uns des plus fages & des plus puiffans. Enfin ce plan rendu public, on refolut apparemment de s'affembler pour le rectifier , & convenir des principaux articles, il fut enfin agréé de tous. Qu'on me dife une autre maniere dont la chofe fe paffa , il ne m'importe, c'eft cette maniere là-mefme dont on peut fe fervir pour faire confentir peu à peu les Souverains d'Europe de proche en proche, & les uns après les autres à députer à une Affemblée, à une Diéte ge-nerale & perpetuelle , pour examiner & rectifier tous les articles dont on peut convenir pour la formation de l'Union de l'Europe; ainfi de ce cofté-là ce n'eft qu'une difficulté qu'on peut facilement furmonter avec le temps.

Ce qui multiplie les difficultez, foit pour une Union paffage-
re, comme une Paix, foit pour une Union durable, telle que peut
eftre celle où les Plénipotentiaires font perpetuellement affemblez, c'eft ou la grandeur, ou la multitude des interefts oppofez:
or du cofté de la grandeur des interefts les chofes eftoient auffi
difficiles alors qu'elles le peuvent eftre prefentement, cette grandeur d'intereft fe mefure par la proportion de la puiffance des
Parties intereffées, & quatre Villages de plus, un petit Peage peuvent eftre auffi importans à un petit Prince, à une petite Republique, que quatre grandes Villes, ou une groffe Doüane pour
une grande Republique, ou pour un Souverain fort puiffant, ainfi
jufques-là difficulté égale.

A l'égard de la multitude des interefts oppofez, elle fe mefure
affez jufte par la multitude des Parties qui ont les mefmes efpeces
de chofes à partager, & de droits à décider. Or à ne compter
prefentement l'Allemagne que pour un corps de fouveraineté, il
n'y a qu'environ vingt Souverains en Europe qui ayent au moins
deux millions de Sujets, au lieu qu'il y avoit en Allemagne plus
de deux cens Etats Souverains grands & petits, Ecclefiaftiques &
Séculiers lors de l'Union generale d'Allemagne; ainfi de ce cofté-
là nous avons une difficulté de moins, puifqu'il y avoit beaucoup
plus de Parties à faire convenir fur les conditions de l'Union.

Cette Union du Corps Germanique avoit encore à furmonter
une grande difficulté que nous n'avons pas, c'eft qu'elle n'avoit
aucun modele exiftant d'une pareille Union que l'on puft montrer, & fur lequel on puft fe regler: car l'Union des anciens Amphictyons eftoit ou ignorée de la plûpart, ou regardée comme
un eftabliffement qui n'avoit pu durer, au lieu que nous avons
prefentement en Europe trois modeles fubfiftans d'Union entre
diverfes fouverainetez, Allemagne, Suiffe, Hollande, dont on
peut facilement emprunter plufieurs articles tres-importans, foit
pour la formation, foit pour la confervation, foit pour l'accroiffe-
ment de l'Union generale de l'Europe.

Outre ces deux difficultez de moins, nous avons une facilité
de plus pour executer le Projet encore en plus grand, c'eft que

lors de la formation du Corps Germanique, les Membres ne pouvoient pas s'attendre qu'aucun d'eux ne se détacheroit jamais de l'Union, parceque dans sa séparation il pouvoit estre favorisé par des puissances Etrangeres, ils ne pouvoient pas non plus se promettre que ce Corps ne seroit jamais attaqué par des forces Etrangeres ou égales ou superieures aux leurs ; ainsi ils n'avoient de seureté parfaite, ny pour la Paix au dedans, ny pour la Paix au dehors ; ce Corps n'est pas assez puissant, & il est environné de Nations aussi puissantes que luy, qui peuvent s'unir, ou pour le diviser, ou pour le détruire, au lieu que le Corps de l'Europe sera si grand, si puissant, qu'il n'aura plus à craindre, ny qu'un voisin fomente la division, ny qu'il facilite le détachement d'aucun de ses Membres, ny qu'il soit jamais assez puissant pour oser tenter de nuire à l'Union. Or comme cela operera non-seulement une plus grande seureté, non-seulement une seureté parfaite pour la conservation de chaque Etat ; mais encore une seureté parfaite qu'il n'y aura jamais de Guerre à craindre ny au dedans, ny au dehors, le motif, le ressort pour la formation de l'Union generale des Souverains d'Europe sera beaucoup plus puissant, que n'estoit le ressort, le motif qui a formé autrefois l'Union des Membres du Corps Germanique. Il est évident que ce motif doit croistre à proportion des degrez de seureté : or la seureté que procurera l'Union de l'Europe sera au dernier degré, elle sera entiere à tous égards, & parconsequent incomparablement plus grande que ne peut jamais estre la seureté que procure l'Union du Corps Germanique ; donc l'interest, le motif pour former aujourd'huy le *Corps Européen* sera incomparablement plus grand que l'interest, que le motif qui forma autrefois le *Corps Germanique.* Donc il est vray que le Projet d'Union en plus grand, tel qu'est l'Union du Corps Européen que je propose, est d'un costé encore moins difficile, & de l'autre encore plus facile que le Projet d'Union en moins grand, tel qu'estoit l'Union du Corps Germanique, qui fut cependant executé il y a plusieurs siecles, malgré ses grands obstacles, & qui subsiste encore aujourd'huy malgré ses grands défauts.

Dans l'ébauche précedente le Projet embraſſoit tous les Etats de la Terre, mes amis m'ont fait remarquer que quand meſme dans la ſuite des ſiécles la plûpart des Souverains d'Aſie & d'Afrique demanderoient à eſtre reçûs dans l'Union, cette vûë paroiſſoit ſi éloignée & embaraſſée de tant de difficultez qu'elle jettoit ſur tout le Projet, un air, une apparence d'impoſſibilité qui revoltoit tous les Lecteurs, & qui en portoit quelques-uns à croire que reſtraint meſme à la ſeule Europe l'execution en ſeroit encore impoſſible ; je me ſuis d'autant plus volontiers rendu à leur avis que l'Union de l'Europe ſuffit à l'Europe pour la conſerver toûjours en Paix, & qu'elle ſera aſſez puiſſante pour conſerver ſon Commerce en Aſie & en Afrique malgré ceux qui voudroient l'interrompre. Le Conſeil general qu'elle pourra établir dans les Indes deviendra facilement l'Arbitre des Souverains de ce Pays-là, & les empeſchera par ſon autorité de prendre les armes, le crédit de l'Union ſera d'autant plus grand parmi eux qu'ils ſeront ſeurs qu'elle ne veut que des ſeuretez pour ſon Commerce, qu'elle ne ſonge a faire aucune Conqueſte, & qu'elle ne regardera jamais comme Ennemis que les Ennemis de la Paix.

Ad dirigendos pedes noſtros in viam pacis.

Premier Discours.

Proposition.

Si le Systeme de l'Union de l'Europe est jncomparablement meilleur a tous egards, que le Systeme de l'Équilibre Entre La Maison de France, et la maison d'Autriche.

La premiere jdée qui vient à un Souverain moins puissant pour ne pas succomber sous les efforts d'un voisin beaucoup plus puissant, c'est d'interesser d'autres puissances dans sa querelle, & quand il se trouve des Souverains prudens, il n'a pas de peine à leur persuader qu'ils ont un grand interest d'empêcher qu'il ne succombe sous les forces du plus fort, puisque ce plus fort devenu plus puissant par ses conquestes, seroit bien-tôt beaucoup plus redoutable à chacun d'eux. Voilà le fondement de la plûpart des Ligues, des Alliances & des Unions particulieres que font les foibles pour leur propre conservation contre les plus forts.

Cette idée est bonne; elle seroit même excellente, si, au lieu de la borner à une Union particuliere de trois ou quatre Souverains &

pour un temps limité, les Alliez visoient à la rendre aussi grande, aussi nombreuse, aussi puissante, qu'elle peut l'estre, & à trouver les moyens de la rendre toûjours durable, & ce dernier article seroit facile, si on étoit parvenu à la rendre aussi grande, que l'Europe.

Il est impossible que lorsque les Souverains d'Allemagne ont commencé à joüir de leurs nouvelles Souverainetez, les plus forts n'ayent pas plusieurs fois tenté d'accabler les plus foibles, & que les plus foibles, pour n'estre pas accablez, n'ayent eu autant de fois recours aux Ligues, aux Unions avec leurs voisins, pour leur conservation mutuelle.

Mais quand il s'éleve deux Souverains très-puissans parmi des voisins beaucoup plus foibles, alors ceux-cy, outre leurs Ligues particulieres commencent naturellement à desirer de tenir ces Puissances divisées, & de conserver une sorte d'équilibre entr'elles : ils sentent facilement combien leur liberté tient à la liberté de chacune de ces Maisons plus puissantes, & qu'ils n'ont plus nulle sûreté pour leur conservation, si chacunes d'elles n'est conservée, & si l'on n'a soin de les tenir divisées. Telle est la seconde idée qui vient à l'esprit, pour éviter un second malheur.

Il est impossible que dans ces premiers temps de la naissance des Souverainetez d'Allemagne, les plus foibles n'ayent fondé toute la sûreté de leur conservation sur ces deux idées: mais il est impossible aussi qu'ils n'ayent vû dans la suite que si ces moyens suffisoient pour les garantir de l'invasion des plus forts d'entr'eux, ils ne les garantissoient pas d'estre souvent en guerre les uns contre les autres, tantost pour se défendre, tantôt pour défendre leurs Alliez.

Ce n'est donc pas une idée nouvelle, que l'idée de conserver l'équilibre entre les plus forts; elle est simple; elle est naturelle; c'est une des premieres qui vient à l'esprit, & tel a esté le progrez de la politique en Allemagne. Les Souverains virent bien que cet équilibre si difficile, & à établir, & à conserver operoit à la verité une sûreté contre l'ambition & l'injustice des plus puissans a l'égard des succez des guerres: mais ils virent bientoft que ce moyen, loin de diminuer le nombre de ces guerres également ruineuses pour les plus foibles, comme pour les plus forts, ne faisoit autre chose, que

les faire durer plus long-temps; ce fut alors que le Solon d'Allema-
magne eut occaſion de s'élever juſqu'à la troiſiéme idée, pour éviter ce troiſiéme malheur, & de repreſenter qu'ils gagneroient tous
infiniment à ne ſe plus contenter de cet équilibre qui ne donne aucune autre voye que *la guerre* pour terminer les differens futurs,
mais de viſer à une Union generale des Souverains d'Allemagne, &
de faire qu'ils fuſſent perpetuellement repreſentez par leurs Deputez dans les Diètes, afin de terminer *ſans guerre*, par conciliation,
ou par arbitrage les differens futurs, en impoſant une peine très-
conſiderable, comme eſt celle du Ban, ou de la perte de ſes Etats, à
celuy qui refuſeroit d'executer le Jugement de l'Union du Corps
Germanique, & qui voudroit dèſormais ſoûtenir ſes droits *par la
force* contre tout le Corps.

Il n'eſt donc pas étonnant que pour leur conſervation, les Princes moins puiſſans en Europe ayent mis d'abord en uſage les deux
premieres idées dont les Princes moins puiſſans en Allemagne ſe
ſervirent autrefois pour la leur, qui ſont les Ligues & l'Equilibre:
mais il ſeroit fort étonnant que les Souverains d'Europe connoiſ-
ſant, ſurtout depuis 200 ans, par une experience pareille à celle
qu'avoient eu les Souverains d'Allemagne, que les Ligues particulieres & le maintien de l'Equilibre ſont inutiles pour empêcher
la guerre, ils ne portaſſent pas leurs vûës politiques auſſi loin
que les anciens Princes Allemans, c'eſt-à-dire, juſqu'à la troiſiéme idée, c'eſt-à-dire, juſqu'à voir qu'il n'y a, pour éviter un ſi grand
mal, qu'un ſeul moyen, qui eſt l'Union generale de l'Europe, pour
éviter les guerres en Europe, comme le vit celuy qui propoſa le
projet d'Union generale d'Allemagne, pour éviter les guerres en
Allemagne. Nous allons diſcuter avec plus d'exactitude dans la
ſuite de ce diſcours ce que l'on peut attendre de ce Syſtême de l'E-
quilibre.

Je commenceray par donner une idée generale des cauſes de la
guerre: je montreray enſuite qu'elle ſubſiſteront toûjours, & qu'-
elles auront toûjours les meſmes effets, ſi l'Union generale ne détruit ces cauſes juſques dans leurs principes. Je marqueray enſuite le peu de ſûreté qu'apportent les Ligues particulieres pour la

conſervation des Etats & des Maiſons ſouveraines. Enfin je tâche-ray de montrer par la comparaiſon combien le Syſtême de l'Union generale de l'Europe a d'avantages dans ces deux points ſur le Syſ-tême de l'Equilibre entre la Maiſon de France & la Maiſon d'Auſ-triche, ce qui eſt le but de ce Diſcours.

Depuis qu'il y a des Souverains dans le monde, la guerre n'a eſté diſcontinuée que par la chûte & la ruine des Maiſons ſouverai-nes, par le bouleverſement de leurs Etats, ou par des Traitez de Paix, qui n'eſtoient, à proprement parler, que des Traitez de Tré-ve, puiſque dans les Traitez, c'eſt le plus foible, ou plûtôt le plus las qui cede malgré luy, ce qu'il eſpere bien reprendre à la premie-re occaſion favorable, quand il aura reſtabli ſes forces; auſſi juſ-qu'icy il n'y a eu aucune ſûreté pour rendre la Paix inalterable. Il n'y a qu'à ouvrir les hiſtoires de tous les peuples, on n'en verra aucun dont l'Etat n'ait eſté renverſé pluſieurs fois, on ne verra dans les ſiecles paſſez aucune Maiſon ſouveraine qui ne ſoit tombée dans l'a-neantiſſement, ou par les victoires de quelque grand Conquerant, ou par les conſpirations de leurs propres Sujets; on ne verra qu'un recit continuel de maux infinis que la guerre a cauſez à toutes les Nations & à toutes les Familles des Souverains.

Le deſir de ſe vanger par repreſailles, le deſir d'acquerir de la gloire & de la reputation par les armes, le deſir de poſſeder une Ville, une Province, enfin un Territoire nouveau, à droit de ſucceſſion, donation ou à quelqu'autre titre, la jalouſie de Maiſon à Maiſon, le deſir de mortifier & d'abaiſſer un Voiſin, le deſir d'a-voir une ſorte de commerce eſtranger, & tant d'autres deſirs for-ment des paſſions qui ne peuvent pas ne point naiſtre dans les Souverains, comme dans les autres hommes; ces paſſions les em-pêcheront toûjours de ſe borner à l'équité & à la juſtice, & pro-duiront toûjours la guerre, ſoit avec raiſon, ſoit avec prétexte, ſoit ſans raiſon & ſans prétexte, à moins que par un ſage établiſſement, ſemblable à celui du Corps Germanique les Souverains ne convien-nent que chacun gardera tranquillement ce qu'il poſſede, ſans rien prétendre ſur ce que poſſede un autre Etat, & que s'il ſurvient quel-que conteſtation, elle ſoit accommodée ou jugée par tous les Alliez pris pour arbitres, suivant les conditions & selon la forme dont on sera convenu.

Les Princes peuvent se donner des paroles, faire des promesses mutuelles, signer même des Traitez de Paix entr'eux pour les démêlez presens, mais qui les obligera, qui les contraindra à se tenir exactement parole, & à executer ponctuellement les promesses reciproques écrites dans les Traitez, à moins qu'une Puissance qui sera beaucoup superieure au plus puissant, ne l'empêche de prendre les armes, & ne l'oblige par la crainte, ou à s'accommoder, ou à suivre la decision des Arbitres? Mais où prendre cette Puissance de beaucoup superieure aux plus puissans Etats, si eux-mesmes ne conviennent de faire l'Union de tous, qui sera alors beaucoup plus puissante, que chacun d'eux en particulier.

De mesme à l'égard des promesses où il y a de l'équivoque dans les termes à l'égard des démêlez entre leurs successeurs, à l'égard des procez entre les Sujets des differens Souverains, qui les decidera? Et supposé qu'ils convinssent des Souverains pour les decider, qui sera assez fort pour obliger les Souverains condamnez à tenir les decisions de ces Arbitres, à moins que toutes les Puissances ne soient elles-mesmes les Arbitres, & ne s'unissent ensemble en un Corps pour cet effet?

L'homme ne semble estre fait que pour obéïr à quelque passion, c'est toûjours la plus forte qui l'emporte, & dans le trouble des passions, l'équité elle-mesme luy paroist injuste: cependant sans équité, point de societé, point de repos, point de tranquillité, point de commerce sûr & durable entre les Nations, entre les Souverains; l'équité auroit beau meme se rendre visible, ou par les articles des Traitez, ou par les Jugemens des Arbitres, cela est inutile, si les Arbitres ne sont de beaucoup plus forts, & vivement interessez à faire observer leurs Jugemens.

Les Particuliers d'un mesme Etat sont jusqu'icy bien moins malheureux de ce costé-là que les Souverains, ils ont les avantages de la Societé & du Commerce: il est vrai que plusieurs d'entr'eux ont des procez les uns contre les autres, mais ils vivent dans un Etat, c'est-à-dire, dans un Corps de Villages, de Villes, de Provinces qui compofent une Union, une Société fouveraine : ils ont des Loix, ils ont des Juges pour decider leurs differens felon les Loix ; & ce qui eft effentiel, ils ont des Juges plus puiffans qu'aucune des Parties, pour obliger de force la Partie condamnée à tenir fa promeffe & à executer les Jugemens. Ils ne font point réduits comme les Souverains, à la malheureufe neceffité de decider leurs differens par la force, par la violence, & de détruire leur voifins, pour fe conferver eux-mêmes.

Les trois quarts & demi des Sujets de chaque Nation n'ont point de procez : ce n'eft pas qu'ils n'ayent rien à partager entr'eux, mais c'eft qu'il y a des Loix claires, des Loix autorifées par la force de l'Etat, & que ces Loix decident clairement en une infinité de rencontres fur ce qui eft à partager ce qui appartient à l'un, & ce qui appartient à l'autre ; & fi une partie des Sujets ont des procez, c'eft qu'il y a des cas où ils n'ont point de Loix, ou bien celles qu'ils ont ne font pas claires, & au défaut de ces Loix, & pour remedier en quelque forte à cette obfcurité, l'Etat leur donne des Juges ou des Interpretes de certaines Loix mal faites, qui ont befoin d'eftre interpretées : or les Souverains d'Europe, excepté les Souverains d'Allemagne, les treize Etats Souverains Suiffes & les fept Provinces fouveraines, n'ont pas entr'eux cet avantage pour terminer leurs differens.

D'ailleurs ceux qui plaident ne prennent point les armes, ni eux, ni leurs parens, ni leurs amis, ni leur domeftiques, ni leurs vaffaux, pour terminer leurs procez ; ils ne mettent point leur vie, ni leur fortune au hazard des combats, le foible fans la moindre crainte attaque le puiffant : il eft écouté : il obtient juftice par la decifion des Juges, & par l'autorité & la force de l'Etat : les équivoques font levées, les Jugemens executez, & le plus foible dépoffede fans peine le plus fort, qui avoit injuftement ufurpé, parce que le plus foible appuyé des Loix qui font elles-mefmes foûtenuës de la force de l'Union entiere, c'eft-à-dire, de l'Etat, devient alors effectivement le plus fort & de beaucoup le plus fort.

Mais entre les Souverains d'Europe, nulles Loix, car qu'eft-ce que des Loix ? Qu'eft-ce que des conventions qui ne font point autorifées par la force ? Nuls Juges & Interpretes des Loix qu'ils fe

font impofées par leurs Traitez ? Nuls Jugemens , & quand il y
en a , nulle execution à en efperer , parce qu'ils ne font foûtenus,ni
par la volonté , ni par la force des Arbitres. Ainfi les Soûverains
font obligez , pour avoir juftice, de recourir au fort des armes, &
de recommencer la guerre. Cela a toûjours efté & fera toûjours
de même,fi les Soûverains ne forment par leurs Deputez fur le mo-
delle deSpire,un Tribunal perpetuel de Conciliateurs & d'Arbitres
plus puiffant que chaque Souverain particulier, plus puiffant même que plufieurs des plus puiffans qui s'uniroient enfemble.

Il faut que cette Union puiffe & foit mefme intereffée à obliger
chacun des Souverains à fe contenir dans les bornes du Territoire
qu'il poffede , a executer les Jugemens de l'Union , & à empêcher
que perfonne ne prenne les armes , & que la punition de quiconque voudroit les prendre , foit très-grande & regardée comme infaillible,de forte que la crainte d'un malheur très-grand & très-évi-
dent foit un motif plus fort & plus puiffant, que ne pourroient être
les autres paffions qui confeillent de prendre les armes; car qui eft-
ce qui détermine le Particulier à executer un Jugement en dernier
reffort, qui le condamne , fi ce n'eft la certitude que fes efforts feroient inutiles pour y refifter, & qu'il rifqueroit encore de perdre
le refte de fa fortune & celle de fa famille : ainfi la grande crainte
fait alors taire les paffions les plus vives & les plus impetueufes , &
conduit l'homme malgré luy à fon vray intereft.

Il arrive à proportion entre Princes ce qui arrive entre Particu-
liers:deux Gentilshommes plaident pour une petite redevance, l'a-
nimofité s'en mêle, plaintes reciproques du procedé malhonnefte,
difcours injurieux , aigreur, reffentiment , il arrive nouveaux fujets de procez, ils dépenfent en procedures cent fois plus que le
fujet du procez ne vaut : ajoûtez à cela les foins,les veilles,les voya-
ges, les ennuis, les incommoditez pendant une grande partie de la
vie. Il eft vifible que fi quelque homme d'autorité eût fait perdre
d'abord le procez à celuy-là mefme qui avoit la juftice de fon côté, il luy auroit rendu un des plus grands fervices que le meilleur de
fes amis eût jamais pu luy rendre;il eft vray que ce Gentilhomme
lezé ne feroit pas moins en colere contre l'homme d'autorité,mais

le ſervice n'en ſeroit, ni moins réel, ni moins grand.

L'application eſt aiſée à faire aux Souverains qui ont des démêlez pour des ſujets qui ſont cent fois moins conſiderables que les
frais de la guerre, & que la perte que cauſe la ceſſation du Commerce, le chagrin & le dommage que ſouffriroit le Souverain qui
décheoiroit de de ſa prétention, quelque juſte qu'elle fût, ne feroit
pas la centiême partie de la perte réelle & des chagrins que lui cau-
ſeroit une pareille guerre.

Les Particuliers ont encore un malheur de moins que les Souverains : deux Familles de Particuliers peuvent plaider enſemble, ſans
pour cela que leurs voiſins ſoient obligez d'intervenir au procez ;
mais entre les Souverains, ce n'eſt pas de meſme : tout Souverain
eſt intereſſé à ce qu'aucun de ſes voiſins ne devienne trop fort par la
victoire ; ainſi c'eſt une neceſſité, quand la guerre s'allume entre
deux Souverains, qu'elle s'allume encore peu à peu entre beaucoup
d'autres, & la cauſe de cet embraſement eſt la crainte raiſonnable
de l'aggrandiſſement d'un voiſin qui peut devenir injuſte & ennemi. Or on ne peut prévenir ces malheurs, que par l'établiſſement
d'une Union qui termine les procez, & dont la principale baze, eſt
l'article qui défend tout aggrandiſſement de Territoire, en con-
ſervant chacun exactement dans ſes limites actuelles : car pour les
autres eſpeces d'aggrandiſſement qui peuvent arriver à un État par
la bonne police, par la perfection des Loix, par le progrez des arts
& des ſciences & par l'augmentation du commerce, loin qu'ils
ſoient défendus, ils ſont au contraire propoſez aux Princes les plus
ſages, comme une des principales recompenſes de leur ſageſſe.

Les Princes qui vont faire la Paix n'ont aucune ſûreté de la durée
de cette Paix, & toutes les précautions qu'ils pourroient prendre ne
ſont pas ſuffiſantes pour empêcher un Prince ambitieux, colere, ſu-
perbe, inquiet, mal conſeillé, de broüiller tout de nouveau ; les
prétextes ne manquent point ; or de remede, il n'y en peut jamais
avoir d'autres, qu'un Traité entr'eux, pour former par leur Deputez perpetuels une ſorte de Republique perpetuelle, une Union qui
ſoit garante des promeſſes qui ont terminé les differens paſſez, &
arbitre des differens futurs, & que cette Union ait beaucoup plus
de

de force, que les deux ou trois plus forts de ses Membres qui se ligueroient, ou pour s'y opposer, ou pour s'en separer ; enfin un
Traité plus parfait, que celuy du Corps Germanique, qui procure en Europe encore plus d'avantage, que l'autre n'en procure
en Allemagne.

Qu'est-ce qui engage un Souverain à prendre les armes ?
C'est l'esperance d'estre mieux. Qu'est-ce qui peut le dissuader
de les prendre ? C'est la crainte d'estre incomparablement pis, &
l'on ne peut jamais surmonter la passion de l'esperance, que par
la passion de la crainte. Mais qui peut luy causer cette crainte ?
Une force de beaucoup superieure à la sienne, & ou trouver
cette force de beaucoup superieure, si ce n'est dans l'union de
plusieurs forces ?

Rien ne seroit plus utile pour la conservation des Etats foibles, ou des Etats devenus foibles par la minorité des Souverains, que les Traitez d'Alliance & de Garantie dans la vûë de se
défendre contre des ennemis communs, si ces Alliances & ces Garanties n'estoient pas par la nature des hommes fort sujettes au
changement, c'est qu'il arrive tres-frequemment que quelqu'un
des Alliez & des Garants ou cesse de *vouloir* l'effet du Traité
lorsqu'il le peut, ou cesse de le *pouvoir* lorsqu'il le veut.

On change de volonté, parce que l'interest ou veritable, ou
apparent qui a fait signer le Traité a changé luy-mesme, j'appelle interest veritable, un interest solide & durable, que les plus
sages suivent ordinairement pour augmenter leurs richesses,
leur réputation, pour affermir, & aggrandir leur Maison & leur
Etat, on trouve alors des pretextes de ne plus tenir exactement
le Traité, j'appelle interest apparent, un interest personnel, pas-
sager, qui vient ou de quelque passion passagere, ou de quelque esperance frivole & mal fondée, les passions les plus ordinaires en pareil cas, c'est l'envie de se vanger de quelque mépris, de quelque insulte, l'envie d'abaisser son Allié qui devient trop puissant, & qui vouloit prendre ou une égalité avec
nous qui nous déplaist, ou un degré de superiorité sur nous, qui
nous blesse. A l'égard des esperances mal fondées, l'ambition dé-

D

reglée suffit pour faire recevoir à l'imagination les esperances les plus vaines, & les vûës les plus fausses. Voilà comment les Alliez se divisent, voilà ce qui fait que les Princes qui ont signé un Traité, ou leurs Successeurs cessent de vouloir l'executer quand ils le peuvent, l'Histoire ancienne & moderne est pleine de pareils exemples.

Comme quelques Souverains cessent de *vouloir* lorsqu'ils pourroient, il arrive souvent qu'ils cessent de *pouvoir* lorsqu'ils voudroient, il leur arrive des guerres civiles qui les épuisent, ils sont obligez d'entrer dans une guerre estrangere, où ils ne s'attendoient pas, ils laissent des enfans mineurs sous une Regence foible : voilà les sources tres-ordinaires de la cessation du *pouvoir*, outre cela, il y a encore quatre autres causes de la fin des Unions & des Garanties ordinaires ; la premiere, c'est que les Alliez ne sont pas en assez grand nombre pour se défendre contre une autre Union ; la seconde, c'est la défiance où les Alliez sont les uns à l'égard des autres faute de Commissaires reciproques dans les Provinces les uns des autres, pour avertir de tout armement nouveau ; la troisiéme, c'est que la Paix faite, l'Alliance formée au lieu de conserver les Plenipotentiaires au mesme lieu, pour travailler continuellement à l'entretien de la Paix & de l'Alliance, chacun se retire de son costé ; la quatriéme, c'est qu'on ne fait pas ces Alliances d'une maniere qu'on les puisse proposer, & faire agréer comme chose avantageuse à chacun des autres Souverains voisins.

Qu'on fasse reflexion sur les 13 Cantons Suisses, il est certain que leur foiblesse est une dépendance naturelle où il ny a point de remede que par l'Union avec d'autres Puissances, on peut dire mesme que pour acquerir une plus grande indépendance, il manque à ces 13 Peuples Souverains d'estre encore unis sous les mesmes conditions avec les Souverains d'Italie, d'Allemagne & d'Espagne, & d'estre convenu que celuy qui se separeroit de l'Union seroit traité d'ennemi par tous les autres.

Mais cette Union mesme quand elle seroit faite, ne seroit pas encore entierement solide & durable, à moins que les autres Sou-

verains voifins de ces Nations n'entraffent dans la mefme Union;
la raifon en eft évidente , c'eft que l'Efpagne, par exemple, pourroit fe trouver dans un cas où elle pourroit quitter cette Union,
fans crainte d'eftre punie de fa défertion, & que fert la menace
d'une punition , fi le contrevenant à le pouvoir de l'éviter? Or
l'Efpagne pourroit l'éviter en entrant dans une autre Union avec
la France, l'Angleterre, la Hollande, puifqu'alors cette feconde
Union la mettroit à couvert de la punition.

Il eft donc certain que plus l'Union fera grande, plus elle fera folide, & qu'elle n'atteindra jamais à une parfaite folidité, que
lorfqu'une autre Union n'en pourra plus détacher aucun membre , c'eft-à-dire , lorfque cette Union embraffera elle-mefme
routes les autres Unions particulieres de l'Europe, & de-là il fuit
neceffairement qu'il ny aura jamais d'Alliances , de Garanties
durables , de moyens feurs de pacifier , & de terminer les differens futurs, & parconfequent qu'il eft impoffible d'avoir jamais
de Paix inalterable fans la formation de l'Union generale.

On m'a objecté que la dignité d'Empereur deviendroit alors
inutile au Corps Germanique, puifque tous les membres eftant
également protegez par l'Union generale , & leurs differens également terminez où dans la Chambre Germanique, où dans le
Senat de l'Union, ils n'auroient plus befoin d'aucune protection.

Je conviens qu'abfolument parlant , le Corps Germanique
pourroit fe paffer d'Empereur ; mais il pourroit d'autant plûtoft
fe déterminer à conferver cette dignité, que les membres après
la formation de l'Union n'auroient plus rien à craindre de la trop
grande puiffance de l'Empereur.

Je viens prefentement à la comparaifon du Syftême de l'U-
nion generale de l'Europe , avec le Syftême de l'Equilibre entre
la Maifon de France & la Maifon d'Autriche , je voy cinq avantages infiniment confiderables dans le Syftême de l'Union. 1º.
C'eft un prefervatif feur contre le malheur des guerres eftrangeres, au lieu que l'Equilibre n'eft rien moins qu'un prefervatif.
2. C'eft un prefervatif feur contre le malheur des guerres civiles
des Etats qui entreront dans l'Union, au lieu que l'Equilibre n'en

garantit point du tout. 3°. C'eſt une ſeureté parfaite pour la conſervation de chaque Etat, au lieu que l'Equilibre n'opere qu'une
ſeureté très-imparfaite. 4°. C'eſt une ſeureté parfaite de la continuation du Commerce, au lieu que l'Equilibre en favoriſe l'interruption. 5°. Il eſt moins difficile, & de moins de dépenſe d'eſtablir l'Union, & de la maintenir à perpetuité, que d'eſtablir & de
maintenir l'Equilibre.

PREMIER AVANTAGE.

*Les guerres eſtrangeres deviendront impoſſibles dans le Syſtême de l'U-
nion, & la Paix y deviendra par conſequent perpetuelle, au lieu
que dans le Syſtême de l'Equilibre les guerres eſtrangeres y ſont faciles, frequentes, tres-longues, & les Treves fort courtes.*

1°. L'Equilibre par ſa nature eſt une ſituation ou ce qui eſt en
balance eſt tres-facile à eſtre mis, & à eſtre conſervé en mouvement, la moindre cauſe interieure ou exterieure ſuffit pour donner
un mouvement nouveau, ou pour faire continuer celuy qui y eſtoit
déja, ainſi l'Equilibre des deux Maiſons peut bien permettre quelque ceſſation de mouvement, quelques tréves; mais loin de pouvoir produire un repos ſolide, une Paix inalterable, il donne à la
moindre cauſe eſtrangere la facilité, & de recommencer la guerre, & meſme de la faire durer plus long-temps quand elle eſt re-
commencée, puiſque d'un coſté le Souverain qui a quelque deſir
de recommencer la guerre, peut y eſtre excité par des eſperances
flateuſes, & ne peut jamais en eſtre détourné par une trés-grande
crainte, puiſqu'on ſuppoſe qu'eſtant en Equilibre de puiſſance, il
a à peu près autant de raiſons d'eſperer, que de ſujets de craindre,
& d'un autre coſté, ne ſçait-on pas que les combattans font d'autant plus durer le combat, que l'Equilibre ſe garde plus long-temps
entre leurs forces.

Dans l'Union de l'Europe au contraire, il ny aura plus deux
partis en Equilibre de forces, & comme entre les Souverains unis
il ny a plus qu'un meſme but ; qui eſt de conſerver toûjours le

prétieux tréfor de la Paix, il ny a plus qu'un mefme parti, toutes les forces font réünies & dirigées vers ce but, de forte qu'il ne
peut pas venir à l'efprit d'un Prince, à moins qu'il ne fût entierement fou, aucun defir de troubler ce repos, & s'il eftoit venu
à ce dégré de folie, il feroit impoffible que la guerre duraft feulement deux ans, puifque loin qu'on pût fuppofer un Equilibre
de forces, toutes, excepté une, feroient employées à furmonter
celle que l'on fuppofe très - inégale ; nous montrerons mefme
que fi un Souverain eftoit déclaré ennemi de l'Union, fes propres forces diminueroient de moitié au dedans, puifqu'il n'auroit jamais tant à craindre la revolte de fes Provinces, & fur tout
des Frontieres, & l'abandonnement de fes plus fages Officiers &
Miniftres : ainfi, c'eft cette grande inégalité de forces de l'Union
comparée à celle d'un ou de plufieurs membres, c'eft ce grand
éloignement de l'Equilibre qui donne à l'Union une confiftence
inalterable, & à la Paix une durée à toute épreuve.

2°. Si l'évidence du raifonnement ne fuffit pas, que l'on con-
fulte l'experience, que l'on voye ce qui eft arrivé depuis 200 ans
dans le Syftême de l'Equilibre, qu'on life l'Hiftoire de l'Europe,
qu'eft-ce qu'à operé ce malheureux Syftême, finon des guerres
prefque perpetuelles? Combien peu a duré la *Treve* de Vervins?
Je ne fçaurois appeller d'un autre nom, une Paix qui ne peut
pas durer. Combien de temps, au contraire a duré la guerre depuis la fin de cette Treve, jufqu'à prefent. Tel eft l'effet de cet
Equilibre fi defiré. Or le paffé ne nous inftruit-il pas avec certitude, que d'une caufe femblable, on ne doit attendre pour l'a-
venir que de femblables effets. Et qui ne voit que dans le Syftême de l'Equilibre, on ne fçauroit jamais s'affurer la confervation
de l'Etat, fi l'on n'a inceffamment les armes à la main, & que
l'on ne peut joüir de fa liberté qu'aux dépens de fon repos.

3°. Qu'on faffe attention, que depuis l'Union des Allemans, il
ny a point eû entr'eux de guerres, ou qu'il ny en a point eû qui
ayent eu quelque durée, ou quelque fuite, fi ce n'eft lorfque
quelques-uns de fes membres ont fait des Unions particulieres
avec des Souverains eftrangers, & l'on verra que s'ils n'avoient

point eû de voisins puissans, qui n'eussent fait partie de l'Union, il n'y auroit jamais eu de guerre entr'eux, c'est-à-dire, que si leur Union eust embrassé tous les Souverains d'Europe, il ny auroit jamais eu de guerre, ny en Allemagne, ny dans le reste de l'Europe.

Il est vray que les Souverains d'Allemagne ont eu quelquefois besoin du secours des Etrangers, & sur tout de ceux de France, pour soûtenir leur liberté contre la puissance de l'Empereur, comme sous le Regne de François I, & dans les commencemens du Regne du Roy, qui obtint enfin les articles du Traité de Munster, pour la conservation de la liberté du Corps Germanique ; mais cela ne prouve autre chose, sinon que quand ils n'ont plus à craindre les guerres entr'eux, parce qu'ils ont un preservatif dans l'arbitrage de la Chambre Jmperiale, où dans les décisions des Diétes generales, ils ont à craindre la guerre avec leur Empereur mesme, & c'est une nouvelle preuve du défaut essentiel de l'Union Germanique.

SECOND AVANTAGE.

A l'égard des guerres civiles.

1º. Il est certain, que tout ce qu'esperent les Princes moins puissans de l'effet de l'Equilibre entre les grandes Puissances, c'est la conservation de leurs Etats contre l'ambition de chacune de ces grandes Puissances, & qu'ils n'attendent pas de ce Systême qu'il les garantisse des séditions, des revoltes, & des guerres civiles.

Nous voyons au contraire qu'un des plus importans effets de l'Union, ce sera de preserver infailliblement, & les Etats moins puissans, & les plus puissans de toute sédition, de toute revolte, & sur tout de toute guerre civile ; c'est que dès que l'on sçait que hors le parti du Souverain, le premier parti qui prend les armes sera déclaré ennemi de l'Union, & infailliblement vaincu & puni rigoureusement par les forces toutes puissantes des Souverains unis, la sédition, la revolte ne sçauroit avoir de chefs dignes de confiance, ainſi ou elle ne commence pas, ou elle ſe diſſipe d'elle-meſme.

L'Equilibre ne ſçauroit donc pas meſme garantir de la guerre civile, qui au jugement des plus ſages eſt de tous les maux d'un Etat le mal le plus funeſte & le plus terrible, & effectivement qu'on liſe dans l'Hiſtoire ce qui eſt arrivé dans l'Europe depuis 200 ans, & l'on verra un grand nombre de guerres civiles en Allemagne, en France, en Flandres, en Angleterre, qui ne ſe-roient jamais nées ſi l'Union que je propoſe eut eſté dès lors formée.

TROISIE'ME AVANTAGE.

Chaque Etat à plus de ſeureté pour ſa conſervation dans le Syſtéme de l'Union.

L'Equilibre quand il ſeroit eſtabli n'a rien de fort ſolide, ainſi ce ſeroit toûjours un Garant fort incertain de la conſervation des Etats.

1º. Nous venons de voir que l'Equilibre ne garantit point des guerres. Or qui ne ſçait que tout ce qui dépend du ſort des armes du ſuccez des Batailles, n'eſt rien que de fort incertain.

2º. Après l'eſtabliſſement de l'Equilibre d'Europe, qui aura coûté la vie à une infinité d'hommes, & des ſommes immenſes aux Anglois, aux Hollandois, aux Portugais, & aux autres Al-liez de la Maiſon d'Autriche, où eſt l'impoſſibilité qu'une Mai-ſon devienne la moitié plus foible que l'autre par les minoritez, les Regences, les guerres civiles, les mauvaiſes Loix, ou le mau-vais gouvernement de l'une, tandis que l'autre ſe fortifiera par les voyes contraires, ce qui eſt arrivé ne peut-il plus arriver? Qu'on ſe ſouvienne de la formidable puiſſance de la Maiſon d'Autriche ſous Charles-Quint, & ſur tout de la branche d'Eſ-pagne dans les premieres années du Regne de Philippe II ſon fils, Il n'y a perſonne qui ne ſçache que cette ſeule branche eſtoit alors plus puiſſante que la Maiſon de France? Et qui de nous ignore que fix vingt ans après cette mefme branche affoiblie par un mauvais gouvernement n'avoit pas la huitiéme partie des forces de la Maifon de France.

Si dans fix vingt ans la Maifon de France tomboit par des minoritez & des divifions inteftines dans un affoibliffement femblable, ne faudroit-il pas alors que les Anglois, & les Hollandois, priffent les armes pour faire des Conqueftes fur la Maifon d'Autriche, en faveur de la Maifon de France, rien n'eft donc plus inconftant que cet Equilibre, & plus difficile à maintenir.

3°. A l'heure qu'il eft, que l'Archiduc refte feul de fa Maifon, & qu'il n'a point d'enfans de l'Archiducheffe qui eft auffi jeune que luy, il eft incertain fi cette Maifon ne finira pas avant 30 ans, avant 20 ans, en ce cas tout l'édifice de l'Equilibre ne tombe-t-il pas en ruine, cet édifice qui a tant coûté, & pour lequel les Alliez fe propofent de faire encore tant de dépenfe : voilà encore une fource d'incertitude.

4°. Quand les deux Maifons feroient toutes fort nombreufes en defcendans, quand elles demeureroient dans un parfait Equilibre de puiffance, où eft l'impoffibilité qu'avant 150 ans les deux Chefs ne s'uniffent pour faire des Conqueftes chacun de leur cofté, avec cette claufe, que le plus heureux attendra l'autre, ou luy aidera à avancer pour ne faire que des Conqueftes égales ; le Syftême de l'équilibre n'a de folidité qu'autant que cette Union eft impoffible. Or loin d'eftre impoffible, elle eft au contraire tres-vrai-femblable, la feule jaloufie pourroit s'y oppofer, & la jaloufie a les mains liées par la claufe de l'égalité des Conqueftes, au lieu que l'ambition qui n'a plus rien, qui la retienne, les pouffe tous deux également, & vivement à fubjuguer leurs voifins,

A la nouvelle de la Paix de Vervins *les deux Rois font déja convenus de ne fe plus faire la guerre*, dit le Roy de Dannemarck, *gare qu'ils ne conviennent bien-toft de la faire à d'autres, & à Dieu l'Europe.* Cet habile Prince auroit-il craint l'union des deux Maifons s'il ne l'eût cru poffible.

5°. L'Equilibre des deux Maifons ne peut fe conferver que par l'Equilibre de leurs Alliez. Or qui peut avoir certitude qu'une

Maifon

Maiſon ne pourra avoir des Alliez plus puiſſans que l'autre, il n'y a donc à tout cela que beaucoup d'incertitude, & parconſequent la ſeureté eſt tres-petite, bien loin d'eſtre *ſuffiſante*.

6°. Si une Maiſon devient plus forte, & l'autre plus foible, & ſi leurs voiſins ſont alors en guerre, qui empêchera la plus forte d'accabler la plus foible?

7°. On ſuppoſe qu'un Prince moins puiſſant ne ſçauroit jamais eſtre gagné par des avantages preſens & ſpécieux, par des paſſions de jalouſie & de vangeance pour ſe lier contre ſon vray intereſt avec le plus fort. On ſuppoſe que les paſſions ne puiſſent pas faire faire de fautes dans la conduite ; cependant rien n'eſt moins extraordinaire, quoy qu'il ſoit encore plus ordinaire de voir les Souverains ſe déterminer conformement à leurs vrais intereſts, ces fautes peuvent eſtre déciſives pour rompre cet Equilibre, ainſi voilà encore une ſource d'incertitude.

Or quand on aura rabatu ſur la ſeureté que l'on peut attendre du Syſtême de l'Equilibre toutes les choſes incertaines, ſur leſquelles ſon effet eſt fondé, on trouvera que non-ſeulement il ne garantit point du tout des guerres, ſoit civiles, ſoit eſtrangeres ; mais que meſme à l'égard de la conſervation des Etats en leur entier, il n'a rien d'aſſez ſolide pour donner une *ſeureté ſuffiſante* à ceux qui peuvent avoir la moindre prévoyance de l'avenir.

Au contraire le Syſtême de l'Union generale de l'Europe n'a aucun de ces défauts, ſa ſolidité ne dépend point des hazards de la guerre, puiſque la guerre y devient impoſſible, on n'a point a y craindre l'affoibliſſement d'une Maiſon, ou de toute autre Puiſſance, puiſque cet affoibliſſement n'affoiblit point l'Union, & que d'ailleurs ordinairement les autres membres ſe fortifient de ce dont un des membres s'affoiblit. Que la Maiſon d'Autriche vienne à finir, ſes Etats ne finiſſent pas, & de quelque maniere qu'ils ſoient gouvernez dans la ſuite, leurs forces reſtent pour la ſeureté de l'Union.

Dans l'Union les Princes moins puiſſans n'ont point à craindre que les deux Maiſons s'uniſſent pour faire des Conqueſtes ſur eux, puiſque le reſte de l'Union de l'Europe ſera encore beaucoup plus forte que ces deux Maiſons unies enſemble, & puis ce qui eſt déciſif, c'eſt que dans le Syſtême de l'Union les moins puiſſans ſeroient en bien plus grand nombre, & bien plus forts contre ces deux Maiſons unies, qu'ils ne ſeroient ſans Union, ainſi ils n'ont pas à balancer à opter le Syſtême de l'U-nion, qui eſt le ſeul où il y ait *ſeureté ſuffiſante* pour la conſerva-tion de leurs Etats en leur entier.

Il y a meſme une conſideration d'une grande importance, c'eſt que dans le Syſtême de l'Union, les deux ou trois plus Puiſſans Souverains n'auront que chacun 12000 Dragons, non plus que les moins Puiſſans, & que les Viſiteurs veillent pour avertir s'il ſe levoit plus de Troupes. Or ſi l'Union avoit des ſoupçons de trahiſon, elle auroit bien-toſt aſſemblé ſix fois plus de Troupes, pour accabler & ſe ſaiſir du Souverain qui voudroit trahir l'Union.

Enfin les Princes les plus puiſſans, ne ſont puiſſans que par l'obéïſſance de leurs Provinces. Or qui doute que ces Provin-ces, & ſur tout les Provinces Frontieres ſeures de la protection de l'Union, n'eſtant point retenuës par de fortes Garniſons ne ſe re-voltaſſent en faveur de l'Union, pour ſe garantir des malheurs, où la deſtinée d'un Prince ambitieux les entraîneroit infailible-ment dans tous les ſiécles à venir : Or ces avantages conſiderables ſont dans le Syſtême de l'Union, & ne ſe trouvent point dans le Syſtême de l'Equilibre.

QUATRIE'ME AVANTAGE.

Continuation du Commerce.

On vient de voir que loin que l'Equilibre ſoit un preſervatif contre les guerres, s'il eſt parfait, il ne fait qu'en augmenter le nombre & la durée, & s'il eſt imparfait, les Princes moins puiſ-ſans qui ſuivent ce Syſtême en ont moins de ſeureté pour la con-ſervation de leurs Etats en leur entier, & par deſſus il en re-ſulte que les guerres n'en ſçauroient eſtre ny moins frequentes,

ny moins durables ; ainfi ce Syftême ne remedie point à l'interruption du Commerce , qui eft neceffairement caufée par les
guerres , foit civiles , foit éftrangeres , au lieu que dans le Syftême de l'Union, où les guerres font ou impoffibles, ou extrêmement rares , & certainement de très-peu de durée , & avec un
petit nombre de Souverains, le Commerce ne fçauroit eftre que
peu , & prefque jamais interrompu.

CINQUIE'ME AVANTAGE.

Le Syftême de l'Union demande moins de dépenfe , & eft moins
difficile à eftablir & à maintenir.

Nous avons vû que le Syftême de l'Union eft infiniment au
deffus du Syftême de l'Equilibre , puifqu'il garantit des guerres
eftrangeres, des guerres civiles, qu'il donne incomparablement
plus de feureté pour la confervation des Etats en leur entier , &
qu'il procure la continuation inalterable du Commerce entre
toutes les Nations ; mais quand l'Equilibre procureroit les mefmes avantages, il feroit encore bien moins fouhaitable, fi pour
l'eftablir, le maintenir , & le reftablir quand il eft détruit , il faut
courir plus de hazard , & faire une dépenfe incomparablement
plus grande , que pour eftablir & maintenir l'Union.

Or il n'y a qu'à faire reflexion fur toutes les dépenfes qu'à faite l'Europe en differentes guerres depuis 200 ans , foit pour
eftablir, foit pour maintenir , foit pour reftablir ce vain idole ,
auquel les Nations facrifient aveuglement fi inutilement depuis
fi long-temps tant d'hommes, & tant de richeffes, il ny a qu'à
faire reflexion fur ce qn'il en coûtera encore avant la premiere
Tréve , je veux dire, avant la premiere Paix , & l'on verra que
ces feules richeffes valent quatre fois plus que ne vaut en capital
le revenu de toute efpece de l'Europe entiere , & qu'ainfi l'Europe feroit quatre fois plus riche fi l'on euft eftabli l'Union il y a
200 ans, au lieu de fe contenter de fuivre le Syftême de l'Equilibre , & fi l'Union ne s'eftablit pas, qu'on faffe attention à ce qu'il

en coûtera encore d'icy à 2 0 0 ans, ſoit pour maintenir, ſoit pour reſtablir cet Equilibre. Et qui doute que ſi les Anglois, les Hollandois, & les autres Alliez parvenoient à conquerir preſentement l'Eſpagne pour la Maiſon d'Autriche, ils ne fuſſent peut-eſtre obligez dans 150 ans de faire les meſmes dépenſes pour la reconquerir en faveur de la Maiſon de France, ſi elle ſe trouvoit alors trop affoiblie par les diviſions, & les minoritez ſucceſſi-ves.

Qu'en coûtera-t-il au contraire pour eſtablir, & pour maintenir l'Union, preſque rien pour l'eſtablir, ſi ce n'eſt la reſtitution de quelques conqueſtes injuſtes & mal aſſurées, preſque rien pour la maintenir en comparaiſon des dépenſes de la guerre.

En voilà aſſez, la choſe eſt éclaircie, que l'on juge preſentement, que l'on décide entre ces deux Syſtêmes, le Lecteur demandera où eſt le fondement de la comparaiſon, & il n'aura pas de tort, auſſi ces Syſtêmes n'ont-ils jamais eſté comparez, c'eſt que juſqu'icy le Syſtême de l'Union n'avoit pas encore paru dans un point de vûë qui pût le faire regarder comme quelque choſe de praticable; mais on a vû qu'il ſera très-facile à executer dès que les Souverains voudront en ſigner le Traité, & le mettre en execution. Or nous avons démontré dans le diſcours precedent qu'aucun d'eux, pourvû qu'il ſoit tant ſoit peu ſenſé ne ſçauroit ne pas voir, s'il le lit, & s'il l'entend, qu'on ne peut jamais luy propoſer un Traité ſi avantageux pour luy, & pour ſa Maiſon. Il ne me reſte donc qu'à conclure que ſi ce projet eſt rendu public en diverſes Langues, il y a beaucoup plus d'apparence que les plus puiſſans Souverains, comme les moins puiſſans, tant par honneur que par intereſt s'empreſſeront à en ſolliciter l'execution, qu'il ny a d'apparence qu'ils en traverſeront le ſuc-cez.

OBJECTION PREMIERE.

COmme je ſuppoſe dans cet Ouvrage qu'en conſideration du Traité d'Union generale de l'Europe, que la Maiſon de France pour-

ra propofer aux autres Souverains pour rendre la Paix perpetuelle, les Anglois, les Hollandois, & leurs Alliez n'auront pas
de peine à promettre de luy rendre, ou de luy faire rendre toutes
les Conqueftes qu'ils ont faites fur elle, après que l'Union aura
efté figné de tous les Potentats de l'Europe. Un homme d'efprit
m'a fait une objection fondée non fur quelque chofe de folide,
comme il me l'a avoüé ; mais fondée fur la crainte exceffive que
quelques-uns des Alliez ont eu de la puiffance de la Maifon de
France, & j'ay cru qu'il falloit y répondre avec foin, de forte qu'il
ne puft pas refter à aucun d'Eux le moindre fentiment de cette
crainte.

Si l'on rend à la Maifon de France, dira quelqu'un des Alliez,
tout ce qu'elle a perdu de cette guerre, elle fera auffi puiffante,
mefme après la formation de l'Union, que le refte de l'Europe
unie, en y comprenant mefme le Czar, le Grand-Seigneur, & les
Souverains de Barbarie, fur tout après qu'on luy aura donné le
loifir de reftablir fes affaires, ainfi dans le Syftême de l'Union
toute formée, il n'y a pas mefme de *feureté fuffifante*.

REPONSE.

1º. Il ny a perfonne qui ne voye que les forces des Anglois,
des Hollandois, & de leurs Alliez font prefentement égales au
moins à celles de la Maifon de France, j'écris cecy le 20 Juin
1711. La Maifon de France n'entreprend rien, cela prouve qu'elle n'eft pas fuperieure, mefme en l'eftat où font les Alliez ;
donc fi une partie des Alliez n'occupoient pas une partie de leurs
forces ailleurs, & s'ils faifoient pour conquerir les mefmes efforts
que fait cette Maifon pour fe conferver, il eft indubitable que
leurs forces feroient de beaucoup fuperieures aux fiennes, on va
le voir en détail.

2º. Il eft certain que le Corps Germanique eft capable de
faire de plus grands efforts, qu'il fourniroit des Contingens
plus grands de moitié, qu'il auroit la moitié plus de forces s'il
s'agiffoit de fe conferver contre les attaques de la Maifon de
France, il eft certain que plufieurs des principaux Princes, s'ils
eftoient menacez d'eftre attaquez chez eux par la Maifon de
France entretiendroient encore autant de Troupes qu'ils en ont

à la folde des Hollandois , ce qui feroit près de 40000 hommes de plus au-delà de ce qu'ils donnent prefentement pour leur
Contingent, le Roy de Dannemarck en eft une preuve, luy qui
outre les Troupes qu'il entretient contre la Maifon de France,
outre celles qui font à la folde des Alliez, entretient encore à fes
dépens 15 ou 20000 hommes tant fur terre que fur mer contre
le Roy de Suéde , non pour la défenfive , mais pour l'offenfive.
Le Roy Augufte en eft une autre preuve bien fenfible.

3º. Les Hollandois & les Anglois fçavent bien eux-mefmes
que la Maifon de France n'eft dans cette guerre que fur la défenfive , que ce font eux qui font fur l'offenfive, & qui cherchent
à conquerir. Or ils fçavent mieux que d'autres qu'ils ne font pas
le tiers tant d'efforts pour conquerir , qu'ils en feroient s'il s'a-
giffoit uniquement de fe conferver contre les attaques d'un Conquerant , la crainte de périr fait faire plus d'efforts, que l'efperance d'eftre mieux. Que l'on juge par ce qu'ils font pour attaquer,
de ce qu'ils feroient pour fe défendre. Or dans le Syftême de
l'Union, il ne s'agiroit que de fe défendre, donc en l'eftat où eft
leur Ligue ils ont *feureté fuffifante* contre la Maifon de France , fi
elle vouloit conquerir, donc c'eft fans fondement qu'ils la redou-
teroient , comme pouvant attaquer l'Europe avec fuccez après la
formation de l'Union.

4º. On peut juger par la mefme raifon que les efforts que
pourroit faire la Maifon de France après l'Union formée pour
attaquer fes membres, feroient de beaucoup moins grands que
ceux qu'elle fait prefentement pour fe conferver ; les Peuples
confpirent de toutes leurs forces , quand il s'agit du falut , ils
font fans murmure & volontiers au-delà de ce qu'on leur demande , les maux de l'Etat deviennent leurs maux particuliers,
au lieu qu'ils font infiniment moins fenfibles aux bons fuccez,
qu'aux contributions , quand il ne s'agit plus que de Conqueftes,
ainfi après l'Union formée la Maifon de France auroit moins
de pouvoir de nuire.

5º. Non-feulement les Alliez auroient plus de force alors fur
fur la défenfive , que prefentement fur l'offenfive ; mais ils fe-

roient beaucoup plus unis qu'ils ne font. Or qui ne fçait que l'augmentation d'union augmente les forces de ceux qui font unis : Or voicy ce qui augmenteroit leur union. 1°. Elle feroit uniquement pour leur commune confervation. 2°. Ils fe regarderoient dans le Syftême de l'Union comme ne pouvant plus déformais avoir de guerres enfemble, ils n'auroient nulle défiance les uns des autres, ainfi tous confpireroient avec la mefme ardeur, & à l'envy à leur mutuelle défenfe, comme ne faifant plus qu'un mefme Corps. 3°. Les Plenipotentiaires toûjours affemblez concerteroient inceffamment & unanimement leurs mefures & leurs deffeins. Or ce congrez perpetuel ne mettroit-il pas une force nouvelle, & très-confiderable dans l'Union?

6°. Par la mefme raifon les membres de la Maifon de France ne fongeant plus à fe conferver mutuellement en feroient beaucoup moins unis, & en auroient par confequent bien moins de force, & qui fçait fi par défiance ou par jaloufie l'un ne refuferoit pas d'entrer dans les deffeins de l'autre, s'il ne s'agiffoit plus que de conquerir, & puis quand ils s'unirioent pour la conquefte, ils fe broüilleroient bien-toft pour le partage.

7°. Jufqu'icy je n'ay confideré que les feules forces des Alliez, qui en les fuppofant fur la défenfive, & plus unis, & faifant les mefmes efforts que fait prefentement la Maifon de France pourroient facilement entretenir 80000 hommes, plus qu'ils n'entretiennent, jufqu'icy je n'ay confideré que les feules forces de cette Maifon, qui feroient certainement moindres au moins de 30000 hommes, qu'elles ne font fi les deux Rois n'eftoient plus ny fi unis, ny fur la défenfive; de forte que l'on peut dire, que les Alliez tels qu'ils font fans augmenter leur nombre auroient feuls par eux-mefmes *feureté fuffifante* contre la Maifon de France. Mais que fera-ce, fi on augmente encore leur nombre de quelques Etats, comme Suéde, Suiffe, Venife, Gennes & autres Etats d'Italie. Car quand on fuppoferoit les forces des deux Partis en balance, 40000 hommes de plus ne fuffifent-ils pas pour emporter de beaucoup la balance, & déterminer la victoire, puis qu'en 3 ou 4 ans à fortune égale ces 40000 hom-

mes de plus fuffiroient aux Alliez pour enlever une Frontiere,
& penetrer enfuite dans le cœur des Provinces interieures ? Or
l'augmentation de forces qu'ils tireroient de cette Conquefte, &
la diminution qu'en fouffriroit la Maifon de France, feroit que
cette augmentation doubleroit, & que fera-ce, fi l'on confidere
que dans le cas de l'Union les Alliez feuls en faifant pareils
efforts que nous, auroient la valeur de 110000 hommes plus
que nous.

8º. Le Roy de Suéde entretenoit il y a trois ans plus de 70000
hommes : or eftant délivré des craintes de fes voifins, ne peut-il
pas porter aufli facilement fes Troupes plus près de fes Etats fur
le Rhin, qu'il les a portées plus loin fur le Borifthene ?

9º. Les Polonois, s'ils n'eftoient pas divifez, & s'ils n'avoient
rien à craindre des Turcs & des Mofcovites, ne pourroient-ils pas
entretenir 30000 hommes fur le Rhin pour la défenfe commune ? Quand le Czar n'y entretiendroit qu'un pareil nombre, &
le Grand-Seigneur autant, que deviendroient les efforts de la
Maifon de France, fur tout fi fon Commerce de la Mediterranée eftoit interdit chez les Turcs, & troublé par les Africains, &
par les autres Alliez dans toutes les parties du monde ?

Je conviens que la Maifon de France par une Tréve ou par
une Paix peut reparer fes forces, finon entierement, du moins
pour la plus grande partie ; mais les Alliez ne peuvent-ils pas en
mefme proportion reparer les leurs, avec cette difference qu'ils
font encore moins épuifez, moins endettez que nous, & que
comme les Anglois & les Hollandois font un bien plus grand
Commerce que nous, leurs forces feront encore plûtoft reparées,
que ne le feront les noftres,

10º. Telle fera la fuperiorité de l'Union fur la Maifon de
France, mefme en fuppofant qu'elle ne foit pas entierement dé-
farmée ; mais la chofe feroit en bien plus forts termes après le parfait eftabliffement de l'Union, quand cette Maifon n'aura pour
la France & pour l'Efpagne que 24000 Dragons, lorfqu'elle
fera environnée de Puiffances, comme le Portugal, l'Angleterre, la Hollande, les Electeurs Ecclefiaftiques, l'Electeur Palatin,

le

le Cercle de Suabe, les Suisses, le Duc de Savoye, les Venitiens, le Pape, le Grand Duc, les Genois qui auroient sur les
Frontieres de la Maison de France six fois autant de Dragons,
c'est-à-dire, 144000, cela joint à la vigilance necessaire des Residens de l'Union ne feroit-il pas une *seureté suffisante* puisqu'au
moindre mouvement, au moindre Avis des Residens, ces Princes seroient accablez avant qu'ils eussent pû lever chacun 15000
hommes de plus.

11°. Nous avons montré que l'idée de conquerir l'Europe
est une idée parfaitement chimerique, & que quand les deux
chefs de la Maison de France bien unis dans le siecle à venir
pourroient y réüssir, ce seroit la plus grande faute qu'ils pussent faire contre la conservation de leur Maison sur le Trône.

12°. Il y a un article dans les Reglemens du projet d'Union
qui affoibliroit considerablement la Maison de France, en cas
qu'elle voulût s'en separer, pour replonger l'Europe dans les
malheurs de la guerre, c'est qu'il est dit, qu'en cas que quelques
Provinces des ennemis de l'Union se revoltassent contr'eux, elles seroient fortement secouruës, & pour toûjours démembrées
de l'Etat de cet ennemy, déclarées & gouvernées ou en Republique, ou en Monarchie sous la domination du Chef de la
revolte. Les Provinces Frontieres comme plus proches du secours
y seroient plus exposées, & loin de payer volontairement de
grands subsides pour recommencer la guerre, elles seroient toutes fort ébranlées pour se jetter entre les bras de l'Union, afin de
se maintenir toûjours en Paix.

13°. J'apprens dans le moment que le Roy d'Espagne cedde
en proprieté à l'Electeur de Baviere les Pays-Bas Espagnols, si
cela est, voilà encore une nouvelle Barriere pour les Hollandois,
& une augmentation de seureté pour l'Europe.

Ainsi il est évident qu'afin que la Maison de France pust former
dans cent ans le Projet de se separer de l'Union, il faudroit que les
deux Chefs de cette Maison fussent alors devenus absolument in-
sensez. Or si l'Union ne peut jamais avoir rien à craindre de ces
deux Puissances que dans un cas si extraordinaire, on peut dire

qu'elle a de ce cofté-là une *feureté fuffifante* , d'autant plus qu'en les fuppofant dans ce degré d'extravagance, on ne pourroit pas fuppofer qu'ils euffent affez de credit fur leurs Miniftres , fur leurs Officiers, & fur leurs Peuples, pour les faire entrer de concert dans une entreprife évidemment ruineufe.

On n'ofte rien par l'Union aux Alliez ennemis de la Maifon de France, & en l'eftat qu'ils font, ils font fuperieurs & font des Conqueftes; on les fortifie de differentes manieres, on diminuë les forces de cette Maifon. La balance qui panche dèja de leur cofté y pancheroit donc alors toûjours avec certitude : Or que fera-ce fi à ces Alliez on y en ajoûte encore le double en puiffance, alors cette augmentation du double ne fait-elle pas un effet infaillible, puifqu'il fera éternellement feur & infaillible qu'une force double comme deux livres furmontera toûjours feurement & infailliblement une force fimple comme une livre, de forte que l'on ne peut jamais imaginer aucune *feureté plus fuffifante* que cette *feureté infaillible.*

Second Discours.
Proposition.

Le Traité d'union de l'Europe aux conditions qu'l'on va proposer rendroit la paix de tout poinct jnalterable.

Pour faire sentir la verité de cette proposition, jl suffit, ce me semble, de montrer j° que ces conditions, ou articles sont des moyens seurs pour prevenir entre Souverains tous les differens importans qu'on peut prévoir, & à l'égard des differens de moindre consideration qu'on ne peut pas prévoir, que ces moyens seront sûrs pour les terminer *sans guerre*.

Il suffit de montrer 2 que ces articles ou conditions seront des moyens sûrs pour former l'Union, pour la rendre parfaitement solide & toute puissante, & pour l'interesser fortement à faire executer ses Statuts & ses Jugemens, malgré l'ambition, la force, la ruse, la colere & la violence d'un ou de plusieurs Souverains injustes & furieux. Voilà ce que l'on verra par les huit articles *fondamentaux* de l'Union, & des sept articles qui me paroissent *necessaires* pour la rendre solide.

Il ne restera plus qu'à montrer 3 qu'un pareil establissement n'a rien de fort difficile dans l'execution, & c'est ce que l'on verra par les six articles qui me paroissent *utiles* pour former cette Union : or qu'on me dise, si avec de pareils moyens, on ne rendroit pas la Paix de tout point inalterable en Europe.

G

Articles proppſez comme foudemens de l'Union.

I. ARTICLE.

I. Il y aura de ce jour à l'avenir une Union perpetuelle entre tous les Souverains d'Europe, y compris le Czar, le Grand-Seigneur (1) & les Souverains des Côtes de Barbarie (2) dans le deſſein de rendre la Paix inalterable; & pour cet effet les Souverains preſens par leurs Plenipotentiaires, ſont convenus des conditions ſuivantes.

II. Chaque Etat Souverain ſera conſervé par l'autorité de l'Union en la forme generale de ſon Gouvernement preſent. Les Souverainetez ſucceſſives demeureront ſucceſſives de la maniere & ſelon l'uſage de chaque Nation, & les électives demeureront de même électives dans les Pays où l'Election eſt en uſage. Dans ces Souverainetez électives, les Princes, ou Corps, ou Etats qui éliſent, pourront ſtipuler que l'Union ſera garante des *Pacta conventa*; (3) & alors ſeulement l'Union pourra prendre connoiſ-ſance de cette obſervation; l'Union n'ajoûtera & ne diminuera rien au droit que peut avoir chaque Souverain de changer quelque choſe aux Loix (4) & à la Religion (5) de ſon Etat : elle aura ſeulement ſoin d'empêcher que perſonne n'y prenne les armes, ſi ce n'eſt contre celuy qu'elle aura declaré ſon ennemi : elle s'appliquera uniquement à y reſtablir de tout ſon pouvoir la paix & la tranquillité, & ſurtout à prévenir les troubles qui y peuvent naiſtre à l'occaſion de la ſucceſſion ou de l'élection du Souverain futur, & des diſputes de Religion.

ECLAIRCISSEMENT.

(1) Il y a pluſieurs raiſons pour comprendre dans l'Union le Czar & le Grand-Seigneur. 1°. Il eſt permis aux Princes foibles de deſirer d'augmenter par de nouveaux Alliez une ſûreté déja *ſuffi-ſante*, & il ſera très-glorieux au Prince le plus-puiſſant de leur prouver invinciblement ſa moderation & le plaiſir ſincere qu'il a de procurer à l'Europe une Paix inalterable, en propoſant lui-meſme cette augmentation de ſûreté. 2°. Ces deux Puiſſances orientales liguées contre le reſte de l'Europe, pourroient en troubler le re-

pos. 3°. une de ces Puiſſances, ou toutes deux pourroient un jour ſe liguer avec une Maiſon puiſſante, pour conquerir & partager le reſte de l'Europe. 4°. Ces deux Puiſſances demeurant armées, obligeroient les voiſins à ſe tenir armez, ce qui ſeroit d'une grande depenſe pour l'Union. 5°. La plus grande partie du commerce de la Mediterranée ſe fait dans les Eſtats du Grand-Seigneur ; ainſi il eſt à propos que ce commerce ne puiſſe pas eſtre interrompu.

(2) A l'égard du Roy de Maroc, des Algeriens & autres petits Souverains de la Mediterranée, il n'eſt pas moins neceſſaire de les faire entrer dans l'Union, afin que par leurs pirateries, ils ne puiſſent point nuire au commerce.

(3) Sous le nom de *Pacta conventa*, j'entens auſſi les Capitulations Imperiales.

(4) Le principal emploi de l'Union, eſt de conſerver toutes choſes en repos en l'eſtat qu'elle les trouve ; elle ne veut rien de nouveau, que ce qui ſe fera du conſentement de ceux, dont le conſentement eſt neceſſaire : & alors les nouveautez ne produiſent point de diviſion ; les biens qui peuvent venir des nouveautez, ſont ſouvent incertains, au lieu que ceux qui viennent de la Paix ſont toûjours certains, & ce ſont ceux-ci que l'Union veut donner & conſerver aux hommes. & ſurtout aux Souverains.

(5) Je ſçai bien qu'il eſt impoſſible qu'il ne naiſſe des diſputes de Religion, ſoit entre les Chrétiens, ſoit entre les Mahometans, ils ne ſçauroient diſputer que ſur des matieres obſcures ; ainſi l'évidence ne les peut pas mettre d'accord, mais il eſt poſſible, il eſt meſme aiſé d'empêcher que ces diſputes ne viennent juſqu'à troubler le repos de l'Etat ; il ſuffit dans les commencemens d'impoſer ſilence à tout le monde, & d'exiler ou enfermer ceux qui auroient, ou parlé, ou prêché, ou écrit, ou imprimé depuis la défenſe.

Le temps découvre la verité ; il n'eſt donc queſtion, en attendant qu'elle ſe montre à tous avec évidence, que de faire éviter aux hommes les diviſions & les autres maux que peut leur cauſer l'obſcurité : & voilà ce que fera infailliblement dans tous les Etats de l'Europe, la prudence & l'autorité de l'Union.

G ij

(6) Pour entretenir la Societé, ce n'est pas une necessité que les Citoyens soient tous de mesme sentiment sur des matieres obscures; cela n'est pas mesme toûjours en leur pouvoir, mais l'unique fondement de toute Societé, c'est la Paix entre les Citoyens; ainsi c'est une necessité que chaque Citoyen, pour conserver l'Union, pratique la charité & l'indulgence envers ceux-mesme qu'il croit dans l'erreur. Voilà ce qui est toûjours, non-seulement au pouvoir du Citoyen, mais c'est encore le premier & le plus indispensable de ses devoirs.

II. ARTICLE.

I. Aucun territoire ne pourra estre demembré d'aucune Souveraineté, & aucun n'y pourra estre ajoûté par succession, donation, cession, vente, échange, conqueste, pacte de famille differente, ou *confraternité*, soûmission volontaire ou autrement, & nul Souverain ne pourra gouverner deux Etats, soit hereditaires, soit électifs.

II. Le Pays qui auroit esté conquis par l'Union sur un Souverain son ennemi en demeurera demembré & gouverné par un nouveau Souverain de même Maison que l'ennemi declaré, sinon mis en Republique, selon le desir des Habitans.

III. Chaque membre de l'Union & ses successeurs demeureront toûjours en possession de tout le territoire qu'il possede actuellement, ou de ce qu'il doit posseder par le Traité de Paix ci-joint, & rien de plus. (1)

IV. Les Souverains, tant ceux qui, par leurs Plenipotentiaires, vont signer l'Union, que ceux qui la signerout dans la suite, sont censez par cette signature s'estre volontairement desistez pour eux & pour leurs successeurs de toutes les pretentions qu'ils peuvent avoir les uns contre les autres, sous quelque titre ou droit que ce puisse estre, de quelque nature qu'elles soient, sur tout ce qui est actuellement possedé par d'autres, que par eux; de sorte qu'ils demeureront tous quittes les uns envers les autres, non-seulement envers les Princes qui vont signer, mais encore envers ceux qui signeront, lesquels, en signant, demeureront reciproquement quittes envers ceux qui auront déja signé, (1) bien entendu que les rentes qui se payent par les Souverains aux Particuliers d'un autre Etat, continueront à estre payées comme par le passé.

V. Aucun Souverain ne prendra le titre de Seigneur d'un Pays,

dont il ne fera point en actuelle poffeffion, ou dont la poffeffion
ne luy fera point acquife par les articles du Traité cy-jont.
VI. Aucun membre de Maifon fouveraine ne pourra eftre Souverain d'aucun Etat, que de celuy, ou de ceux qui font dans fa Maifon. (3)

ECLAIRCISSEMENT.

(1) Il faut un point fixe & vifible : or la *poffeffion actuelle* en eft
un; car enfin il eft certain que tout ce qui vaut la peine d'eftre pof-
fedé par quelque Souverain à des marques évidentes de *poffeffion
naturelle.* Un Bourg, un Village reconnoiffent quelque Juge : la
Souveraineté en eft donc conftante; ainfi on peut dire, qu'en fait
de poffeffion, ce qui n'eft point conftant, n'eft rien d'important,
il peut bien y avoir quelque incertitude fur la poffeffion de quelque montagne inculte, de quelque defert aride, de quelque ifle
inhabitée, de quelque Foreft inutile à caufe de fon éloignement, de
quelques cabannes difperfées de peuples fauvages. Mais feroit-ce
là un fujet raifonnable de difputer entre deux Souverains ;
(2) A l'égard de l'abandonnement reciproque des prétentions
fur les autres Etats, il eft vifible que fans cela il n'y auroit rien de fixe & de certain entre les Souverains. 1º. L'un voudroit faire valoir
un droit de cinquante ans, tandis qu'un autre en voudroit faire valoir un de deux cens ans, & un troifiéme de fix ou fept cens ans.
2º La prefcription, qui eft une Loi reçûë entre Particuliers, n'a
nulle force entre Souverains. 3º, Si on allegue des Traitez de Paix,
on chicanera fur les termes, ou s'ils font trop clairs pour laiffer
quelque prétexte de chicaner, on dira que ç'a efté une grande crainte qui les a extorquez, que le plus fort les a dictez & les a fait figner par violence & les armes à la main ; qu'ainfi n'ayant pas efté
faits librement, ils n'obligent à rien. 4º. Si on allegue les fermens,
on dira de mefme, ou qu'on les a faits par force, ou qu'on a efté
trompé, & puis la force du ferment perit prefqu'entierement avec
la perfonne. 5º. Que l'on remonte à la fource du droit des Souverains, il eft certain que les Etats d'Europe & d'Afie ne font autre
chofe, pour la plûpart, que des démembremens de l'Empire Ro-

main, c'eſt-à-dire, de très-anciennes uſurpations faites ſur d'anciens uſurpateurs, car je regarde comme tels non-ſeulement les Empereurs qui ont uſurpé, ou ſuccedé à l'uſurpation ſur la Republique, mais la Republique elle-meſme qui avoit uſurpé partie de ces Etats ſur les ſucceſſeurs d'Alexandre, autres plus anciens uſurpateurs.

Rien n'eſt plus aiſé à gens d'eſprit, que d'eſtablir une eſpece de pyrrhoniſme en fait de droits d'Etat à Etat, & de rendre de pareils droits douteux, quand on a intereſt d'en faire douter. De ſorte que ſi les Souverains ſe reſervoient les moindres prétentions les uns contre les autres, il n'y auroit qu'à s'attendre à un cahos de droits nouveaux oppoſez entr'eux, oppoſez à des droits anciens, & ceux-ci a des droits encore plus anciens, qu'il ſeroit d'autant moins poſſible de débroüiller & decider, qu'il n'y auroit preſqu'aucun principe de deciſion. Ainſi il faudroit ſe reſoudre à rentrer de tous coſtez dans des guerres immortelles : enfin ceux à qui il eſt dû, doivent de leur coſté : ceux qui ont des prétentions contre quelqu'un, ont des voiſins qui en ont eu de pareilles ou de plus grandes contr'eux. Or qu'y a-t-il de mieux à faire dans ce cahos de prétentions & de dettes, que de ſe remettre tous les uns aux autres, *afin que chacun ait la liberté de ſe payer par ſes propres mains de toutes ſes eſperances & de toutes ſes prétentions, & d'obtenir infiniment au-delà, en puiſant dans le Treſor commun de la Paix inalterable, Treſor inépuiſable, où tous les Souverains peuvent puiſer ſans ceſſe à pleines mains, mais où ils ne puiſeront jamais, ſans le conſentemetn l'un de l'autre, c'eſt-à-dire, ſans l'Union.* Or point d'Union ſincere & ſolide, ſans ſûretez reciproques, & c'en eſt une eſſentielle, que chacun n'abandonne pour toûjours toutes ſes prétentions de poſſeder un jour quelque nouveau territoire, & que tous s'en tiennent au point fixe qui eſt la poſſeſſion actuelle ? Or en ſuppoſant cet abandonnement, ils trouveront dans le Syſtême de la Paix infiniment plus que ce qu'ils cherchent, & que ce qu'ils cherchent en vain dans le Syſtême de la Guerre.

Il paroiſt neceſſaire pour la ſeureté de l'Union, que les Maiſons les plus puiſſantes ne puiſſent pas agrandir leur Territoire par ſucceſſion, donation, ou autrement : car ſans cela qui empefcheroit une Maifon dèja puiffante de faire des mariages dans les Souverainetez femelles, & de devenir par les fucceffions dans la fuite des fiecles maiftreffe des deux tiers de l'Europe, & la Maifon la plus puiffante auroit d'autant plus de facilité pour faire ces Alliances qu'il eft naturel aux parens de fouhaiter plûtoft pour leur fille une très-grande Alliance, qu'une Alliance beaucoup inferieure.

Mais comme le but de l'Union eft de conferver chaque Souverain en l'eftat où elle le trouve fans rien ofter de l'un pour le donner à l'autre. Il eft jufte qu'elle conferve les plus Puiffans en territoire dans le degré de diftinction où ils font de ce cofté-là fur les moins Puiffans. Or fi le Duc de Curlande par exemple pouvoit aggrandir fon territoire par des fucceffions, par des Elections, par des Pactes avec des familles étrangeres ou *confraternitez*, par des ventes, par des donations ou autrement, il pourroit à la fin devenir égal, & mefme fuperieur en puiffance au plus Puiffant, à qui on n'auroit pas laiffé la mefme liberté de s'aggrandir par les mefmes voyes ; ce qui feroit entierement contre l'équité les Souverains ont befoin de convenir de loix pour leur feureté commune ; mais il faut que ces loix foient équitables, & elles ne fçauroient eftre équitables fi elles ne font égales & reciproques.

Peut-eftre que quelques Souverains d'Europe difputeront cet article par jaloufie contre le Roy d'Efpagne, par exemple, qui fe trouve en poffeffion de plus d'étenduë de territoire qu'aucun Souverain : or par la durée perpetuelle de l'Union, cette forte de preéminence dureroit perpetuellement ; mais comme il eft neceffaire qu'il y ait dans le monde quelque Souverain qui foit le plus grand terrien de tous, qu'importe à l'Union que ce foit ou l'Empereur de la Chine ou le Roy d'Efpagne qui ait cette preéminence, & encore vaut-il mieux pour l'Europe que ce foit une Maifon Européenne, & qu'entre les Européennes ce foit la plus ancienne de celles qui regnent dans le monde.

D'ailleurs s'il eftoit permis aux Princes moins puiffans d'ajoûter à leur Etat deux ou trois autres des Etats, il pourroit arriver dans la fuite des fiecles, qu'au lieu de 27 Sufrages l'Union n'en auroit plus que dix ou douze, ce qui feroit fort préjudiciable à fa durée, en ce que par un fi petit nombre, elle feroit bien moins à couvert de l'effet des cabales des ambitieux, qu'elle le feroit effectivement par un grand nombre.

III. Article.

L'Union emploira toutes fes forces & tous fes foins pour empêcher que pendant les regences, les minoritez, les regnes foibles de chaque Etat, il ne foit fait aucun préjudice au Souverain de cet Eftat, ou en fa perfonne, ou en fes droits, foit par fes Sujets, foit par les Etrangers, & s'il arrivoit quelque fedition, revolte, confpiration, violence ou foupçon de poifon, l'Union, comme la tutrice & protectrice née, envoyera dans cet Etat des Commiffaires exprès, pour informer de la verité des faits, & en mefme tems des troupes, pour punir tous les coupables, felon toute la rigueur des Loix.

ECLAIRCISSEMENT.

On verra dans le troifiéme difcours que cet article eft de la derniere importance, pour rendre les Maifons Souveraines plus durables, & pour les conferver tranquillement fur le Trône auffi long-temps qu'elles dureront elles-mêmes, & que fans cet article & fans l'Union, elles dureront incomparablement moins.

IV. Article.

Nuls membres de l'Union ne figneront déformais aucuns Traitez entr'eux, que de fon confentement aux trois quarts des voix, & feulement dans la Ville de Paix, & alors l'Union demeurera garante de l'execution des promeffes reciproques, ceux qui en uferont autrement, feront declarez fes ennemis.

ECLAIRCISSEMENT.

1. Il importe infiniment à l'Union d'éloigner fes membres de

tout

tout Traité secret, de peur que quelqu'un de ces Traitez ne tendît à la détruire. 2°. Il est juste que ceux qui peuvent avoir interest à ce Traité, soient écoutez, pour estre dedommagez du tort qu'il leur poutra causer ; on préviendra ainsi beaucoup de demeslez & de sujets de plaintes. 3°. Il est de l'interest des Contractans d'avoir une sûreté parfaite que tous les articles de leur Traité seront exacte-ment executez, & comment pourroient-ils jamais avoir une pareille sûreté, que par la volonté, le pouvoir & la durée de l'U-nion. 4°. Une des plus grandes sûretez de la durée & de l'execu-tion exacte d'un Traité, c'est le profit reciproque que font les Par-ties contractantes : car lorsqu'une des Parties est trompée. & se trouve lezée dans le Traité, elle cherche les moyens de se dispen-ser de l'executer. Or quand un Traité se fera publiquement & sous les yeux de tous les membres de l'Union, il est bien difficile qu'une des Parties soit trompée ; & n'est-ce pas l'intention des per-sonnes justes de ne tromper personne ? & n'est-ce pas l'interest de tout le monde, que personne ne soit jamais volé finement, je veux dire, subtilement trompé ? 5°. S'il arrivoit quelque mal entendu pour les termes de ce Traité, le Jugement en appartient à l'Union, & n'est-il pas très-à-propos que ceux qui doivent juger les ambi-guitez des termes, soient les mesmes qui ont esté témoins des conventions des Parties, afin de mieux entrer dans l'esprit du Traité?

V. ARTICLE.

Le Commerce subsistera tel qu'il estoit entre les Nations sous les mêmes Loix & conditions qu'il subsistoit avant la presente guerre : mais après que tous les Souverains d'Europe auront signé l'Union, ils pourront convenir aux trois quarts de suffrages de nou-velles Loix de Commerce, pourvû qu'elles soient égales & reci-proques pour toutes les Nations.

ECLAIRCISSEMENT.

Ce qui seroit à souhaiter à l'égard du Commerce, c'est 1°. qu'il fût *parfaitement égal* entre tous les differens peuples, & que dans un

H

Etat l'un n'y fût jamais preferé en rien à l'autre.

2. Qu'il fût *parfaitement fûr*, qu'ainfi chaque Souverain fût obligé d'exterminer à fes frais les voleurs fur fes terres, les pirates fur fes côtes, & toutes fortes d'exacteurs dans les Ports & dans les paffages de fon obéiffance.

3. Qu'il fût *entierement franc*, qu'ainfi pour éviter la difcuffion des differens droits d'entrée, de fortie, les embarras de vifite, & pour épargner aux Marchands toutes les vexations & toutes les avanies que les Doüaniers leur font fouffrir fous ces divers pretextes, on convint que perfonne ne payeroit rien & ne feroit vifité. Chaque Souverain pourroit facilement fe dedommager du revenu des Doüanes par une Capitation plus confiderable fur fes propres fujets, il eft inconcevable comdien ce feul article enrichiroit les Sujets de chaque Souverain, & combien par confequent fes revenus augmenteroient par l'augmentation de fes richeffes.

VI. ARTICLE.

I. Nul Souverain ne prendra les armes & ne fera aucune hoftilité, que contre celuy qui aura efté declaré ennemi de l'Union.(1) Mais s'il y a des fujets de fe plaindre de quelqu'un des membres, ou quelque demande à luy faire. Il fera donner fon memoire à l'Union dans la Ville de Paix par fon Plenipotentiaire, & elle prendra foin de concilier les differens par fes Commiffaires Mediateurs, ou s'ils ne peuvent eftre conciliez, de les juger par Jugement arbitral à la pluralité des voix pour la provifion, & aux trois quarts pour la définitive.

II. Ce Jugement fe donnera par les Deputez Plenipotentiaires à la Ville de Paix, aprés que chacun d'eux aura informé fon Màiftre, & qu'il en aura reçû les inftructions.

III. Le Souverain qui, avant la declaration de guerre de l'Union, prendra les armes, ou qui refufera d'executer un Reglement ou un Jugement de l'Union, fera declaré fon ennemi: elle luy fera la guerre, jufqu'à ce qu'il foit défarmé, & jufqu'à ce qu'il ait executé les Reglemens & le Jugement du Senat: il payera mefme les frais de la guerre, & le Pays qui fera conquis fur luy, demeurera pour toûjours feparé de fon Etat (2)

IV. S'Il arrivoit qu'aprés l'Union generale formée, un Souverain d'Europe refuſât d'y entrer , elle le declarera ennemy , & luy fera la guerre , juſqu'à ce qu'il y ſoit entré pour la ſûreté, commune. *(2)*

ECLAIRCISSEMENT.

(1) Cet article eſt trés-important pour la ſûreté de chaqueSouverain , d'un côté il ſera ſûr de n'eſtre jamais aſſailli par aucun de ſes voiſins qu'il auroit pû offenſer innocemment , ou que l'on auroit pû mettre en colere conrre luy par des calomnies ; de l'autre il eſt ſûr que lorſqu'il prendra les armes, ce ſera toûjours avec ſuccez,puiſque ce ſera avec le ſecours tout-puiſſant de l'Union. Enfin il ſera ſûr que le tort , l'offenſe , l'injure qu'il aura pû recevoir d'un Souverain ſeront reparez de lameſme maniere qu'il voudroit que le tout fût reparé, ſi au lieu d'eſtre l'offenſé, il eſtoit lui-même l'offenſeur. *Ne traitez point plus mal les autres , que vous ne voudriez en eſtre traité, ſi vous eſtiez à leur place, & qu'ils fuſſent à la voſtre.* Telle eſt la regle que dicte à tout offenſé la nature elle-meſme pour l'inrereſt commun des hommes qui s'uniſſent en ſocieté, c'eſt qu'il peut arriver que le Souverain offenſé , ou ſes enfans, ou ſes ſucceſſeurs deviennent à leur tour offenſeurs. Or en ce cas n'eſt-il pas de leur intereſt de faire enſorte que les punitions ne ſoient pas trop rigides , ou les reparations trop penibles.

Qui ne ſçait que la fortune decide ſouvent injuſtement à la guerre ; ainſi quiconque prétend obtenir une reparation juſte, n'eſt pas ſûr de l'obtenir par le ſort des armes, au lieu qu'il eſt ſûr de l'obtenir par l'équité & par le pouvoir de l'Union , de l'obtenir ſans frais & ſans ſe faire à luy-meſme par la guerre un nouveau tort, un nouveau dommage plus grand que celuy dont il ſe plaint.

(2) Inutilement on prétendroit maintenir l'Union, s'il n'y avoit pas une peine trés-grande & abſolument inévitable attachée au refûs du Souverain, qui ne voudroit pas en executer les Reglemens ou les Jugemens. C'eſt ce qui a obligé le Corps Germanique à convenir du Ban de l'Empire contre le Souverain refractaire. Or quand tous les Souverains ſeront convenus de cette peine , il ne

H ij

viendra pas mefme à l'efprit d'aucun d'eux qu'il luy foit poffible de ne pas fuivre le Reglement, la decifion de l'Union; ainfi quand la confideration des grands avantages qu'il tire de la Societé, ne l'y retiendroit pas, la feule crainte de la peine l'y retiendroit & le contraindroit malgré lui de fuivre fes vrais interefts, d'agir conformément aux interefts de fa Maifon, & de conferver à fes Sujets le précieux trefor d'une paix perpetuelle. Il n'y a point d'Union durable à efperer, fi chaque membre peut s'en féparer, & s'il n'y eft retenu non-feulement par des confiderations d'utilité qui fuffifent pour les Princes fages, mais encore par quelque grande crainte neceffaire pour retenir les moins fenfez.

(3) L'Union aura un grand intereft à contraindre ce Souverain à prendre les mefmes engagemens que les autres, en ce que fans cela il pourroit demeurer armé, & obliger ainfi tous les voifins à armer & à demeurer armez, ce qui feroit une grande dépenfe pour les Alliez.

Ce Prince ne pourroit avoir aucun prétexte de refufer d'y entrer; car enfin, ou il veut agrandir fon territoire, ou il ne veut que le conferver tel qu'il eft; s'il ne veut que le conferver, c'eft le principal but & le principal effet de l'Union: s'il veut l'agrandir, ce ne peut eftre qu'aux dépens de fes voifins; ainfi ils font en droit de le regarder & de le traiter comme leur ennemi.

VII. ARTICLE.

L'Union eftablira en differentes Villes des Chambres Frontieres ou Tribunaux compofez de fes Deputez, pour concilier ou juger à la rigueur les procez qui naîtront entre les Sujets de divers Souverains au deffus de dix mille livres: les autres procez de moindre confequence feront decidez à l'ordinaire par les Juges des lieux, où ces procez feront commencez; chaque Souverain preftera la main à l'execution de tous les Jugemens des Chambres Frontieres, foit provifoires, foit diffinitifs, comme fi ç'eftoient fes propres Jugemens.

ECLAIRCISSEMENT.

On voit aifement combien cet eftabliffement eft important pour conferver la paix entre les Nations, pour le maintien du commerce, & furtout pour conferver la bonne intelligence entre les Souverains, & qui ne fçait qu'un des fujets les plus ordinaires de la guerre entre peuples voifins, ce font les injuftices que les Particuliers d'une Nation fouffrent ou croyent fouffrir des Particuliers d'une autre Nation ? Qui ne fçait qu'alors on eft obligé de permettre les reprefailles, & les reprefailles une fois permifes en un endroit, voilà la guerre allumée partout ; Ainfi on pourra eftablir à Amfterdam, ou mefme dans la Ville de Paix une Chambre Souveraine, pour tous les procez de l'Occean, de la Mer Baltique & du voifinage, une à Malte pour le commerce de la Mediterranée & des lieux voifins, une à Surate, une à Batavia pour les affaires d'Orient; on en pourra eftablir une fur le Rhin pour les procez entre les Allemans, les François & les Hollandois, une en Suiffe pour le commerce entre les Allemans, les Suiffes, les Italiens, les François ; une dans les Pyrenées pour les procez du commerce de terre entre les François les Efpagnols, & ainfi du refte. Il y aura dans chaque Chambre un Juge choifi par l'Union, qui aura refidé deux ans à la Ville de Paix, pour y mieux apprendre le Droit public, ou le Droit des gents, & qui fera né parmi chacun des peuples qui pourront avoir affaire à cette Chambre. L'Union leur payera leurs appointemens, & outre cela elle aura encore dans cette Chambre cinq Iuges, y compris le Prefident, qui feront, s'il eft poffible, de la Ville ou territoire de l'Union.

VIII. ARTICLE.

Les membres de l'Union prendront enfemble à la Ville de Paix par leurs Plenipotentiaires toutes les mefures, & figneront toutes les conventions neceffaires pour faire cette Union toute puiffante & indiffoluble, & pour rendre par ce moyen la Paix de l'Europe parfaitement inalterable, & ils conviendront de ne rien changer aux articles cy-deffus, fans le confentement unanime de tous les membres : mais à l'égard des autres articles , l'Union pourra toûjours aux trois quarts des suffrages , y ajoûter, ou y retrancher ce qu'elle jugera à propos pour l'utilité commune des Souverains unis.

ECLAIRCISSEMENT.

Les huit articles précedens & leurs sous-articles doivent estre regardez comme la baze & le fondement de l'Union generale & de la Paix perpetuelle. Ce sont des articles essentiels dont il faut convenir avant que de pouvoir convenir des autres : mais comme il n'y a aucun des Souverains d'Europe qui n'ait un très-grand interest à la perpetuité de la Paix. Cette convention, loin d'estre impossible, loin d'estre difficile, ne sçauroit estre que très-desiderable pour toutes les Parties , & par consequent très-facile.

Tels sont les articles fondamentaux. Voyons presentement ceux que je crois necessaires pour rendre l'Union solide. Je ne les regarde que comme un canevas, où l'on pourra ajoûter & retrancher beaucoup de choses, mais tout canevas, où les matieres sont déja un peu digerées & arrangées est d'une grande commodité pour ceux qui veulent les approfondir & les examiner, & ce qui est de plus important , ces articles servent à faire voir avec évidence que dés que les Souverains seront convenus de s'unir pour conserver la Paix, les moyens de former & d'affermir l'Union ne sont rien moins qu'impossibles.

Articles proposez comme necessaires pour former & pour maintenir l'Union.

POur donner à l'Union une parfaite solidité , il est à propos de proposer les Reglemens propres à son establissement. Il faut par exemple , déterminer la Ville de la Residence perpetuelle des

Deputez Plenipotentiaires, leurs fonctions, rendre cette Ville fûre; il faut par conſequent que leur Aſſemblée, que j'appelle Senat d'Europe, y puiſſe exercer ſur les Habitans & ſur la Garniſon
une autorité abſoluë, telle que la peut exercer une Republique Souveraine pour ſa propre conſervation; il faut qu'elle puiſſe avoir
ſes Ambaſſadeurs dans tous les Etats, pour entretenir correſpon-
dance avec tous les Membres. Il faut qu'elle ait ſes Reſidens, pour
prévenir, ou empêcher les armemens, les ligues, les conſpirations
contre ſes intereſts, il faut qu'elle établiſſe des Chambres Frontieres: elle a beſoin pour toutes ces choſes d'avoir des finances, des
penſions, des gratifications, des recompenſes à diſtribuer. Mais où
prendre ces finances, que dans les contingens que chaque Souverain fournira à proportion de ſes richeſſes.

I. ARTICLE.

L'Union ne ſera entierement formée, que lorſque tous les Souverains d'Europe & des Côtes de Barbarie l'auront ſignée; elle ſera repreſentée par leurs Plenipotentiaires dans un congrez perpetuel, qui commencera par eſtre compoſé des Plenipotentiaires
ſouſſignez, & dans la ſuite leur nombre ſera augmenté des Plenipotentiaires des autres Souverains, à meſure qu'ils ſigneront le Traité d'Union. Ce Congrez, ou ce Senat s'aſſemblera dans un temps
préfix, dans une Ville libre & neutre, comme Utrecht, Geneve, Cologne, Aix-la-Chapelle, (1) ou telle autre dont on conviendra,
afin de travailler de concert aux choſes importantes pour l'agrandiſſement & la durée de l'Union.

ECLAIRCISSEMENT.

(1) Une Ville d'Hollande me paroiſt preferable, en ce que
les Hollandois ſont de tous les peuples de la terre ceux qui font le
commerce le plus frequent & le plus étendu: ainſi ils ſont auſſi plus
intereſſez qu'aucune Nation à conſerver la Paix, & à faciliter tous
les moyens de la rendre univerſelle & inalterable; & après tout la
Ville de Paix & ſon Territoire ne ſçauroient eſtre mieux placez,
qu'au milieu du peuple le plus paiſible de tous les peuples & le plus

intereſſé à la Paix. J'ai encore pluſieurs autres raiſons pour eſtablir cette préference, mais comme il s'en peut trouver de meilleu-res pour choiſir une autre Ville, je n'en dirai rien de plus preſen-tement.

II. Article.

Le plus puiſſant Souverain n'aura qu'un ſuffrage au Senat. (1) Le Souverain qui aura environ deux millions de Sujets de tout ſe-xe aura auſſi un ſuffrage, & les Souverains qui auront moins de deux millions de Sujets pourront s'unir pour avoir tous enſemble un Plenipotentiaire, ou un ſuffrage; & alors Ils alterneront pour la nomination de leur Plenipotentiaire, (2) chacun à propor-tion de ſa puiſſance, & cette proportion ſera arbitrée par l'U-nion.

ECLAIRCISSEMENT.

On peut compter environ vingt-ſept ſuffrages dans l'Union. Je vas les mettre à peu prés dans l'ordre qu'ils pourront ſigner le Trai-té d'Union. 1. France. 2. Eſpagne. 3. Angleterre. 4. Hollande. 5. Portugal. 6. Baviere avec quelques Princes ou Villes de l'Empire. 7. Suiſſes-Griſons. 8. Florence avec quelques Princes. 9. Gennes avec Lucques & quelques Princes. 10. Le Pape. 11. Veniſe. 12. Sa-voye. 13. Lorraine. 14. Dannemarck. 15. Les Electeurs Eccleſia-ſtiques avec quelques Villes libres. 16. l'Electeur Palatin avec quelques Princes. 17. Hanovre avec quelques Princes & Villes. 18. Saxe. 19. Brandebourg. 20. Curlande. 21. Auſtriche, Boheme & Hongrie. 22. Pologne. 23. Turquie. 24. Moſcovie. 25. Suede. 26. Maroc. 27. Alger avec Tunis & Tripoli. On pour-ra, ſi on le juge à propos, y ajoûter le Kan des Tartares.

(1) Il eſt à propos que le plus puiſſant n'ait qu'une voix, com-moins puiſſant.

1°. Il y auroit encore plus de difficulté à convenir du nom-bre de voix proportionnée à la puiſſance, qu'à établir l'Union mê-me; il ſeroit peut-eſtre impoſſible d'en convenir, & l'Union peut

non.

non-seulement se passer de cette proportion , mais elle en souffri-
roit mesme un très-grand préjudice.

2°. Si on donnoit aux Souverains plus puissans , à l'Empereur
des Turcs, par exemple, un nombre de voix proportionné à l'étenduë de son Empire, au nombre de ses Sujets, au contingent qu'il
doit fournir à l'Union, il auroit quinze voix, tandis que le Grand-
Duc de Toscane n'en auroit qu'une, & cela feroit que deux ou trois
des plus puissans, comme le Czar & le Turc, se joignant ensemble, l'emporteroient presque toûjours dans les déliberations, ce qui,
au lieu d'estre utile à l'Union, pour y conserver la Paix , pourroit
luy estre très-préjudiciable, en ce que ces Souverains Puissans pourroient avoir des interests particuliers opposez aux interests communs.

3 . On verra cy-après que pour la sûreté commune & reciproque,
il sera necessaire de convenir qu'après l'Union generale signée en
Europe, les Souverains les plus puissans n'entretiendront pas plus
de troupes, que les Souverains de deux millions de Sujets : c'est
qu'en aucun temps celuy qui est quinze fois plus puissant n'a rien à
craindre de celui qui est quinze fois moins puissant. Il n'en est pas
de même du moins puissant, qui auroit toûjours à craindre, ce plus
puissant, s'il demeuroit toûjours armé à proportion de sa puissance. Or il en est de même du nombre des suffrages : le plus puissant
est sûr que n'ayant qu'un suffrage , il aura également tout le fruit
de l'Union , qui est la Paix inalterable. Il n'a point à craindre que
les moins puissans veüillent ou puissent luy nuire , au lieu que s'il
avoit quinze suffrages dans la Diete de l'Europe, celuy qui n'en auroit qu'un , auroit sujet de craindre que les plus puissans unis ne
voulussent & ne pussent luy nuire dans les decisions. Il est bien plus
possible que deux Princes très-puissans convinssent entr'eux d'ôter
quelque chose à un tiers, que si la convention avoit à se faire entre
quinze Souverains moins puissans pour un sujet semblable. D'ailleurs les moins puissans sont plus interessez que les plus puissans à
maintenir la Paix : ainsi s'il falloit favoriser en cette occasions les
uns ou les autres, il faudroit donner plus de voix au moins puissant;
mais il suffit que les uns & les autres en ayent seulement chacun

une. Et après tout quel eſt le but de l'Union ? Son but unique eſt de conſerver la Paix, & pour cela, de faire enſorte que le plus fort ſans rien diminuer de ſes richeſſes, donne toutes ſortes de ſûretez au plus foible. Or en convenant que le plus puiſſant n'aura pas plus de ſuffrages, que le moins puiſſant, on conſervera ſûrement la Paix: on n'oſte rien de ſes richeſſes au plus puiſſant, & le plus foible a toute la ſûreté poſſible contre la force du plus fort.

Mais, dira-t-on, ſuppoſé qu'il y ait vingt-ſept ſuffrages, vingt-un des moins puiſſans ne pourroient-ils pas s'unir pour faire des deciſions contraires à l'intereſt des ſix plus puiſſans, je répons que les deciſions ne ſçauroient jamais leur nuire, & pour oſter à quelqu'un des plus puiſſans quelque choſe du territoire qu'il poſſede actuellement, pour luy oſter quelqu'un des droits, dont il eſt de meſme en actuelle poſſeſſion, il faudroit un conſentement unanime de tous les membres, ainſi il faudroit que luy-meſme y conſentit. Voila ce qui regarde l'interieur de ſon état, à l'égard de l'exterieur, c'eſt-à-dire du commerce avec les autres Nations: ces vingt-un ne peuvent non plus, ſans le conſentement unanime de tous les membres, rien ſtatuer que *d'égal & de reciproque*; ainſi ils ne ſçauroient nuire aux autres ſans ſe nuire autant à eux-meſmes.

4°. Il eſt certain, que ſi les 27 Souverains de l'Union eſtoient tous égaux en puiſſance, c'eſt-à-dire, en Sujets, en richeſſes, en étenduë de pays, en forces militaires, l'Union ſeroit encore plus ſolide par cette égalité. Or que faiſons nous en égalant les Troupes & les Suffrages de chacun des Souverains de l'Union, que d'approcher autant qu'il eſt poſſible de cette égalité de puiſſance, ſans rien diminuer cependant, ny de l'eſtenduë de leur Souveraineté, ny de la grandeur de leurs richeſſes, ny de la diſtinction qu'ils ont entre les autres Souverains, on ne diminuë rien de leur Territoire; & à l'égard de leur revenu, ils ſont bien mieux traitez que les moins puiſſans, puiſque le moins puiſſant entretenant 12000 Dragons en temps de Paix, entretient tout ce qu'il peut de Troupes pour ſa ſeureté, & celuy qui eſt 15 fois plus puiſſant, qui ſur la meſme proportion devroit en entretenir 180 mille, épargne de cette ſorte en temps de Paix l'entretien de 168 mille Dragons.

Il est vray que le Souverain quinze fois plus puissant payera un Contingent quinze fois plus fort, que ne sera celuy du moins puissant ; mais aussi il en retirera quinze fois plus d'avantages, puisqu'il conserve en Paix par ce moyen quinze fois plus de pays, quinze fois plus de Sujets.

5°. Il est évident que si d'un costé l'on donnoit aux plus petits Souverains d'Allemagne, d'Italie, & du reste de l'Europe chacun leur Plenipotentiaire, cela feroit une confusion & un embarras estrange, & produiroit des difficultez insurmontables, tout le monde sçait qu'il y a dans l'Allemagne seule plus de deux cens souverainetez de Princes, de Comtes, d'Evesques, d'Abbez, d'Abbesses, de Villes libres, &c. d'un autre costé, il faut éviter le trop petit nombre, de peur que les trois quarts de ces Suffrages ne puissent trop facilement estre entraînez par des cabales, dans des reglemens sur le Commerce, qui pourroient estre contraires aux veritables interests de l'Union : or en donnant un Suffrage à chaque Souverain, qui a deux millions de Sujets, & aux petits Souverains qui peuvent s'associer pour faire aussi deux millions de Sujets, & ne donnant au plus puissant qu'un Suffrage, nous trouvons en Europe environ 27 Suffrages, & c'est assez pour rendre les cabales que l'on voudroit faire contre l'interest de l'Union tres-pleines de difficultez, & ce n'est pas trop pour apporter de l'embarras dans les reglemens & dans les décisions.

III. Article.

I. L'union pour entretenir une bonne correspondance avec tous ses membres, & pour les délivrer de tout sujet de défiance les uns des autres, entretiendra toûjours chez chacun d'eux non-seulement un Ambassadeur, mais encore un Resident par chaque grande Province de deux ou trois millions de Sujets, ils resideront dans les Capitales de ces Provinces, pour estre témoins perpetuels & irreprochables à l'égard de l'Union & des autres Souverains, que le Souverain dans l'Etat duquel ils sont, ne pense qu'à conserver la Paix & la tranquillité.

II. Chaque Souverain facilitera autant qu'il sera en son pouvoir toutes les informations que voudront faire les Residens de l'Union , & ordonnera à ſes Miniſtres & à ſes autres Officiers de leur donner ſur toutes leurs demandes tous les éclairciſſemens qu'ils deſireront pour la ſeureté & la tranquillité publique , afin qu'ils puiſſent en rendre compte au moins tous les trois mois à l'Union & à l'Ambaſſadeur de l'Union.

ECLAIRCISSEMENT.

1°. L'Union eſt eſtablie non-ſeulement pour éloigner la guerre entre les Souverains ; mais encore pour leur épargner toute crainte de guerre d'un voiſin inquiet, ambitieux, mal conſeillé ; ainſi on ne peut trop prendre de précautions pour réüſſir à une choſe ſi importante à tous les Souverains.

2°. Il y a long-temps que les Princes comme les particuliers ſont accoûtumez à ne point regarder comme offenſes les ſeuretez qu'on leur demande, les précautions que l'on prend avec eux pour leur faire obſerver leurs promeſſes ; en effet, quand ils ſe promettent de licentier leurs Troupes, d'évacuer des Places, d'en raſer d'autres, n'ont-ils pas le ſoin d'envoyer des Commiſſaires tant d'un coſté que de l'autre, pour voir ſi les choſes s'executent de la maniere dont elles ont eſté promiſes ? Il y a long-temps qu'ils ſont accoûtumez à ne point trouver mauvais que chacun prenne ſes ſeuretez ; parce qu'il leur eſt permis de meſme de prendre les leurs. Les oſtages, les ſtipulations que tels Souverains ſeront garants de l'execution des promeſſes reciproques, & pluſieurs autres ſemblables précautions, qu'ils ont coûtume de prendre les uns contre les autres dans leurs Traitez, que ſont-ce autre choſe que des témoignages authentiques, qu'on eſt en droit de part & d'autre, tant pour ſon intereſt particulier, que pour l'intereſt de ſon Peuple, de ne ſe pas fier à une ſimple parole, à une ſimple promeſſe par écrit, quand on peut y ajoûter de plus grandes ſeuretez ; d'ailleurs un Prince a toûjours à dire, je ne me défie pas de voſtre probité, de voſtre bonne foy, de voſtre exactitude à tenir voſtre parole, à executer voſtre promeſſe ; mais vous n'eſtes pas immortel, & vous qui vivez aujourd'huy, vous pouvez mourir demain, ou du moins avant que vous ayez pû executer ce que vous m'avez promis. Que fçay-je de quel caracte-re fera voftre Succeffeur, & quel fera fon Confeil?

3°. Que font les Refidens dans les Provinces d'un Souverain? trois chofes tres-avantageufes pour luy. La premiere, ils font té-moins perpetuels & irreprochables envers les Princes unis de fa bonne foy, de fa bonne volonté, & de fa bonne conduite pour la confervation de la Paix. La feconde, ils le rendent feur qu'il ne fe pratique rien contre luy dans les Etats voifins. La troifiéme, ils augmentent fon autorité fur fes Sujets, en les faifant fouvenir perpetuellement des grandes forces de l'Union prefte à accabler tous ceux qui voudroient fe foûlever contre leur Souverain; ainfi ces Officiers luy affûrent la fouveraineté à l'égard des invafions eftrangeres, en prenant toutes fortes de précautions contre la guerre entre les Souverains, & augmente fon autorite à l'égard de fes Peuples, en éloignant de leurs efprits toute efperance d'im-punité dans la défobéïffance.

4°. L'Union eft inutile, fi on ne la regarde pas comme un efta-bliffement inalterable & éternel, & fi chacun la fignant, ny voit pas une feureté parfaite. Or quelle feureté, fi un Prince peut faire faire fecretement des enrôlemens, & créer des Officiers fous d'autres prétextes? & qui l'en empefchera, fi l'Union n'a pas chez luy des Refidens, que s'il n'a aucun deffein femblable, qui rendra témoignage qu'il demeure en repos, & qui l'affeurera luy-mefme, qu'aucun de fes voifins ne fonge à le troubler, & à envahir fes Etats.

5°. Si les autres ont des Refidens chez vous, vous en avez chez les autres; fi vous regardez ces témoins de Paix comme neceffai-res chez les autres, pour vous inftruire de ce qui s'y paffe, ne de-vez vous pas pour les engager à recevoir chez-eux ces mefmes té-moins de Paix pour voftre feureté, les recevoir vous-mefme tout le premier chez-vous, pour procurer à vos voifins pareille tran-quillité? voulez-vous qu'on ofte aux autres le pouvoir de vous tromper, de vous furprendre & de vous nuire, ils y confentent, pourveu que vous vous oftiez en mefme-temps le pouvoir de les tromper, de les furprendre & de leur nuire. Comme l'Union n'a d'autre but, d'autre interest, que de tenir tout le monde en Paix, on ne la sçauroit rendre trop durable, & elle ne sçauroit prendre trop de précautions contre les perturbateurs du repos public.

6°. Si tous les Residens font bien leur fonction ; si chaque Souverain leur donne librement & volontiers les facilitez de la bien faire, il est évident que cette précaution met encore aux environs de chaque Etat, comme une espece de nouvelle fortification tres-considerable, pour empescher toutes sortes d'invasions. Et qu'y a-t-il de plus équitable qu'un Souverain, qui desire, ou qui demande aux autres Souverains toutes sortes d'éclaircissemens pour n'avoir point à les redouter, leur donne aussi pareille satisfaction en la personne des Officiers de l'Union, afin que de leur costé ils n'ayent aucun sujet de le redouter ? N'est-ce pas une premiere loy d'équité, de ne pas refuser aux autres pour leur seureté, ce que nous ne voudrions pas qu'ils nous refusassent pour la nostre ?

7°. De deux choses l'une, ou le Prince qui refuse de consentir à l'establissement des Residens de l'Union veut s'oster le pouvoir de la renverser, & d'envahir les Etats voisins où il ne veut pas se priver de ce pouvoir, s'il ne le veut pas qu'y a-t-il de plus odieux qu'un voisin qui veut envahir tous les autres, s'il veut sincerement se dépoüiller de ce pouvoir, pourquoy ne veut-il pas donner une preuve incontestable de sa bonne foy, & de sa sincerité.

8°. Que font en desarmant en mesme-temps les Princes qui font entre-eux une Paix de *quelques années*, ils s'ostent pour *quelques années* par ce desarmement reciproque le pouvoir de se faire la guerre : or il s'agit icy de faire une Paix *inalterable*, il est donc absolument necessaire, s'ils la veulent inalterable, qu'ils s'ostent tous chacun de leur costé tout pouvoir de se faire jamais la guerre, si ce n'est lorsque l'un d'eux sera declaré ennemy de l'Union.

IV. ARTICLE.

I. Quand l'Union employera des Troupes contre son ennemy, il ny aura point un plus grand nombre de soldats d'une Nation

que d'une autre ; mais pour faciliter aux Souverains moins puiſſans la levée & l'entretien d'un grand nombre de Troupes, l'U-
nion leur fournira les deniers neceſſaires , & ces deniers ſeront
fournis au Treſorier de l'Union par les Souverains plus puiſſans,
qui fourniront en argent le ſurplus de leur Contingent extraordinaire. (1)

II. Si quelque membre de l'Union ne fourniſſoit pas à temps
ſon Contingent extraordinaire en Troupes , ou en argent, l'U-
nion empruntera, fera les avances, & ſe fera rembourſer avec les
intereſts de l'emprunt ou du preſt par le Souverain qui ſeroit en
défaut.

III. En temps de Paix , après que tous les Souverains auront
ſigné, le plus puiſſant n'entretiendra pas plus de Troupes que le
moins puiſſant, ce qui ſera reglé pour tous à 12000 Dragons, ou
Fantaſſins à cheval, ou tel autre nombre dont on conviendra. (2)

IV Un grand Etat pourra du conſentement de l'Union emprunter & entretenir à ſes frais dans ſon Etat une partie des Dragons que le petit Etat eſt obligé d'entretenir pour le ſien ; mais ce
ſeront tous ſoldats & Officiers du petit Etat, & ny ces Officiers,
ny ces ſoldats ne pourront ſur peine d'eſtre caſſez acquerir aucune rente , aucun fonds , ny ſe marier ailleurs que dans le pays
de leur naiſſance.

ECLAIRCISSEMENT.

(1.) Pour ôſter toute crainte aux Souverains moins puiſſans, & toute tentation aux Souverains plus puiſſans, rien n'eſt
plus ſimple que d'eſtablir que dans les guerres qu'aura l'Union,
le nombre des Troupes d'un Souverain ſera égal au nombre de
Troupes de tout autre Souverain , par exemple, que lorſque la
France fournira 30000 hommes, les Suiſſes & Aſſociez en four-
niſſent autant , aidez par l'argent de l'Union qu'aura fourny la
France, de cette maniere l'égalité qui ſe trouvera entre les Troupes du plus puiſſant, & les Troupes du moins puiſſant fera la ſeureté commune , & produira la confiance reciproque des Nations
unies.

(2.) On met icy des Dragons ou Fantaſſins à cheval, afin que
dans la crainte des ſéditions dans un grand Royaume, ils puiſſent eſtant dans le centre ſe porter plus promptement à l'endroit

où le feu de la sédition s'allumeroit pour l'esteindre promptement , ce ne seroit pas assez pour un Etat fort peuplé, & d'une grande estenduë ; mais on peut aisément y suppléer ; 1°. en désarmant tous les Sujets, & faisant porter toutes les armes offensives & défensives aux Magasins de l'Etat ; 2°. en empruntant & entretenant partie des 12000 Dragons d'un petit Etat.

(3.) Je conviens que 12000 Dragons est un grand nombre de Troupes pour un Prince de deux millions de Sujets ; mais, 1°. il entretient presentement à peu près autant de Troupes pour sa seureté en temps de Paix, ainsi il n'augmente pas sa dépense ordinaire ; 2°. il en peut prester partie à un grand Etat, & d'ailleurs on ne pouvoit pas en destiner moins pour garder un grand Etat des séditions qui y peuvent arriver, cette égalité d'armement entre les membres de l'Union est le fondement non-seulement de leur seureté, mais encore de leur securité.

V. Article.

I. Après que l'Union aura declaré la guerre à un Souverain, si une des Provinces se revolte en faveur de l'Union, cette Province demeurera demembrée, & elle sera gouvernée en forme de Republique, ou donnée en souveraineté à celuy des Princes, du Sang que cette Province aura choisi pour son Chef, ou au General de l'Union. (1) Le Ministre, le General, ou autre Officier de l'ennemy qui se retirera ou chez un Souverain membre de l'Union, ou dans le Territoire de l'Union y sera protegé par le Senat, qui luy fournira pendant la guerre un revenu pareil à celuy qu'il possedoit dans son pays, & la Paix ne se fera point que l'Union ne soit remboursée de ce qu'elle luy aura fourny, & jusqu'à ce que l'ennemy reconcilié ait fourny à l'Union la valeur des biens que le transfuge a dans son pays, afin qu'il puisse choisir ailleurs son habitation. (2)

II. Deux cent des principaux Ministres ou Officiers de l'ennemy qui ne se feront pas retirez en pays estranger au commencement de la guerre feront livrez à l'Union , & punis, ou de mort, ou de prison perpetuelle,

ECLAIRCISSEMENT.

ECLAIRCISSEMENT.

(1.) La grande crainte qu'aura un Souverain ambitieux d'eſtre declaré ennemi de l'Union, s'il vouloit s'en ſeparer, eſt une grande ſûreté pour la durée de l'Union & de la Paix. Ainſi on ne ſçauroit trop agrandir ſon danger pour agrandir ſa crainte. Il faut donc par les Reglemens faire enſorte d'un côté que ce qu'il aura à craindre ſoit très-conſiderable, & de l'autre, qu'il ne puiſſe ſe flatter d'aucune eſperance d'éviter ce qu'il a à craindre : au reſte il n'eſt pas à propos de le détrôner entierement ; il vaut beaucoup mieux le dépoüiller de partie de ſes Etats, & le laiſſer aux autres Souverains, comme un exemple vivant & perpetuel de ce que doivent craindre ceux qui voudroient ſuivre ſes traces ; il eſt de même utile qu'il puiſſe craindre, s'il eſt declaré ennemi, que quelque Province ne ſe revolte, & que quelque Prince ou Grand de ſon Etat mécontent du Gouvernement, n'aide au ſoulevement, & ne ſe mette à la tête des revoltez, dans l'eſperance d'une auſſi grande recompenſe, que celle de devenir Souverain : eſperance d'autant mieux fondée, que la Souveraineté ſera promiſe par l'Union, qui ſera-ſûrement le party victorieux.

(2) Il eſt juſte d'ouvrir une porte aux gens de bien qui ſont dans un Etat ennemi, pour en ſortir, ſans rien riſquer de leurs biens.

(3) Il n'eſt pas moins juſte de punir de mort, ou de priſon perpetuelle, des Miniſtres & des Officiers, à qui il eſt libre de ne point ſervir, & de ſe retirer ſans riſquer leur fortune, & qui ſe jettent neanmoins dans une Guerre criminelle contre l'Union pour troubler la Paix univerſelle : ils doivent donc eſtre traitez comme ennemis & perturbateurs du repos public. Ainſi il eſt viſible que le Prince qui delibereroit s'il ſe feroit declarer ennemi de l'Union, ou en ſera détourné par ſon Conſeil, ou craindra d'eſtre abandonné de la plus ſaine de ſes Miniſtres & de ſes Officiers, & cette crainte ſera pour luy un mouvement ſalutaire, qui le retiendra malgré luy dans ſes vrais intereſts.

K

VI. Article.

I. L'Union donnera des recompenses utiles & honorables à ceux qui decouvriront quelque chose d'une conspiration contre la Paix, ou contre l'Union, & cette recompense sera dix fois plus forte que celle que le Denonciateur auroit pû esperer en demeurant dans la conspiration. (1)

II. Pour augmenter la sûreté de l'Union, les Souverains, leurs Ministres & dix des principaux Officiers de leur Etat renouvelleront tous les ans au même jour dans leur Capitale, en presence de l'Ambassadeur & des Visiteurs de l'Union, & de tout le peuple leurs sermens selon les formules, dont on conviendra, & jureront de contribuer de tout leur pouvoir à maintenir l'Union generale, & à faire executer ponctuellement ses Reglemens, pour rendre la Paix inalterable. (2)

ECLAIRCISSEMENT.

(1) Rien n'est plus important que de rendre impossibles les conspirations contre l'Union. Or c'est les rendre impossibles que d'en rendre le secret impossible, & n'est-ce pas rendre ce secret impossible, que d'oster aux conspirateurs l'interest de rester dans la conspiration, & de leur donner un grand motif pour la découvrir.

(2) Par une ancienne formule les Souverains dans les Traitez de Paix déclaroient qu'ils renonçoient à rien faire de contraire au Traité, & que s'ils y contrevenoient, ils consentoient que leurs Sujets demeurassent dispensez envers eux d'obéissance & de fidelité.

VII. Article.

Comme il y a beaucoup de Péis en Amerique & ailleurs, qui ne sont habitez que de sauvages, & qu'il est à propos que les Souverains qui y ont des établissemens ayent dans ces Pays-là des bornes certaines, évidentes & immuables de leur territoire. L'Union nommera des Commissaires qui travailleront sur les lieux au Reglement de ces limites, selon les loix que fera l'Union aux trois quarts des voix, après qu'elle sera entierement formée.

ECLAIRCISSEMENT.

Ces Terres si éloignées, incultes, inhabitées sont de peu d'importance ; mais il ne faut rien laisser à partager entre les Souverains ; il est à propos de leur oster, autant qu'il est possible, tout sujet de division, & il sera d'autant plus facile de réüssir presentement à ce partage, que ces Pays ne sont jusqu'icy que d'une tres-petite utilité. On peut mesme dire, quoy qu'il puisse y avoir quelque profit à faire pour quelques pauvres particuliers, qui peuvent aller s'y établir, que c'est une porte ouverte pour faire déserter peu à peu l'Etat qui y envoyeroit des Colonies : or qui ne sçait que c'est une perte considerable pour le Commerce d'un Etat quand les Membres s'en trouvent fort éloignez, & que le Commerce n'est jamais plus grand, & plus riche, que lorsque le peuple en est plus rassemblé ? Le feu Chevalier Petty Anglois a démontré sensiblement cette proposition, d'où il concluoit que les établissemens de sa Nation en Amerique, Irlande mesme, & dans une partie de l'Ecosse devroient estre abandonnés, comme tres-préjudiciables aux Arts, aux Sciences, à la richesse, à la force, & au bonheur du Royaume.

ARTICLES PREPOSEZ COMME UTILES
pour la formation & pour la conservation de l'Union.

I. ARTICLE.

I. La Ville de Paix sera bien fortifiée, & on placera des Citadelles autour de la nouvelle enceinte. Il y aura des magazins de vivres & de munitions, & tout ce qui peut estre necessaire pour soûtenir un long Siége, & un long Blocus.

ECLAIRCISSEMENT.

C'est une vûë éloignée ; mais convenable de faire fortifier la Ville de Paix.

II. Les Ambaſſadeurs de l'Union , les Reſidens, les cinq Dé-
putez de chaque Chambre Frontiere, & ſur tout les Officiers des
Garniſons de la Ville ſeront autant qu'il ſera poſſible natifs , ou
Habitans de la Ville & Territoire de l'Union, les Soldats de la
Garniſon ſeront pris du meſme Territoire en partie , & le reſte
ſera pris parmy les Sujets des Republiques de l'Europe.

ECLAIRCISSEMENT.

Je dis *autant qu'il ſera poſſible* , parceque juſqu'à ce que la Ville de Paix ſoit fort peuplée , il ſera difficile d'y trouver aſſez de
Sujets convenables aux emplois de l'Union.

III. L'Union par la diminution du Contingent des Etats Generaux des Provinces-Unies , les dédommage entierement de ce
qu'ils tirent ordinairement de ſubſides de la Seigneurie d'Utrecht,
ainſi au lieu d'une plus grande ſomme , ils ne payeront que neuf
cens mille livres de Contingent , & pour dédommager les particuliers de la meſme Seigneurie du préjudice qu'ils pourroient
ſouffrir de ce que leur ſouveraineté ſera incorporée à l'Union, les
Habitans ſeront non-ſeulement conſervez dans leurs Loix , dans
leurs biens, dans leur Religion , & dans leur emplois ; mais l'U-
nion leur fournira encore des poſtes plus profitables & plus honorables , comme Ambaſſadeurs, Reſidens, & autres, & à l'égard
des ſubſides ordinaires de tous les Sujets , ils ſeront diminuez de
moitié.

ECLAIRCISSEMENT.

Si l'on choiſit une autre Ville qu'Utrecht on obſervera les
meſmes choſes.

II. ARTICLE.

I. Si l'Union entre en guerre contre quelque Souverain , elle
nommera un Generaliſſime à la pluralité des voix , il ne ſera point
de Maiſon ſouveraine , il pourra eſtre revoqué toutes fois & quantes , il commandera aux Generaux des Troupes des Souverains
unis, il ne diſpoſera d'aucuns emplois parmi ces Troupes ; mais ſi
quelqu'un de ces Generaux , ou autres Officiers Generaux déſo-
béïſſoit , ou manquoit à ſon devoir , il pourra le mettre au Conſeil
de guerre.

II. L'Union en cas qu'il n'y euſt point de Prince de la Maiſon ſouveraine vaincuë, pourra ſe déterminer à donner en principauté au Generaliſſime tout, ou partie de ce qu'il pourra conquerir ſur le Souverain ennemi.

ECLAIRCISSEMENT.

Je ſçay bien que moins un General a d'autorité, moins ſon armée eſt redoutable, je ſçay bien que plus il y a de Nations differentes moins il y a d'union, & par conſequent moins de forces; mais les Princes unis peuvent remedier facilement à cet inconvenient, en fourniſſant tous chacun plus de Troupes, & rendant leur armée trois fois plus forte que celle de l'ennemy de l'Union, ils le peuvent, en faiſant chacun moins d'éfort que cet ennemy, & ils ont pour cela trois motifs conſiderables; le premier, c'eſt que plus ils feront d'éfort pour avoir d'abord une tres-nombreuſe armée moins la guerre durera, ainſi la dépenſe ſera réellement moindre; le ſecond, qui eſt le plus important, c'eſt que plus l'armée de l'Union ſera forte moins le ſuccez de la guerre ſera douteux; le troiſiéme, c'eſt que le ſuccez eſtant certain chacun ſera ſeur d'eſtre rembourſé de ſes avances aux dépens du vaincu; il y a donc un moyen avec plus d'argent, de remedier à l'inconvenient qui naiſt du peu d'autorité du General, au lieu que les plus ſages ne voyent aucun moyen de remedier aux grands & pernicieux inconveniens qui peuvent naiſtre au préjudice des Membres unis de ſa trop grande autorité.

III. ARTICLE.

I. Chaque Prince, chaque État tiendra dans la Ville de Paix pendant toute l'année un Plénipotentiaire au moins de 40 ans, & deux Vice-Plénipotentiaires de meſme âge pour les remplacer en cas d'abſence, ou de maladie, & deux Agens pour remplacer les Vice-Plénipotentiaires.

II. Les Vice-Plénipotentiaires feront nommez dans les Lettres de leur Souverain, par premier & ſecond, afin que le premier en cas de maladie ou d'abſence ſuccede de plein droit au rang & à la fonction du Plénipotentiaire abfent , les Agens feront de mefme nommez, par premier & fecond , afin que le premier Agent puiffe faire la fonction du Vice-Plénipotentiaire abfent.

I I I. Les Princes qui les nommeront auront égard dans leur choix à la fuperiorité d'efprit , à la capacité dans les affaires , à la connoiffance du droit public , & de diverfes fortes de Commerces à la moderation, au zele pour la confervation de la Paix, à la connoif-fance de la Langue du Senat , & fur tout à l'application au travail. Chaque Prince pourra les revoquer , & en fubftituer d'autres quand il le jugera à propos.

I V. Si un Senateur par fon caractere d'efprit fe trouvoit oppofé à la Paix & à la tranquillité , le Senat pourra aux deux tiers des voix le declarer incapables d'en faire les fonctions , & ordonner que le Prince fera prié par l'Union d'en nommer un autre , & de ce jour-là il fera exclus des Affemblées.

V. Nul ne pourra dans la fuite eftre nommé Plénipotentiaire, qu'il n'ait efté deux ans Vice-Plénipotentiaire , nul ne pourra eftre Vice-Plénipotentiaire , qu'il n'ait efté deux ans Agent dans la Ville de Paix.

V I. Nul ne pourra dans la fuite eftre nommé Juge d'une Chambre Frontiere qu'il n'ait demeuré deux ans de fuite à cette Ville de Paix.

IV. ARTICLE.

I. Chacun des Senateurs ou Plénipotentiaires fera tour à tour, & par femaine Prince du Senat , Gouverneur ou Directeur de la Ville de Paix, il prefidera aux Affemblées generales , & au Confeil des Cinq.

II. Il y aura un Confeil de cinq Senateurs deftiné à gouverner les affaires journalieres, preffantes & importantes , qui regarderont la feureté des Senateurs & de la Ville de Paix , le mot du guet, les ordres pour arrefter quelqu'un , &c. Le Prince ne pourra donner le mot qu'en leur prefence , ny rien ordonner que de leur confentement par écrit à la pluralité des voix.

III. Le Plénipotentiaire du Souverain dont la Capitale eft plus proche de la ligne Equinoxiale commencera par eftre Prince du Senat , & chacun des autres Senateurs fe rangeront dans la Chambre du Senat par rapport à la proximité où leur Ville Capitale eft de la ligne; enforte que celuy qui fe trouvera fur le banc à la droite du fauteüil du Prince luy fuccedera à cette dignité le Dimanche fuivant au matin à la fin de l'Affemblée , & celuy qui fe trouvera à sa gauche ne succedera à cette dignité que le dernier de l'Assemblée comme representant le Souverain, dont la Capitale est la plus éloignée de la ligne.

IV. Lorsque quelque Souvérain entrera dans l'Union déja formée, son Plénipotentiaire prendra séance sur le banc des Senateurs selon la proximité où sa Capitale est de la ligne, il ne pourra cependant estre Prince du Senat que deux mois après la séance prise, afin que dans l'Assemblée il ait le loisir d'apprendre les usages de cette Compagnie, & les fonctions de cet employ.

V. On pourra, si l'on veut, au lieu de prendre pour poinct fixe la proximité de la ligne, convenir que les Députez prendront séance & commenceront à presider du jour qu'ils auront signé l'Union, & entre ceux qui signeront ensemble, le premier qui signera sera le premier qui commencera à presider la premiere semaine, le second presidera la seconde semaine, & ainsi de suite.

VI. Le Prince du Senat après la semaine de sa Principauté finie se mettra à la gauche du fauteüil, & se trouvera ainsi le dernier de l'Assemblée ; mais comme le Prince sortira toutes les semaines de charge, chacun se raprochera toutes les semaines en circulant de cette premiere place.

VII. La séance des Senateurs dans les Bureaux particuliers, dans les Assemblées publiques se reglera chaque semaine sur la séance qu'ils prennent dans le Senat ; en sorte que les plus proches de la Principauté auront le pas, & la préséance dans les semaines, où ils en seront plus proches ; mais dans les visites particulieres chacun y sera *incognitô*.

VIII. Les Senateurs auront un habit uniforme, & une marque de distinction sur leur habit ordinaire, & sur l'habit d'Assemblée.

V. ARTICLE.

I. Il y aura trois fois la semaine le matin Assemblée generale au Palais chez le Prince du Senat.

II. Toutes les déliberations se feront par memoires imprimez, qui seront distribuez par le Secretaire à tous les Senateurs ; huit jours après la distribution d'un mémoire, le Prince demandera dans l'Assemblée s'il est à propos de faire examiner ce memoire, & si à la pluralité des voix il passe à l'examen, il le renvoyera au Bureau, qui a la connoissance de la matiére qui est traitée dans le memoire, l'Assemblée ne déliberera sur aucun memoire, qu'il n'ait esté signé de trois Sénateurs, qui certifieront qu'il est à propos de l'examiner.

III. Le memoire renvoyé à un Bureau y sera examiné suivant les formes dont on conviendra. Le President du Bureau donnera au Secretaire du Senat l'avis du Bureau avec les motifs, le Secretaire en fera faire des copies imprimées qu'il distribuëra à tous les Senateurs, le jour sera marqué par le Prince du Senat à la pluralité des voix, afin que chacun y puisse apporter son suffrage selon l'importance de l'affaire ; le jour marqué arrivé, chaque Senateur écrira & signera son avis au pied du memoire, & le renvoyera au Secretaire.

IV. Au jour de l'Assemblée le Secretaire lira de suite tous les Avis semblables l'un après l'autre, & les comptera, & le Prince dira tout haut à quel Avis la chose passe, & le jugement sera mis au pied du memoire apporté à la Secretairie par le President du Bureau, où l'affaire avoit esté examinée, le jugement ou décision de l'Assemblée sera signée par le Prince, par les Membres du Conseil des Cinq, & par le Secretaire, toutes ces décisions se mettront en divers Registres, dont on donnera tous les ans une copie imprimée à chaque Senateur.

V. Dans le premier Bureau on examinera les Lettres des Ambassadeurs & des Residens de l'Union, & on y fera les réponses après qu'elles auront esté approuvées de l'Assemblée generale : on y choisira les sujets pour remplacer les Ambassadeurs, les Visiteurs, les Officiers des Chambres Frontieres, &c.

VI. Dans le second on choisira les Officiers de la Garnison, on y examinera les affaires de la Guerre, s'il y en a, le choix d'un Generalissime.

VII. Dans le troisiéme on examinera les affaires de finances, les comptes, les choix des Officiers de finances.

VIII. Dans le quatrième on examinera les memoires sur les reglemens qui peuvent regarder ou l'Union generale, ou la Ville de Paix & son Territoire, ou les loix des Chambres Frontieres.

IX. Outre ces quatre Bureaux perpetuels, il y aura des Bureaux passagers formez exprès pour concilier les differens entre Souverain & Souverain ; ces Bureaux de conciliation seront composez de membres nommez par lettres du Senat à la pluralité des voix, les Commissaires de ce Bureau seront remerciez, & auront une gratification en cas qu'ils parviennent à la conciliation des Parties, & à leur faire signer un accord, & en cas qu'ils n'y réüssissent pas, le President donnera l'Avis du Bureau au Secretaire general qui en distribuëra des copies imprimées à tous les Senateurs, afin qu'estant informez, ils puissent donner leur Avis par écrit en pleine Assemblée au Secretaire, & le Prince prononcera un jugement

gement arbitral à la pluralité des voix pour la provifion , & fix mois après par un fecond jugement aux trois quarts des voix pour la définitive ; ainfi il y aura toûjours fur chaque different deux jugement.

X. Tous ces Bureaux s'affembleront dans l'enceinte du Palais du Prince, à moins que la fanté du Prefident du Bureau ne demandât que l'on s'affemblât chez le Prefident.

XI. Le Senat aux trois quarts des voix nommera les Prefidens & les Membres des Bureaux, qui feront compofez de cinq Plénipotentiaires , & de dix Vice-Plénipotentiaires , ceux-cy auront demi voix , le Secretaire du Bureau fera refident dans le territoire de l'Union , & fujet de l'Union , foit par naiffance , foit par lettres.

XII. Le Prince Gouverneur entrera en charge le Dimanche matin à la fin de l'Affemblée generale fans autre ceremonie, que de prendre pour un moment le fauteüil que quittera fon predeceffeur à dix heures fonantes, alors il indiquera la féance prochaine, & le Senat fe lévera.

XIII. Les Plénipotentiaires des Republiques de Hollande, de Venife , des Suiffes , & de Gennes feront toûjours du Confeil des Cinq, quand un Plénipotentiaire d'une de ces Republiques fera Prince du Senat, la place qui vacquera dans ce Confeil fera remplie tour à tour , à commencer par le Plénipotentiaire du Prince qui aura prefidé le dernier à l'Affemblée generale.

XIV. La Langue du Senat dans laquelle les deliberations feront faites , les memoires donnez , fera la langue qui fe trouve le plus en ufage , & la plus commune en Europe entre les langues vivantes.

XV. Chaque Plénipotentiaire aura libre exercice de fa Religion, & un Temple dans fon Palais , avec les Miniftres convenables, ceux qui feront de fa Religion , foit de fa nation , foit d'autre nation y auront la mefme liberté ; l'Union fera tres-expreffes défenfes fous peine de prifon , & de plus grandes felon les cas, d'y apporter aucun trouble, d'en tourner quelque chofe en raillerie publiquement, & de rien écrire ou imprimer contr'elle, & ce fera une raillerie cenfée publique , quand elle fera faite en prefence de quelqu'un de la Religion attaquée.

XVI. L'Union à l'exemple du Corps Germanique pourra convenir du titre & du poids des monnoyes. On y pourra de mefme dans la fuite convenir d'un mefme poids & d'une mefme mefure.

ECLAIRCISSEMENT.

Cette convention feroit d'une grande utilité pour rendre le Commerce plus facile. Et tout ce qui le rend plus facile l'augmente, & tout ce qui l'augmente enrichit le Peuple & le Souverain.

On pourroit mefme efperer de trouver le moyen de rendre la mefure fixe & immuable par le moyen du pendule à fecondes, qui contient un peu plus de trois pieds de France, & fi l'on avoit trouvé une fois la mefure du pied immuable, il feroit aifé par la mefme voye de déterminer une livre immuable , en déterminant que la livre eft la trentiéme partie d'un pied cube ou d'un demi pied cube d'eau de mer, d'eau de fontaine, d'eau de riviere, d'eau de pluye, & encore mieux d'eau de pluye diftillée.

Au refte il feroit trop long d'apporter icy toutes les raifons qui peuvent prouver l'utilité de ces divers reglemens , chacun peut ou les imaginer , ou propofer quelque chofe de meilleur , je n'ay prétendu en les propofant que montrer que dans l'eftablifement dont il s'agit , on ne trouvera rien d'impoffible dans l'execution, dès que l'on fera convenu d'y travailler.

VI. ARTICLE.

I. Pour la feureté de l'Union, le Czar fera bien fortifier toutes fes Frontieres du cofté des Princes qui ne feront point de l'Union ; on y entretiendra des garnifons confiderables, dont le quart fera Mofcovite, & les trois quarts feront Troupes des Souverains unis.

II. Si un de ces voifins armoit plus qu'à l'ordinaire, le Czar & l'Union armeront de ce cofté-là à proportion , & auront un tiers plus de Troupes que ce voifin , & de peur que les Troupes des Souverains voifins ne puiffent s'aguerrir plus que les Troupes de l'Union fi ces Princes fe font la guerre , le Czar leur offrira la mediation , l'arbitrage, & la garantie de l'Union tant pour les démêlez prefens que pour les démêlez avenir , & fe declarera pour celuy qui acceptera, & l'on conviendra que pour eftre averti de tout armement nouveau , il y aura des Ambaffadeurs & des Refidens des uns chez les autres.

III. L'Empereur des Turcs tiendra la mefme conduite à l'égard des Frontieres qu'il a communes avec les Princes qui ne feront point entrez dans l'Union.

ECLAIRCISSEMENT.

On pourra eſtablir ſur ces Frontieres des Villes de ſeureté, & des Colonies de chaque Nation unie, afin d'aider à faire un jour les recrües neceſſaires dans le Pays meſme; alors chaque Nation y aura ſes Loix, ſes Juges, ſes Temples, & les Miniſtres de ſa Religion ſous l'obéïſſance & le gouvernement chacune de ſon Prince, peut-eſtre trouvera-t-on d'autres moyens plus faciles; mais ceux-cy ne ſont pas impoſſibles, & loin d'eſtre incommodes à la Moſcovie, ou à la Turquie. Ces Nations ne feroient que leur épargner les trois quarts de la dépenſe, & produire ſur leurs Frontieres plus d'argent & plus de ſeureté.

IV. Le revenu de l'Union ſera compoſé du Contingent ordinaire, que payera chaque Souverain, ce Contingent de la Paix ſera reglé par proviſion à raiſon de trois cent mille livres par an monnoye preſente de France, ou valeur en autre monnoye que payera un Souverain de deux millions de Sujets, celuy qui aura quatre millions de Sujets payera le double, & ainſi à proportion, ce Contingent ſera diminué dans la ſuite, eû égard à la diminution des beſoins de l'Union, qui aura alors fait ſes Bâtimens, ſes Fortifications, ſes Magaſins, &c. le Contingent en cas de guerre ſera reglé à proportion.

V. Le Contingent ſe payera par le Treſorier general de chaque Etat, & par parties égales le premier de chaque mois ſur la Procuration du Treſorier general de l'Union, & ſur la quittance de ſon Commis, qui reſidera dans la Ville Capitale de cet Etat, ce Commis payera par mois les apointemens de l'Ambaſſadeur, des Reſidens, & des Juges des Chambres Frontieres.

ECLAIRCISSEMENT.

Comme la diſcuſſion de cette proportion ſera difficile juſqu'à ce que les dénombremens des Sujets de chaque Etat ſoient faits, & verifiez par les Reſidens, les Membres de l'Union peuvent convenir que par proviſion chacun des Souverains cy - deſſus nommez qui pourront entrer dans l'Union, payeront d'icy à vingt ans en pleine Paix les sommes cy après exprimées.

S ç A V O I R,

France trois millions.
Espagne trois millions.
Angleterre quinze cent mille livres.
Hollande, non compris sa Seigneurie d'Utrecht neuf cent mille livres.
Baviere avec ses Associez, trois cent mille livres.
Portugal cinq cent mille livres.
Suisse & Associez, trois cent mille livres.
Florence & Associez, trois cent mille livres.
Gennes & Associez, trois cent mille livres.
L'Etat Ecclesiastique, trois cent mille livres.
Venise cinq cent mille livres.
Savoye cinq cent mille livres.
Lorraine trois cent mille livres.
Dannemarck cinq cent mille livres.
Les Electeurs Ecclésiastiques & Associez, trois cent mille livres.
L'Electeur Palatin & Associez, trois cent mille livres.
Hannovre & Associez, trois cent mille livres.
Saxe & Associez, trois cent mille livres.
Brandebourg cinq cent cinquante mille livres.
Curlande trois cent mille livres.
Autriche treize cent cinquante mille livres
Pologne un million.
Turquie quatre millions cinq cent mille livres.
Moscovie trois millions cinq cent mille livres.
Suéde sept cent mille livres.
Maroc six cent mille livres.
Alger & Associez, trois cent mille livres.

    Le Total des vingt-sept Contingens monte à vingt-cinq millions. Or pour voir à peu près à quoy se montera la dépense de l'Union naissante, il est à propos de la suputer, comme si tous les Souverains d'Europe y eſtoient entrez, il ſera aiſé enſuite d'en rabattre les dépenſes qu'elle ne fera que lors qu'elle ſera entierement achevée.

Je ſuppoſe vingt Chambres Frontieres, dix petites, & dix grandes, les petites de dix Juges, les grandes de vingt avec des Officiers ſubalternes qui coûteront le tiers : or chaque Juge à dix mille livres d'apointemens, chaque petite Chambre coûtera avec les ſubalternes 150000 livres, & les dix petites Chambres un million cinq cens mille livres, chacune des grandes coûtera 300000 livres, & les dix trois millions, de ſorte que le total coûtera quatre millions cinq cent mille livres.

Vingt-ſept Plénipotentiaires à ſoixante douze millle livres chacun par an, un million neuf cent quarante-quatre mille liv.

Cinquante-quatre Vice-Plénipotentiaires à trente ſix mille livres chacun, un million neuf cent quarante-quatre mille livres.

Cinquante-quatre Agens à dix-huit mille livres chaçun, neuf cent ſoixante & douze mille livres.

Quarante Reſidens à dix-huit mille livres chacun, ſept cent vingt-mille livres.

Apointemens des Magiſtrats de la Ville & Territoire de l'Union trois cent mille livres.

Vingt-ſept Receveurs chez les Souverains à dix mille livres chacun, deux cent ſoixante dix mille livres.

Officiers de finance dans le territoire de l'Union trois cent mille livres.

Frais de Change, cinq cent mille livres.

Penſions aux habiles gens dans chaque Art & chaque Science, aux Profeſſeurs des Colleges, & gratifications pour ceux qui travailleront à faire de bons memoires pour perfectionner les Loix de l'Union, apointemens de bas Officiers, Hôpitaux, faux frais, &c. huit cent ſoixante & huit mille livres.

Garniſons de Citadelles y compris les munitions ſur le pied de dix mille hommes, le cinquiéme en Dragons, trois millions.

La perte annuelle ſur les magazins de vivres de dix-huit mois pour la Ville & Citadelle environ un million.

Reparations des Fortifications & Bâtiments, &c. année commune, cinq cent mille livres.

Le Total de ces dépenses monte à dix-huit millions cinq cent
mille livres, ainsi il resteroit 6500000 livres, pour faire les Citadelles, les Fortifications de la nouvelle enceinte, les 27 Palais
des 27 Plénipotentiaires ; le Palais du Prince du Senat, les magazins, les divers Hôpitaux de pauvres, d'Enfans, d'Invalides,
de malades, soit de maladies ordinaires, soit de maladies conta-
gieuses, & l'amas de cinquante millions de reserve ; mais ces
choses & beaucoup d'autres semblables peuvent estre aisément
reglées entre les Souverains, quand ils seront convenus des principaux articles. Il y a seulement une augmentation de dépense
à considerer, ce seront les Troupes que l'on entretiendra sur les
Frontieres du Czar du costé des Tartares & de la Chine, & sur
les Frontieres du Grand Seigneur du costé de Perse & d'Abyssi-
nie ; mais ce sont de ces articles qu'il sera facile de former quand
on en sera venu à ce point-là.

Au reste comme les Habitans de la Ville de Paix & de son
Territoire seroient sujets de la petite Republique de l'Union, il
y faut des Loix pour les affaires civiles & criminelles, pour les
affaires de milice, de police & de finances, il faut trouver les
moyens dans le Choix des Magistrats, des Tresoriers, des Juges des Chambres Frontieres, des Visiteurs des Provinces, des
Ambassadeurs, des Officiers de guerre, de ne se tromper que le
moins qu'il sera possible, & de choisir pour chaque emploi le
plus habile, le mieux intentionné & le plus laborieux, il faut
que chacun pour s'y bien gouverner soit excité chaque jour par
l'émulation, par l'espoir des recompenses honorables & utiles,
& mesme par la crainte de la honte, il faut que chacun puisse
croire que pour avancer, il n'a besoin d'autre recommandation
que de celle de son travail & de ses talens ; d'ailleurs comme les
Habitans de la Ville de Paix sont destinez à remplir les plus beaux
& les plus importans emplois du monde, qui consistent à entretenir l'Union & la concorde entre toutes les Nations, il est à propos qu'ils soient elevez, instruits, formez pour les mœurs & pour

les connoiſſances humaines par les plus excellens maiſtres, il faut qu'ils ſoient choiſis entre les eſprits du premier ordre, il faut que cette Ville excelle, s'il eſt poſſible, en politeſſe, en agréement, en honneſteté, en juſtice, en eſprit, en ſçavoir, il faut qu'on y trouve des hommes ſuperieurs en lumieres, en douceur, en indulgence, en patience aux autres hommes, il en faut bannir l'oiſiveté, la vanité, l'intemperance, le luxe & la moleſſe, qui ne rendent pas les hommes plus heureux, comme je le démontreray ailleurs; mais qui leur apportent beaucoup plus de beſoins, il faut que le principal reſſort de ces Habitans, ſoit le deſir d'exceller en vertu, en travail & en talens utiles à la Republique, il faut qu'ils ſoient comme les anciens Lacedemoniens, & comme les premiers Romains uniquement occupez de la belle gloire, & que par deſſus ils ayent l'eſprit plus éclairé que ces vieux modeles de la vertu humaine, tant pour ſe mieux conduire dans le chemin de cette meſme vertu, que pour travailler plus utilement a leur propre bonheur, & au bonheur des autres.

C'eſt ſur toutes ces choſes que j'ay dèja fait pluſieurs reflexions, & formé les Projets de divers reglemens; mais ſi le fond du Projet n'eſt pas deſiré de nos jours par la plûpart des Souverains, comme il peut bien arriver à cauſe de l'obſtacle des intereſts de quelques particuliers, pour leſquels il n'eſt pas aiſé de trouver d'équivalent inutilement je me preſſerois de découvrir des moyens pour faciliter l'execution d'un Projet, dont je ne verray point d'execution, je me contenteray de travailler à loiſir pour un ſiecle plus heureux que le noſtre.

Il me reſte à répondre à 3 Objections qui m'ont eſté faites ſur les conditions & ſur la forme de l'Union, il ne ſeroit pas raiſonnable de paſſer à la ſeconde propoſition, ſans avoir éclaircy tout ce qui peut regarder la premiere.

II. OBJECTION.

Les Souverains ne pourront-ils point avoir à craindre que dans la ſuite la Ville de Paix, cette eſpece de Republique ne devienne trop puiſſante?

REPONSE.

1°. Il n'y a qu'à faire attention à la constitution de ce petit Etat pour dissiper cette crainte : car enfin qui sont ceux qui le composent ? Ne sont-ce pas les Souverains eux-mesmes qui en sont les Membres ? Ne décident-ils pas par l'organe de leurs Plénipotentiaires tout ce qui s'y décide d'important ? Ces Plénipotentiaires ne seront-ils pas obligez à peine d'estre destituez, d'attendre sur chaque matiére importante, les instructions de leurs Souverains, & ces Souverains ny ordonnent-ils pas toutes les dépenses qui s'y ordonnent ? N'en fournissent-ils pas continuellement, ses revenus, qui sont proprement ses alimens ? N'est-ce pas de ces Contingens que sont payées les garnisons des Citadelles qui font sa seureté ? Ne sont-ils pas les Maistres de tout ? Chacun d'eux n'a donc pas plus à craindre de cette Republique, qu'il auroit à craindre de luy-mesme ? Et n'est-il pas évident que les Senateurs n'exercent la souveraineté, que sous les ordres de leurs Souverains mesmes ? A-t-on jamais imaginé que les Souverains des Cercles de l'Empire eussent quelque revolte à craindre de la part de leurs Députez à la Chambre Imperiale de Spire, que je regarde en quelque sorte comme le modele du Senat de la Ville de Paix.

2°. Dès que le nombre des Troupes de la Ville de Paix est borné à une simple garnison, dès que le nombre de ses deniers de reserve est fixé, dès que son Territoire est si limité, dès que ses Habitans sont en si petit nombre, comment pourroit-elle devenir formidable à ceux mesmes qui la soûtiennent ? Or ces bornes & ces limites qui les posera que les Souverains eux-mesmes pour leur propre seureté ? Ainsi ils sont les maistres de resserrer ces bornes, ou de les étendre selon qu'ils jugeront à propos.

3°. La puissance de l'Union demeurera donc au point que détermineront entr'eux les Souverains. De sorte que l'Union a les mains liées pour faire le mal, elle n'a point de force pour nuire

à

à perſonne, elle n'en a que pour faire du bien, & pour conſerver la Paix, elle n'a de pouvoir que pour empeſcher les maux que pourroit cauſer la folle ambition, elle n'a de forces que pour maintenir chacun dans ſon autorité. Voilà pourquoy on peut dire que quand ſes forces ſeroient plus grandes, elles ne ſeroient jamais à redouter. Y a-t-il au contraire rien à ſouhaiter pour une ſouveraineté, qui ne peut rien que pour noſtre protection, ſi ce n'eſt l'augmentation de ſon pouvoir.

4°. Cette Republique n'auroit à elle que 10000 hommes de garniſon, & veu ſon petit Territoire, où prendroit-elle des hommes, que chez ſes Maiſtres meſmes?

5°. Quel but ſe propoſeroit un Membre de cette Republique, un Plénipotentiaire? Seroit-ce de conquerir les Etats de ſon Souverain? Quoy une perſonne dont chaque Souverain peut tous les jours revoquer le pouvoir ſelon ſon bon plaiſir, une perſonne qu'on ſuppoſe une des plus ſenſées de l'Etat, pourroit ſe mettre une pareille extravagance dans l'eſprit?

6°. Quand cet incomprehenſible folie prendroit à un Plénipotentiaire, cela ne ſuffiroit pas, il faudroit que ſes deux Vice-Plénipotentiaires & ſes deux Agens fuſſent attaquez de la meſme folie, & d'une folie encore plus grande, puiſqu'ils renonceroient à leur fortune réelle, pour ſe livrer à une chimere, où ils ne pourroient jamais voir rien de ſolide pour leur intereſt.

7°. Mais ce ne ſeroit pas aſſez qu'un, deux ou trois de ces Plénipotentiaires fuſſent attaquez en meſme temps de cette maladie, ce ne ſeroit pas aſſez que leurs Vice-Plénipotentiaires & les Agens de leurs Souverains tombaſſent dans le meſme accident, il faudroit que les vingt-ſept Plénipotentiaires, les cinquante-quatre Agens fuſſent capables de la meſme extravagance, qu'ils fuſſent convenus de declarer la guerre à l'Europe entiere, & qu'ils euſſent fait entr'eux le partage de leurs Conqueſtes. Or on a beau ſuppoſer les hommes capables de folie, ces ſuppoſitions ont leurs bornes; & quand pour fonder quelque crainte, on ſuppoſera qu'un homme ſage devienne tout d'un coup extravagant, cette crainte ſera aſſez mal fondée; mais que ce ſera-ce, ſi pour avoir

M

le moindre fujet de craindre, il faut fuppofer que cent hommes très-fages deviennent fous en mefme temps, & entrent tous dans un Projet parfaitement extravagant.

III. OBJECTION.

On m'a objecté que la refidence perpetuelle des Plénipotentiaires dans la Ville de Paix pourra donner occafion à quelques Souverains ambitieux de faire par leurs Plénipotentiaires mefmes des confpirations pour renverfer l'Union, & pour partager l'Europe entr'eux.

REPONSE.

1°. Il n'eft pas poffible qu'une pareille confpiration réüffiffe, qu'elle ne foit confiée à un grand nombre de perfonnes, & le grand nombre de Conjurez fait toûjours échoüer de pareil deffeins, ou plûtoft empefche toûjours de les entreprendre. La crainte que peut avoir un Conjuré d'eftre prévenu par quelqu'autre qui découvrira la confpiration, & qui par cette découverte fera à couvert du danger, & gagnera une grande recompenfe. Cette crainte, dis-je, feroit que chacun à l'envy découvriroit l'affaire avant qu'elle puft réüffir, & cette crainte fuffit pour empefcher les Conjurez de s'embarquer dans la conjuration, où s'ils s'y embarquent, elle fuffit pour les porter à la découvrir.

2°. Il eft à propos de remarquer une grande difference entre une confpiration, où il peut entrer des gens de vertu par des motifs de Religion, du bien public contre la tyrannie, & une confpiration où il ne peut entrer que des hommes corrompus par l'avarice, & des fcelerats, qui pourvû qu'ils s'enrichiffent comptent pour rien de détruire par les plus grands crimes une Confédération, une Alliance, qui rend toutes les Nations de la terre heureufes. Les meilleurs efprits defirent la gloire, & craignent la honte, & des entreprifes où il n'entre point d'excellens efprits pour les conduire, ne fçauroient jamais réüffir, fur tout celles ou il faut du fecret, de la conftance, de la fermeté, & de la confiance mutuelle ; une société de voleurs peut durer cachée, jufqu'à ce que quelqu'un de la troupe foit feur de gagner quatre fois plus à l'aller découvrir, qu'il ne gagnera à y refter ; mais dès que par de bonnes loix fa recompenfe fera fort honorable, tres-affeurée, & dix fois plus confiderable, que ce qu'il auroit pû efperer en y reftant, il n'aura garde d'y refter, l'intereft qui les tient unis & cachez, peut également les défunir & les découvrir, fur tout fi l'intereft de celuy qui découvrira devient dix fois plus fort, & s'il peut attendre des loüanges & des honneurs de fa découverte.

3°. Il y va de la vie, & de l'infamie des Senateurs & des Vice-Senateurs qui demeureroient dans la confpiration, il y va de même de tout pour le falut de l'Union, de donner un exemple fameux & fevere, le coupable perdra fes biens & fa vie. Or qui feront les Princes affez fous pour projetter une entreprife auffi extravagan-te, auffi odieufe, auffi blamable, auffi hazardeufe ? Qui feront les Miniftres qui oferont la confeiller, ou l'appuyer, fur tout s'ils ont un azile feur, & une recompenfe tres-avantageufe & tres-honorable dans la Ville de Paix & par tout ailleurs ? Qui feront les Peuples qui ne fe revolteront pas unanimement contre un Souverain dans une entreprife auffi injufte, qui leur ofteroit le re-pos pour toûjours, & pour les fuccez de laquelle ils feroient obli-gez de fournir de gros fubfides.

4°. Quelle feureté y auroit-il que la Paix duraft entre les Prin-ces revoltez, quand mefme ils auroient efté affez heureux pour faire les Conqueftes qu'ils auroient projetté de faire ? Quelle feu-reté pourroient-ils fe donner de l'execution de leur traité de par-tage, autre que leur parole, que leur promeffe, que leur traité mefme ? Or quel fondement pouorient-ils faire fur leurs paroles, fur leurs promeffes, & fur leurs traitez, eux qui violent actuelle-ment, & qui foulent aux pieds ce qu'il y a de plus facré & de plus refpectable dans les promeffes, dans les paroles, & dans les trai-tez ? Or feront-il affez fous pour rifquer autant *fans feureté*.

Augufte & Antoine qui avoient tant d'intereft de ne point entrer en guerre après avoir partagé entr'eux les vaftes Etats de la Republique Romaine, pûrent-ils achever leur vie en paix ?

Les autres Empereurs d'Orient & d'Occident n'ont-ils pas eû incessamment des guerres entr'eux, & les Princes pour estre devenus plus puissans, en sont-ils jamais devenus plus équitables, plus moderez, plus patiens, moins jaloux de la grandeur de leurs Voisins? En un mot plus paisibles?

5°. Quand mesme un Souverain seroit seur de se rendre le maistre de la terre entiere, il y perdroit beaucoup, soit pour sa reputation, soit pour la seureté de la durée de sa famille sur le Trône, pour sa reputation: car enfin quelle voyes seroit-il obligé de prendre pour réüssir, que des voyes de trahison contre ses traitez, contre ses promesses, contre les sermens, contre toutes les loix de l'équité & de la bonne foy, contre le bien de la societé des hommes, en faisant tout ce qui dépend de luy pour les replonger eux & leur posterité dans les effroyables malheurs de la division & de la guerre? Et peut-on comprendre que par amour, pour la gloire, il voulût tenir à la face de l'Univers une conduite aussi déshonorante.

A l'égard de la durée de sa famille sur le Trône, cela n'est pas moins visible, puisqu'il est rare qu'il n'y ait pas de division entre les freres du premier & les freres du second lit, qu'il ny ait pas des Minoritez & des Regences, qu'il ny ait pas des premiers Ministres ambitieux sous des Rois foibles & de peu d'esprit, comme on a vû sur le Trône de Constantinople, comme on a vû dans toutes les autres Monarchies.

6°. Pour s'assurer de la fidelité de la garnison des Citadelles, & pour estre averti de la marche des Troupes ennemies, on prendra des précautions si sages, qu'il ne sera jamais possible à un Prince ambitieux d'esperer quelque succez contre la Ville de l'Union, il faudroit corrompre les Residens & les autres Officiers de l'Union, il faudroit faire garder le secret aux Troupes mesmes, il faudroit qu'elles eussent des aisles au lieu de jambes pour arriver tout à temps au rendez-vous & secretement; toutes choses qui ne sont pas praticables.

7°. On a par précaution proposé que les Plénipotentiaires des Republiques de Hollande, de Venise, de Suisses, de Gennes seroient toûjours du Conseil des Cinq , entre les mains de qui sera toute l'autorité de la Ville , & qui ne pourront jamais par rapport à leurs Souverains nourrir de pareils desseins ambitieux , & que gagneroit chaque Citoyen particulier à de pareilles Conquestes ?

8°. Les Garnisons seront toutes composées de Troupes Republicaines , & d'Officiers de Republique. Or est-il vray-semblable que les Republiques d'Europe entrassent dans une pareille conspiration ?

9°. Quand une conspiration auroit détruit la Ville de Paix , l'Union ne seroit pas détruite pour cela , & les Souverains attaquez n'en demeureroient au contraire que plus unis , & plus animez à prendre vengeance de leurs ennemis, leurs peuples n'en seroient que plus disposez à faire les derniers efforts pour les vaincre & pour les anéantir, l'Union se rassembleroit bien-tost ailleurs, & comme le reste des Princes de l'Union seroit beaucoup plus fort, que ceux qui s'en seroient separez, la guerre ne pourroit pas durer.

10°. Les Unions formées pour se défendre peuvent durer , c'est qu'alors la jalousie ne seme point la division sur le partage de nouveaux biens , où se borne à la conservation des anciens ; mais des Ligues entre trois Princes pour conquerir sont des Ligues impraticables , ils ne sçauroient ny prévoir tous les cas dans un Traité , ny en convenir s'ils les prévoyent.

11°. Qui asseureroit un de ces trois Princes qu'après la Conqueste ou de l'Europe ou de l'Asie , deux ne se ligueroient pas à leur tour contre luy pour le dépoüiller luy-mesme entierement & partager sa dépoüille , cette Ligue seroit encore plus aisée à former. Or cependant sans une pareille assurance , sans une pareille seureté , un homme sensé renoncera-t-il à la protection que luy donneroit l'Union generale ? Et où peut-il jamais , sans une pareille Union, trouver une pareille seureté ? Seront-ce des paroles, des traitez , des sermens ? Ils s'en mocquent. Sera-ce l'égalité des forces ? Mais on suppose que deux estant unis accableront aisément le troisiéme , & d'ailleurs ne peuvent-ils pas attendre l'occasion d'une Minorité ou d'un Regne foible, l'ambition les pousse fe, & nulle crainte ne les retient, qu'en doit-on attendre? Trois voleurs ont affaffiné leurs voifins, trouveront-ils bien de la feureté à demeurer en mefme lieu après avoir partagé le butin, eux qui ne fe foucient d'aucune Loix, & qui ne reçoivent de confeils que de l'avarice?

12°. Celuy à qui viendroit une pareille idée pourroit-il jamais, s'il n'eft extravagant, la confier à des Princes qui font en défiance de luy, qui le regardent toûjours avec quelque jaloufie, & qui quelques dehors honneftes qu'ils ayent, font toûjours intereffez à fon abaiffement? De deux chofes l'une, où il y auroit de fa part une propofition fignée de luy, ou bien il ny en auroit point, s'il ny en a point quel Prince ne croira pas qu'on le tente afin de luy faire faire une fauffe démarche pour le perdre, fi la propofition eft ferieufe & fignée, c'eft une grande extravagance, & quel Prince voudra entrer en focieté avec un extravagant? N'aimera-t-il pas mieux au contraire le faire dépoüiller d'une partie confiderable de fon Etat, en montrant des preuves conftantes de fa trahifon, que de s'en faire complice fans efperance d'aucun fuccez.

13°. Le congrez perpetuel ne donne pas plus de facilité à ces fortes de Ligues, au contraire, l'atention perpetuelle de l'Affemblée fur la conduite de tous les Souverains eft une nouvelle précaution contre ces fortes de Ligues.

14°. En un mot, gens fages ne fçauroient former une entreprife auffi folle, & gens extravagans ne fçauroient la conduire, & beaucoup moins y reüffir, & dès que cela eft ainfi gens raifonnables ne fçauroient la craindre.

IV. OBJECTION.

Un Monarque, & fur tout un Monarque puiffant, comme le Grand-Seigneur, comme le Czar, aura deux grandes raifons pour ne point confentir à l'Union generale; la premiere, c'eft que dans le Syftême de la guerre, il ne reconnoift que Dieu pour Juge des differens qu'il peut avoir avec fes voifins; pour le gain de fon procez, il ne dépend que de fes propres forces, du nombre, de la valeur,

de la conduite de ſes Troupes & de ſes Officiers, en un mot, il ne
dépend que du ſort des armes; au lieu que dans le Syſtême de la
Paix perpetuelle, ou de l'Union generale, prenant les autres Souverains pour ſes Arbitres, & leur donnant la force & l'autorité neceſſaires pour faire executer leurs jugemens, il reconnoiſt une Superiorité, un Tribunal qu'il ne reconnoiſſoit pas, il entre dans une
dépendance dans laquelle il n'eſtoit pas.

La ſeconde raiſon de ce Prince pour ne point conſentir à l'Union,
c'eſt qu'il faudroit qu'il renonçaſt à toute eſperance d'agrandir ſon
territoire, & il ne trouvera jamais aſſez davantages dans la Paix
pour renoncer à une pareille eſperance.

R E' P O N S E.

1°. Toute cette dépendance où le Souverain ſe met par l'U-
nion generale ſe réduit à ſe ſoûmettre au jugement des autres
Souverains qu'il a choiſis pour Arbitres, en cas qu'il ait des dé-
meſlez à juger : Or puiſqu'il ne peut jamais avoir de démeſlé,
ſi ce n'eſt avec ſes voiſins, ou avec ſes Sujets rebelles à ſes ordres,
& que par un des articles fondamentaux. L'Union ne ſe peut
meſler des differens avec ſes Sujets, que pour luy donner un ſecours déciſif contre les rebelles, il s'enſuit que ſi de ſa vie il n'a
aucun démeſlé à juger avec ſes voiſins, il n'aura de ſa vie aucune
dépendance de l'Union. Voilà déja une grande diminution de
cette dépendance.

Sur le chapitre des Sujets rebelles il y a une conſideration dé-
ciſive, c'eſt que le plus grand nombre des Membres de l'Union
ce ſont des Rois, ou des Princes abſolus qui ont tous intereſt de
conſerver un pouvoir abſolu, & parfaitement indépendant ſur
leurs Sujets, & qu'ils n'ont garde de donner des inſtructions à
leurs Plénipotentiaires pour opiner dans le Senat, que conformement à l'autorité deſpotique. Il eſt vrai que le Parlement d'Angleterre, la Diéte de Pologne & les Etats de l'Empire, peuvent
obtenir que l'Union les conſerve dans le pouvoir de concourir
à la formation des loix nouvelles, & les protege dans l'obſervation des *Pacta Conventa* du Traité de Weſtphalie & de la capi-
tulation Imperiale; mais ce ſont des exceptions qui n'intereſſent

point les autres Monarques, ils ne fentiront que mieux leur pouvoir fur leurs Sujets en voyant que celuy de quelques Monarques
voifins eft moindre.

2°: Si ce Souverain reconnoift les autres Souverains pour fes
Juges & fes Superieurs dans les procez, ils le reconnoiffent pour
leur Juge dans les leurs ; de forte qu'il ne cede d'un cofté qu'autant
qu'il acquiert de l'autre, & s'il cede aux autres une forte de fuperiorité fur luy, s'il fe met dans une forte de dépendance grande ou
petite en cas qu'il ait des procez, chacun des autres Souverains
luy cede pareille fuperiorité en cas qu'ils ayent des procez ou des
differens à juger avec leurs voifins, & fe mettent tous dans une
pareille dépendance à fon égard ; ainfi jufques-là tout eft égal
pour luy dans le Syftême de l'Arbitrage ou plûtoft dans le Syftême de la Paix perpetuelle.

3°. Cette dépendance des Arbitres eft plus ou moins grande à
proportion que ce qui eft déferé à leur arbitrage eft plus ou moins
confiderable. Or dès que par un des articles fondamentaux de
l'Union, on eft convenu que chaque Souverain demeurera perpetuellement en poffeffion de tout le territoire qu'il poffede actuellement, dès qu'on eft convenu que nul Etat ne pourra jamais
accroiftre ou diminuer fon territoire par fucceffion, donation,
vente ou autrement, que le Commerce fera libre, égal & reciproque ; il eft évident que tout fujet de procez fera tres-peu de
chofe, il s'agira peut-eftre de quelque Ifle inhabitée, de quelques cabanes de Sauvages, ainfi quand un Souverain pourroit
craindre un jugement injufte, l'injuftice du jugement ne feroit
pas plus à craindre, que la perte de la chofe mefme, ainfi quand il
devroit avoir durant fa vie deux ou trois petits procez, cette dépendance dont il eft queftion à l'égard de fes Arbitres, devient
fi petite, quelle eft prefque infenfible.

4°. Non-feulement la dépendance diminuë à l'égard des Juges à proportion du petit nombre de procès, & à proportion que
le fujet du procès eft leger & peu important ; elle diminuë encore
à proportion que l'on croit les Juges éclairez, équitables, & fortement intereffez à juger avec une équité fcrupuleufe. Or dans
le

le cas du Syſtême de l'Union ; qu'eſt-ce qui pourra faire matiere
de procès ? Ce feront quelques petites querelles perſonnelles , ou
quelques minuties de limites & de commerce ? Or ceux qui font
Juges ne font-ils pas tous intereſſez à donner ſur cela des jugemens équitables , puis qu'ils peuvent eſtre eux ou leurs enfans
& offenſeurs & offenſez , & qu'ils ont & limites & commerce à
regler. Ainſi on peut dire qu'ils feront tous d'autant plus attentifs
à ne faire aucun tort à une des Parties , qu'ils s'en feroient un pareil , & peut-eſtre plus grand à eux-meſmes en s'éloignant de l'é-
quité.

5°. Les Arbitres moins à craindre & les plus deſirables pour une
Partie , ce font ceux dont elle eſt elle-meſme arbitre dans un autre
procès.

6°. Ces jugemens font d'autant moins à craindre , qu'ils ſervi-
ront de reglement en cas pareil : or il ſe trouvera ſouvent que tel
qui croit avoir perdu quelque choſe par la déciſion de l'Union ,
aura effectivement beaucoup gagné , en ce que cette déciſion le
mettra à couvert de pareilles prétentions que les voiſins auroient
pû avoir contre luy & contre ſes ſucceſſeurs. Or moins cet arbitrage eſt à craindre , moins il cauſe de dépendance.

7°. Je vas montrer que les autres dépendances que l'on évite
par celle-cy font beaucoup plus conſiderables : car enfin il n'y a
que deux manieres de décider , ou l'arbitrage du Syſtême de la
Paix , où les hazards du Syſtême de la Guerre. Or dans le Syſtême de la Guerre , un Souverain qui prend les armes , n'eſt pas ſeur
d'en eſtre quitte pour ſa prétention , s'il eſt Demandeur , ou pour
ceder ce qu'on luy demande , s'il eſt Défendeur (qu'il me ſoit
permis d'uſer icy de termes de procès , c'eſt pour abreger , & puis
il s'agit de procès entre Souverains) il riſque tout ſon Etat , puiſque
s'il eſt abſolument vaincu , il perd tout , & ce qui eſtoit en queſtion
& mille fois davantage que ce qui faiſoit le ſujet du procès. Or ſi
la grandeur de la dépendance eſt toûjours proportionnée à l'importance de la choſe qui eſt à décider , il eſt évident que la dépendance du fort des armes dans le Syſtême de la Guerre eſt incomparablement plus grande que celle où ſe met ce Souverain en ſe

N

foûmettant à des Arbitres équitables dans le Syſtême de la Paix, puiſque par l'arbitrage de l'Union il ne riſque jamais que ce qui eſt en arbitrage, & c'eſt peu de choſe, au lieu que dans le Syſtême de la Guerre chacun des combattans riſque tout lors meſme qu'il ne combat que pour peu de choſe.

8º. Les frais de la déciſion par le fort des armes dans le Syſtême de la Guerre ſont immenſes, ruineux, & en pure perte pour chacun des deux partis, quand ils n'ont rien conquis l'un ſur l'autre, & que par laſſitude reciproque ils ſont contraints de faire la Paix, ou plûtoſt la Treve. Ces frais valent ſouvent cent fois plus que le capital, au lieu que dans le Syſtême de l'Union nul ne prend les armes, & le jugement des Arbitres ne coûte rien aux Parties pour les frais.

9º. Dans la ſituation preſente des affaires de l'Europe, il y a ſi peu d'eſperance d'eſtre rembourſé de ſes frais par des conqueſtes, pour celuy qui auroit un grand ſuccez, que ſi ſes voiſins luy voyoient faire des conqueſtes conſiderables, ils ſe declareroient tous dans le moment contre luy, pour les luy faire reſtituer.

10º. Si dans le Syſtême de la Guerre il peut ſe promettre d'avoir des ſuccez heureux, & d'eſtre rembourſé de ſes frais, il eſt mortel, il n'eſt pas ſeur que ſa Maiſon ſera toûjours ſans minorité & ſans regence, & que la Maiſon ſur laquelle il a eû de la ſuperiorité n'en prenne pas à ſon tour dans les ſiécles à venir ſur la ſienne, & alors ſuppoſant qu'elle reprenne ſur les deſcendans ce qu'il a pris ſur elle; n'eſt-il pas évident que tous les frais & les ravages de la guerre tant de part que d'autre, & d'une guerre, qui aura duré pluſieurs ſiécles, demeureront pour les deux Maiſons en pure perte? Les frais des guerres paſſées depuis 170 ans entre la Maiſon de France & la Maiſon d'Autriche, ne ſont-ils pas en pure perte preſentement pour ces deux Maiſons, & cependant qu'on ſupute à quoy montent ces frais & ces ravages, & l'on verra qu'ils valent quatre fois plus que le Royaume de France en entier, & que la France en 170 ans de Paix vaudra 3 fois plus qu'elle ne vaut.

11º. Ou ce Souverain croit ſa prétention tres-juſte, ou il la croit injuſte; s'il la croit injuſte, y a-t-il rien de plus odieux, que

de vouloir executer contre les autres ce qu'il ne voudroit pas
qu'ils executassent contre luy? S'il la croit juste, où est la prudence d'aimer mieux que la chose se décide par le sort des armes,
qui sont toûjours journalieres, c'est-à-dire, par le hazard mesme, plûtost que par le jugement d'Arbitres rendus éclairez,
& équitables par leur propre interest? Y a-t-il donc de la comparaison entre ces deux sortes de dépendances pour un Prince
juste & sensé.

12°. Dans le Systême de la guerre le Souverain le plus puissant est dans une perpetuelle dépendance à l'égard des Membres de sa famille qui peuvent se diviser dans une Regence, à
l'égard des Grands qui peuvent conspirer, & à l'égard de ses
autres Sujets, dont une partie peut se revolter sur des prétextes
d'imposts excessifs, ou de liberté de Religion, il ne faut point se
flatter : un Souverain dépend de toutes ces choses, qui peuvent
renverser sa Maison, ce sont des maladies où toutes les Maisons
Souveraines seront toûjours sujetes dans le Systême de la division
& de la guerre, au lieu que dans le Systême de l'Union & de la
Paix le Souverain prévient toutes ces sortes de malheurs pour sa
Maison. Il la délivre donc pour toûjours d'une des plus terribles
dépendances ou elle puisse estre. Or que l'on compare la seule
dépendance de l'Arbitrage avec toutes ces sortes de dépendances, & l'on verra si l'une n'est pas un atome de dépendance ima-
ginaire en comparaison du nombre & de la grandeur des autres
dépendances réelles dont il se délivre.

13°. Mais enfin quand la dépendance ou se met le Souverain
par l'Arbitrage ne seroit pas en elle-mesme tres-petite, quand la
superiorité qu'il cede sur luy aux autres Souverains ne seroit pas
parfaitement égale à celle qu'il acquiert sur eux : quand cette dépendance où il se met dans le Systême de l'Arbitrage ne seroit
pas infiniment plus petite que celles dont il se délivre en quittant
le Systême de la guerre, quand toutes choses seroient égales de
ce costé-là, s'il trouve d'ailleurs dans le Systême de la Paix des
avantages infiniment superieurs à ceux qu'il trouve réellement
dans le Systême de la Guerre; n'est-il pas visible que la peur de

cette dépendance d'Arbitrage ne devroit pas l'arrester? Or nous allons montrer dans le discours suivant une espece d'immensité dans ces avantages. Je ne répons point icy à la seconde raison de l'objection, c'est le sujet du discours suivant, & j'espere que quiconque aura assez d'attention pour peser chaque avantage, & pour le mettre à sa juste valeur, & assez de memoire pour tenir en mesme-temps tous ces avantages presens à l'esprit ne s'arrestera pas sur des considerations aussi legeres que celles dont on a formé cette objection.

14°. Les Souverains d'Allemagne avant de s'unir, avant de convenir d'Arbitres perpetuels ne sçavoient-ils pas qu'ils n'avoient que Dieu pour Juge de leurs differens, c'est-à-dire, qu'ils ne pouvoient estre décidez que par la force ou par le sort des armes; cependant les plus puissans d'entr'eux comme les moins puissans, jugerent en signant cet Arbitrage perpetuel, que cette voye leur estoit à tout prendre beaucoup plus avantageuse que de laisser toûjours tout à décider à la force: Or pourquoy les plus puissans de l'Europe ne pourroient-ils pas s'ils voyoient les mesmes raisons & les mesmes motifs que les plus puissans d'Allemagne, prendre la mesme resolution pour former l'Arbitrage perpetuel Européen, comme ceux-là prirent la resolution de former l'Arbitrage perpetuel Germanique, il est vray, que les raisons, les motifs, nous ont esté enlevez par l'injure des temps; mais le sens commun qui les leurs dicta subsiste encore aujourd'huy, qu'on l'interroge, & il dictera aux Souverains presens, ce qu'il dicta aux Souverains des siécles passez, & ce sont ces raisons, ces motifs que j'ay tâché de deviner, & que j'ay expliqué dans le discours suivant.

15°. Henry IV Roy de France n'estoit-il pas lorsqu'il mourut un des plus puissans entre les Princes d'Europe, il avoit mesme acquité la plus grande partie des dettes de l'Etat, & avoit amassé un tresor considerable, il avoit une grande experience de la guerre, il estoit aimé de ses Peuples, il avoit un grand genie, un grand courage, & une activité merveilleuse; cependant non-seulement il consentoit à cet Arbitrage perpetuel, & renonçoit à tou-

te efperance d'agrandiffement par l'eftabliffement de l'Union ;
mais c'eftoit luy qui en folicitoit l'execution comme l'inventeur ;
donc il n'y a nulle impoffibilité que le Czar ou tout autre Prince
puiffant n'entre dans des vûës auffi fages.

RECAPITULATION.

Il me femble que j'ay montré affez clairement que fi les Membres de l'Union eftoient une fois convenus, que le territoire des
Etats tel qu'il eft, ne pourra jamais eftre ny agrandi ny diminué.
Qu'en general le Commerce fera toûjours libre, feur, égal &
reciproque entre toutes les Nations, il n'eft point poffible d'i-
maginer qu'il pût déformais naiftre entre deux Souverains aucun different confiderable : car enfin que l'on m'indique quelque fource de different confiderable pour les interefts d'un Etat
autre que l'eftenduë du territoire pour ce qui regarde le dedans,
ou la liberté, la feureté, & l'égalité du Commerce pour ce qui
regarde le dehors.

Il me femble que j'ay montré que lorfque les Souverains auront figné l'article fixiéme fur l'Arbitrage, s'il furvient des differens pour des injures perfonnelles, ou pour des minuties de limites de territoire, il eft impoffible que tous ces differens ne
foient pas terminez ou à l'amiable par voye de conciliation &
de tranfaction, ou à la rigueur par Sentence arbitrale.

Il me femble que j'ay montré que l'Union une fois formée,
il n'eft pas croyable qu'aucun Souverain ofe jamais prendre les
armes pour s'oppofer au Jugement ou aux Reglemens de l'U-
nion, ou s'il les prend qu'il eft abfolument impoffible qu'il ne
foit vaincu, & qu'il ne perde une partie très-confiderable de
fon Etat.

Il me femble que j'ay montré que l'eftabliffement des Chambres Frontieres de Commerce eft très-facile, & qu'avec cet eftabliffement il eft impoffible de ne pas terminer tous les procez des
Negocians de diverfes Nations, & qu'ainfi aucun Etat n'aura
jamais rien à fouffrir de tout autre Etat fur ce qui regarde le détail
du Commerce.

Il me semble que j'ay montré qu'avec la protection toute-puissante de l'Union, il ny avoit plus à craindre dans aucun Etat, & sur tout pendant les Minoritez ou les Regnes foibles aucune guerre civile.

Il me semble que j'ay montré que si quelques Souverains conviennent des articles *fondamentaux* , & des articles *necessaires*, ou de quelque chose d'équivalent , il est impossible que l'Union ne commence à se former , il est impossible qu'ayant commencé elle ne croisse, qu'elle ne prenne enfin son accroissement total, & qu'elle ne parvienne bien-tost à un dégré de solidité & d'affermissement, qui rendra toute guerre impossible.

Il me semble que par la simple exposition des articles qui peuvent estre *utiles* à la formation ou au maintien de l'Union , j'ay montré que cet establissement n'avoit rien de fort difficile dans l'execution , on peut ajoûter icy ce que j'ay dèja indiqué dans la Préface , c'est que heureusement nous avons en Europe trois modeles d'Union semblable entre diverses souverainetez , entre lesquelles il y a beaucoup d'opposition , soit sur ce qui regarde leur Religion , soit sur ce qui regarde d'autres interests , il ny a qu'à en examiner les Statuts & les Reglemens , & en prendre ce qui paroistra de meilleur ; mais il me suffit d'avoir montré dans cette mesme Préface , que ce qui s'est dèja fait en grand se peut *& mesme avec plus de facilité* s'éxecuter encore en plus grand.

Il me semble que j'ay répondu solidement aux Objections , & que j'ay éclaircy suffisamment les difficultez , ainsi je croy estre parvenu à avoir prouvé *avec évidence que le Traité d'Union de l'Europe signé aux conditions que j'ay proposées rendroit la Paix au dehors & au dedans de tout point inalterable.* C'estoit la premiere proposition que j'avois à démontrer.

A V E R T I S S E M E N T.

Je crains d'estre trop long pour les esprits excellens , & qui voyent d'un coup d'œil la possibilité d'un Projet , & mesme les facilitez de l'execution ; mais je crains encore plus d'estre trop court pour les esprits mediocres, qui mesme avec toute l'attention dont ils sont capables, & avec tous les éclaircissemens qu'on leur fournit rencontrent encore beaucoup de difficultez, qui ne sont pas tant dans la chose que dans leur esprit; cependant ceux-cy sont les plus nombreux, les plus forts, & souvent ce sont eux seuls qui dans certains Etats ont les places où tout se décide.

2°. J'ay éprouvé que d'excellens esprits trop occupez d'affaires journalieres ne pouvoient apporter à ces sortes de lectures qu'une attention très-partagée, & que de ce costé-là par le défaut de leur situation ils se trouvoient presqu'au mesme point de vûë que ces esprits mediocres, qui par leur situation tranquille peuvent disposer de toute l'attention, & de toute la force de leur esprit.

3°. Quand on est venu à marquer les retranchemens qu'il seroit a propos de faire en faveur des plus habiles, on a trouvé que cela ne leur épargneroit pas une demie heure de lecture, & encore cette demie heure ne leur est-elle pas tout à fait inutile : car enfin qui doute que le genie le plus sublime n'entre d'autant plus profondement dans l'esprit du Systême à mesure qu'il met plus de temps à penser aux choses qui y ont du rapport.

On m'a dit que ce Projet avoit un défaut pour la plûpart des esprits, c'est qu'il est trop approfondi, & que les hommes se revoltent aisément contre tant de choses qui leur paroissent toutes nouvelles, que les nouveaux Systêmes doivent estre donnez par partie, & qu'il faut donner le loisir aux Lecteurs de se familiariser avec les premieres idées avant que de leur en proposer d'autres quoy qu'elles ne soient que les consequences des premieres.

Je conviens que c'est un inconvenient pour un Projet, pour un Systême de paroistre trop nouveau, & trop approfondi, peut-estre même que si je n'avois eu en vûë que de divertir les Lecteurs, j'aurois pris le party de ne donner cet Ouvrage que Partie à Partie; mais j'ay eu pour but de profiter de la conjoncture des affaires, pour faciliter une Paix si necessaire à tous les Etats de l'Europe : Or en ce cas il faut prévenir toutes les difficultez de toutes les especes, & sur tout à l'égard de la seureté que demandent les plus

foibles aux plus forts pour la durée de la Paix, ainſi il a fallu neceſſairement montrer le ſujet dans ſon entier, & donner à diſcuter
aux Miniſtres tous les articles ſoit *fondamentaux*, ſoit *neceſſaires*,
ſoit *utiles*, la maladie de l'Europe eſt trop ſerieuſe, il n'eſt pas
aujourd'huy queſtion de chercher les moyens de plaire & d'amu-
ſer, il eſt queſtion de dire ſimplement ce que l'on croit neceſſaire
pour guérir.

On m'a dit dans le meſme eſprit, que ſans donner aucun
pouvoir aux Sénateurs d'envoyer des Ambaſſadeurs, des Viſiteurs, & de nommer les Députez des Chambres Frontieres, je
devois me contenter de ne leur donner que le meſme pouvoir
qu'ont les Députez à la Diéte de Francfort, & que dés que les
Souverains d'Europe auroient fait ce pas, ils verroient peu à peu
qu'il feroit neceſſaire d'ajoûter à la forme de l'Union pluſieurs
choſes que j'indique pour la ſeureté commune, & que ſi j'avois
laiſſé à inventer aux autres, ils auroient pris beaucoup plus d'intereſt au Projet.

Je conviens de toutes ces choſes ; mais j'ay plus craint que
ſi je laiſſois beaucoup d'obſtacles ſans indiquer les moyens de les
ſurmonter, les Souverains & leurs Miniſtres ne ſe rebutaſſent du
Projet par les difficultez que je n'ay eſperé qu'ils s'y intereſſeroient
en devenant eux-meſmes inventeurs.

Au reſte la Chambre Imperiale de Spire transferée en 1692 à
Vetzlar qui repreſente tous les Souverains du Corps Germanique, & qui forme comme une eſpece de Diéte perpétuelle, pour
juger les procès qui naiſſent ou entre les Sujets de divers Souverains, ou entre les Souverains eux-meſmes, eſt une excellente
idée ; mais outre les défauts eſſentiels que nous avons déja mar-
quez elle en a encore d'autres qu'il eſt important d'éviter.

1°. Cette Chambre eſt compoſée de 55 Juges, & ce grand nombre fait un grand embarras.

2°. Il y a un Preſident perpetuel au lieu de faire circuler la
Preſidence, & ce Preſident eſt nommé par l'Empereur.

3°. Il devroit y avoir pluſieurs Chambres Frontieres ſur tout
dans les Cercles où il y a un plus grand nombre de ſouverainetez

comme

comme en Suabe & en Franconie, pour juger les procès de Sujets de differentes fouverainetez, & referver la Chambre Imperiale pour les differens de fouveraineté à fouveraineté.

4°. La Chambre Aulique eft pernicieufe à l'autorité de la Chambre Imperiale, parce qu'elle a mefme droit, & mefme autorité, & que les membres font tous nommez uniquement par l'Empereur, ainfi c'eft proprement l'Empereur qui eft Juge enrre les Souverains, ce qui eft fort oppofé à la liberté, ils pourroient de leurs Députez n'attendre que des jugemens tres-équitables, parce qu'ils font intereffez à ne fuivre que l'équité dans leurs jugemens, & leurs jugemens eftant dirigez par une regle invariable feroient eux-mefmes uniformes, au lieu que les jugemens de la Chambre Aulique des Empereurs font pour l'ordinaire partiaux, & tres-oppofez les uns aux autres.

5°. C'eft un autre grand abus que d'avoir introduit dans les cas importans l'appel à l'Empereur, c'eft ruiner entierement l'autorité de la Chambre.

6°. Cette diminution d'autorité a fait que plufieurs Cercles ont negligé de payer les appointemens de leurs Députez comme dépenfe inutile, auffi à peine fe trouve-t-il à cette Chambre le tiers de ces 55 Juges, il eftoit de l'intereft du Corps Germanique d'en foûtenir & d'en augmenter le pouvoir ; mais il eftoit de l'intereft de l'Empereur de la ruiner, & d'en attirer à luy toute l'autorité, la jaloufie & la défunion des Membres a favorifé de temps en temps l'Empereur, & ce falutaire eftabliffement qui euft fubfifté s'il n'euft point eu un adverfaire perpetuel & toûjours attentif à en ruiner les fondemens, eft prefentement fur le penchant de fa ruine. Cependant tout délabré, tout défectueux qu'il eft, il faut l'avoüer, c'eft encore un des plus beaux modeles que l'efprit le plus fublime puiffe fe propofer pour le bonheur du genre humain, & plus on y penfera, plus on fera perfuadé qu'il n'eft pas moins aifé pour le Projet d'Union de l'Europe de fuivre ce qu'il y a d'excellent dans cet eftabliffement que d'en éviter les défauts.

O

Troisieme Discours.

Proposition.

Il n'y a aucun Souverain en Europe qui puisse jamais signer un traité plus Equitable et si avantageux pour luy, que le traité d'union de L'Europe.

Equité du Traité.

Dans les traitez ou les parties conviennent de poser certaines bornes a leurs pretentions et a leurs droits pour vivre en paix, il entre souvent deux sortes de motifs, la conscience & l'interest ; celuy qui naturellement, ou par Religion a des sentimens d'équité est fort aise de pouvoir se rendre témoignage à luy-mesme, qu'il ne refuse point un Traité juste, & qu'il ne se sert point des

P

avantages ou de la force ou de la ruse pour obtenir des articles injustes, qu'il n'usurpe rien des doits des autres, & qu'ils rend à ses voisins tout ce qui leur appartient. Or rien n'est plus aisé que de faire sentir une parfaite équité dans tous les articles de ce Traité.

EQUITE' SANS INTEREST.

Que demande-t-on à ce Souverain à qui l'on propose de signer le Traité d'Union? Qu'il souffre que les autres joüissent toûjours paisiblement de tout le territoire qu'ils possedent actuellement; qu'il renonce à toutes sortes de prétentions sur ce territoire, & qu'il donne des *seuretez suffisantes* de cette renonciation à condition, que les autres Souverains souffriront que luy & les siens joüissent toûjours tranquillement de tout le territoire dont il est actuellement possesseur, qu'ils renonceront tous pour toûjours à toutes sortes de prétentions sur son territoire, & qu'ils luy donneront des *seuretez suffisantes* de leur renonciation.

Que luy demande-t-on? Que pour la seureté de ses voisins il licentie ses Troupes, à l'exception de la reserve *de convention*, qu'il renonce au funeste pouvoir de prendre les armes contre aucun d'eux, à moins qu'il ne soit declaré ennemy de l'Union, & qu'il délivre une bonne fois ses voisins de la crainte d'estre jamais envahi ny par luy, ny par ses successeurs, en permettant aux Visiteurs de l'Union, de rendre aux autres témoignage de sa bonne conduite pour le maintien de la Paix, à condition que pour sa seureté ses voisins licentieront en mesme temps leurs Troupes, à l'exception de la reserve *de convention*, qu'ils renonceront au pouvoir de prendre jamais les armes contre luy, à moins que cessant de vouloir entretenir l'Union il n'en soit declaré ennemy, & qu'ils le délivreront pour toûjours luy & sa posterité de pareilles craintes, & de pareilles inquiétudes, en permettant de leur costé à ces Visiteurs de luy rendre un témoignage assuré de leur bonne conduite pour la conservation du repos public.

Que luy demande-t-on? Que dans l'impossibilité où sont les

Souverains, comme les autres hommes qui ont quelque démêlé, ou quelque chose à partager de se faire jamais une justice, dont ils soient tous également contens, de convenir que les autres Souverains ses pareils soient les Arbitres des démeslez qu'il pourra avoir dans la suite avec ses voisins, à condition qu'il sera en mesme temps Arbitre des differens qu'ils pourront avoir entr'eux.

Que luy demande-t-on ? Que ses Sujets dans leurs demandes contre les Sujets des autres Souverains soient jugez par des Juges éclairez, équitables, choisis par l'Union, à condition que les Sujets des autres Souverains dans leurs demandes contre les siens seront jugez par les mesmes Juges.

Que luy demande-t-on? Un Contingent proportionné à ses richesses, qui serve à maintenir l'Union, & à mettre ainsi les autres Souverains en seureté contre son inconstance & celle de ses Successeurs, à condition qu'ils donneront tous un Contingent proportionné pour le mettre en seureté luy & sa posterité contre l'inconstance des autres Souverains presens & futurs.

Que luy demande-t-on enfin ? Qu'il s'impose pour la tranquillité des autres & de leurs Successeurs les mesmes loix, les mesmes conditions qu'il souhaiteroit qu'ils s'imposassent euxmesmes pour luy procurer à luy & à ses Descendans une tranquillité parfaite.

Toutes ces demandes ne sont-elles pas fondées sur cette premiere loy d'équité naturelle, dont toutes les autres loix justes dérivent comme de leur source. *Ne faites point contre les autres, ce que vous ne voudriez pas qu'ils fissent contre vous, si vous estiez à leur place, & qu'ils fussent à la vostre.* Tous ces articles sont-ils autre chose à proprement parler, que des explications, que des consequences évidentes de cette premiere loy ? Or après en avoir fait sentir l'équité, nous allons montrer combien ceux qui gouvernent les États, soit Republicains, soit Monarchiques, pour leur propre seureté, pour leur propre felicité sont interessez à s'imposer à suivre cette loy, & quel interest ils ont pour conserver long-temps leur Maison sur le Trône, de mettre par la force de l'Union tous leurs Descendans dans l'heureuse necessité d'obſerver le Traité avec la plus parfaite exactitude.

INTEREST JOINT A L'EQUITE'.

Il eſt à propos de diſtinguer deux ſortes de ſouverainetez, les Republiques & les Etats Monarchiques. Les Republiques ont deux intereſts principaux qu'ils ont communs avec les Princes, la conſervation de leur Etat dans ſon entier, & la liberté du Commerce eſtranger, ce dernier intereſt eſt plus vif dans les Republiques qu'il n'eſt chez les Princes; c'eſt que les Princes pour l'ordinaire ne font pas le Commerce, au lieu que dans les Republiques ceux qui ont part au gouvernement, ont auſſi pour l'ordinaire beaucoup de part au Commerce.

Il y a deux autres ſortes d'intereſt qui touchent les Republiques; mais qui ne les touchent pas tant que les Princes, c'eſt le deſir de la gloire, & le deſir de ſe délivrer de l'agitation, & des ſoins où engage la guerre, c'eſt que la gloire, comme les ſoins ſe diviſent & ſe ſubdiviſent entre les Membres d'une Republique, ainſi cela devient moins ſenſible qu'en un Prince, chez qui les ſoins des entrepriſes, & la gloire des évenemens ſe réüniſſent bien davantage.

Il y a un autre intereſt très-conſiderable & très-fort pour les Princes qui ne touchent point les Republiqees, c'eſt la longue durée de leur Maiſon ſur le Trône, & cet intereſt embraſſe pluſieurs choſes importantes qui y ont rapport.

Il eſt de meſme à propos de remarquer qu'entre les Princes, ceux qui ſont les moins puiſſans ont plus à craindre d'eſtre détrônez, que les plus puiſſans: car outre les diviſions domeſtiques, les conſpirations & les guerres civiles, qui ſont les maladies communes aux petites & aux grandes Monarchies le plus foible à plus à craindre d'eſtre envahi par le plus fort, que le plus fort n'a à craindre d'eſtre envahi par le plus foible.

Il me paroiſt donc qu'il y a quelques reflexions particulieres à faire ſur l'intereſt des Republiques & ſur l'intereſt des Princes moins puiſſans, avant que de parler de l'intereſt que peuvent avoir les plus puiſſans à ſigner ce Traité.

INTEREST DES REPUBLIQUES.

1°. Les Republiques craignent encore plus de perdre de leur territoire par la guerre, qu'elles n'ont de defir de l'augmenter, c'eſt que la Conqueſte eſt un moyen d'acquerir fort cher, on achete preſque toûjours une Conqueſte dix fois plus qu'elle ne vaut à cauſe des grands frais de la guerre.

2°. Pour avoir par la force quelque choſe de plus on riſque tout l'Etat: car quand le feu de la guerre eſt une fois allumé, qui peut aſſurer de mettre des bornes à l'embraſement? Or les ſages Republiques ne ſe mettent pas volontairement dans un ſemblable péril.

3°. Dans les reſolutions des Republiques on a beaucoup d'é-gard aux intereſts des particuliers qui ont droit de Suffrage. Or le profit, qui peut revenir d'une Conqueſte à chaque particulier eſt ſi petit, & ſi incertain en comparaiſon de la dépenſe, & des grands ſubſides qu'il faudra certainement payer pour la com-mencer, & pour la continuer, les biens de la Conqueſte ſont ſi petits en comparaiſon des maux qu'amene la guerre, ſur tout ſi ces particuliers ont leurs biens ſur les Frontieres, où s'ils font un grand Commerce au dehors, qu'il n'eſt pas ordinaire que les re-ſolutions d'une Republique ſe portent plus loin qu'à ce qui va à la conſerver en ſon entier· Or le but & l'effet de l'Union, n'eſt-ce pas la conſervation de chaque Etat, & de ſon Commerce en ſon entier ?

4°. Les Republiques ont encore plus à craindre les Schiſmes & les diviſions Domeſtiques, que les Monarchies, il y a toûjours des partis, & meſme de grands partis tous formez particuliere-ment lors qu'elles ſont devenuës ſi puiſſantes, que ces partis ne ſont plus obligez de ſe réünir par la crainte d'une puiſſance eſtran-gere; la crainte de Carthage, de Pyrrhus, d'Antiochus a garanti Rome long-temps de la diviſion, dès que cette crainte ſalutaire diſparut, dès qu'elle ceſſa de réünir les eſprits des Citoyens on vit éclater les diviſions, ainſi l'élevation exceſſive de la Republique

Romaine devint la cause necessaire de sa chûte & de sa ruine. Or l'Union seroit un preservatif, & mesme un remede seur contre cette espece de maladie d'Etat, puisque par son autorité & sa force, elle empescheroit par ses Commissaires mediateurs les deux partis de prendre les armes, ou s'ils les avoient prises, elle les desarmeroit aussi tost par la superiorité de ses Troupes.

5°. Dans le Système de l'Union generale, il y auroit une *garantie suffisante* de l'observation des articles du Commerce, il ny auroit plus de Pirates, & quel avantages pour les Negocians.

6°. Dans les Republiques les avis sont fort sujets à estre contredits, soit par le penchant naturel que l'on a à la contradiction, soit par des jalousies personnelles, soit par les differentes manieres de penser de ceux qui opinent, & qui opinent tous avec une égale autorité, cela fait que tandis que les uns donnent trop à l'esperance des bons succez, les autres donnent trop à la crainte des évenemens fâcheux, que tandis que les uns proposent des moyens & des facilitez, les autres font envisager les difficultez & les obstacles, de sorte que les choses estant vûës par toutes leurs faces differentes dans les Conseils, il en resulte que les passions y ont moins de pouvoir dans les resolutions, & parconsequent que le vray & solide interest de l'Etat y est plus souvent suivi que dans les Monarchies où toutes les resolutions dépendent d'un seul esprit, qui n'a pas souvent le pouvoir de se contredire luy-mesme, & qui tout occupé de l'agréable plaisir que luy donnent les esperances vaines & pernicieuses n'est pas en estat de faire les attentions désagréables que pourroient inspirer les craintes salutaires & bien fondées.

On peut donc juger que si ce Projet vient à la connoissance des Hollandois, des Anglois, des Venitiens, des Genois, il est impossible qu'ils *ne le regardent comme le Traité le plus avantageux qu'ils puissent jamais faire*, il est impossible qu'ils n'en solicitent la conclusion de toutes leurs forces.

Il est vray, qu'il peut y avoir dans ces Etats des Ministres à la teste des affaires qui auroient quelques interests particuliers de continuer la guerre, & de donner sourdement l'exclusion au Projet

jet d'Union ; mais il y a un remede à cet inconvenient , c'eſt de rendre ce Projet ſi public dans leurs Etats en l'imprimant en Langue vulgaire , que tout le monde en puiſſe parler : car il eſt ſeur qu'alors nul ne ſeroit aſſez hardy pour ſoûtenir contre tout le monde qu'il eſt de l'intereſt de la Republique de s'oppoſer à une pareille Union , ils n'oſeroient pas meſme dire que l'execution en eſt impoſſible , s'ils n'en apportoient des preuves évidentes , en pourroient-ils apporter ?

V. OBJECTION.

Par la protection de l'Union le Commerce & ſur tout celuy de la mer deviendra libre, ſeur , univerſel, perpetuel , les loix en ſeront égales pour toutes les Nations , ainſi il augmentera par tout : Or ſi le Commerce augmenté en France , en Eſpagne , en Dannemarck , en Suéde , en Portugal , en Italie , &c. cette augmentation ne pourra ſe faire qu'au préjudice de l'Angleterre , & ſur tout de la Hollande , qui font aujourd'huy le plus grand Commerce. Ces Nations ne ſont donc pas ſi intereſſées à eſtabli une Paix perpetuelle.

REPONSE.

Il eſt vray que le Commerce augmentera par tout ; mais il augmentera par tout proportionnellement. Ainſi ceux qui font le plus grand Commerce augmenteront encore ce grand Commerce à proportion qu'ils auront chez eux de moyens propres pour le faire augmenter. Or il y aura toûjours chez les Anglois, & ſur tout chez les Hollandois *tant qu'ils le voudront* beaucoup plus de ces moyens , que chez les autres Nations , ainſi ils pourront *tant qu'ils le voudront* conſerver ſur elles leur grande ſuperiorité dans le Commerce , & quand ils ceſſeront de le vouloir , les autres Nations ne leur feront pas de tort de ramaſſer ce qu'ils ne ſe ſoucieront plus de conſerver.

Voicy en abregé les moyens propres pour faire fleurir le Commerce que les Hollandois ont au deſſus des autres Peuples.

1°. Ils ont beaucoup de Ports.

Q

2°. Leur Pays est fort coupé de Canaux.

3°. Ils sont en Republique, & les reglemens du Commerce se font & s'executent par l'autorité des Membres de la Republique qui sont le plus interessez, & à faire des loix utiles, & a les faire observer par tout, & toûjours avec exactitude.

4°. Ils ont peu de ces honnestes faineans qu'on appelle Nobles en Espagne, ils n'attachent point la consideration à la naissance; mais aux richesses, & sur tout aux talens propres à gouverner, ou à faire fleurir le Commerce.

5°. Les Charges ne sont point venales, ainsi les Marchands pour acquerir de la consideration ne sont point tentez de quitter le Commerce pour en acheter, ainsi le fils Marchand succede à son pere Marchand sans aucune vûë que de rendre son Commerce encore plus facile & plus utile qu'il ne l'a reçû de son pere.

6°. Leur climat est froid, & parconsequent laborieux, & loin de se picquer d'honneur de ne rien faire, ils se picquent d'estre plus laborieux les uns que les autres.

7°. Il n'y a point, comme dans les Monarchies, de ces dignitez d'éclat propres à retirer les hommes du Commerce & du travail, & l'esperance de la faveur n'y change aucun Marchand pesant, grossier, sincere, utile à la Republique, en un Courtisan leger, poly, dissimulé & peu utile à l'Etat.

8°. Ils dépensent moins en habits, en meubles, en équipages, ainsi ils ont un plus grand fonds à mettre dans leur Commerce.

9°. La tolerance qu'ils ont sur les differentes Religions y est grande, & cet excez d'indulgence attire chez eux quantité de Sujets, qui se trouvant contraints ailleurs, vont chercher chez les Hollandois plus de liberté, & y apportent leurs marchandises, leur argent & leur industrie, les Hollandois ne chassent personne de ceux qui sont soûmis aux loix de la societé, & reçoivent tous ceux qui veulent s'y soûmettre.

10°. Voicy les points les plus importans, ils ont bien plus d'établissemens de Commerce, & de plus considerables qu'aucune autre Nation dans tous les Pays du monde, ainsi il leur sera plus aifé de trouver les bons marchez , & parconfequent de vendre à meilleur marché que les autres Nations.

11°. Ils font bien plus inftruits de la Navigation , & ils peuvent parconfequent s'inftruire encore plus facilement de ce qui leur manque , & préceder toûjours de ce cofté-là les autres Peuples.

12°. Ils font les plus grands fabricateurs des Vaiffeaux ; c'eft proprement l'atelier univerfel des Vaiffeaux , ainfi ils peuvent & les faire mieux pour chaque ufage , & les donner à un quart de meilleur marché qu'aucun autre Peuple.

13°. Les Matelots vivent à meilleur marché , ainfi les Maiftres peuvent vendre à meilleur marché fans s'incommoder.

14°. Ils ont plus d'adreffe à Naviguer , cela fait qu'ils ont moins befoin de monde fur les Vaiffeaux , ainfi ils peuvent donner à meilleur marché que les autres.

Or on fçait que le grand fecret de s'attirer le plus grand Commerce, c'eft de pouvoir donner , & de donner en effet à meilleur marché.

Au refte tant qu'ils donneront à meilleur marché qu'aucun autre Peuple, on ne doit pas leur porter de jaloufie, ils reçoivent le falaire de leur travail , de leur induftrie , de leur épargne , de leurs avances, qu'y a-t-il de plus équitable, ils ne font jufques-là aucun tort aux autres ; mais fi parce qu'ils font en poffeffion de la moitié du Commerce , ils vouloient pour s'en prévaloir ceffer de donner à meilleur marché que les autres , ils cefferoient bien-toft d'avoir la fuperiorité du Commerce , & c'eft ce grand avantage du bon marché qu'operera en faveur de tous les Peuples la liberté , la feureté , l'égalité , l'univerfalité , & la perpetuité du Commerce , ils feront feurs d'avoir tout au meilleur marché qu'ils puiffent l'avoir, & tant que la Nation Hollandoife fera la Nation la plus laborieufe , la plus induftrieufe, la plus équitable, tant qu'elle aura plus d'avantages du cofté des bonnes loix, tant qu'avec le fecours de fes épargnes, elle voiturera & donnera à meilleur marché , elle aura la fuperiorité du Commerce , & elle l'aura fans faire tort à perfonne , & fans que perfonne puiffe jamais s'en plaindre, puifqu'elle ne profitera qu'à mefure qu'elle fera utile & commode aux autres Nations.

D'ailleurs qui ne fçait que l'inrerruption du Commerce leur fait beaucoup plus de tort qu'aux autres Nations. Donc par la raifon des contraires, la continuation & la perpetuité du Commerce leur apportera beaucoup plus de profit qu'à elles ; enfin il n'y a que deux Syftêmes en fait de Commerce, il faut opter entre *interruption frequente*, & *continuation inalterable* : or entreprendra-t-on avec une vaine fubtilité de perfuader au bon fens Hollandois de préferer le Syftême de l'interruption frequente du Commerce au Syftême de la continuation inalterable.

INTEREST DES PRINCES MOINS PUISSANS.

1°. Dès que par le Syftême de la Guerre la porte eft ouverte au plus fort pour affujettir le plus foible, il eft vifible que le Prince le moins puiffant ne peut fe foûtenir contre le plus puiffant, que par des alliances, des ligues, des confederations, en un mot par des unions durables & folides avec d'autres Etats. Or quel eft le but de l'Union generale ? C'eft de fortifier tellement l'Union, la Ligue, la Confédération où ils doivent entrer, & de la rendre fi folide qu'ils n'ayent jamais rien à craindre de la mauvaife volonté & de l'ambition de leur plus puiffant voifin.

2°. Il n'eft pas moins évident que fans alliance, fans confédération le Souvorain pourroit bien-toft eftre envahi par un voifin plus puiffant, qu'ainfi plus cette Confédération fera puiffante & durable, plus il fera en feureté, & qu'il n'eft point poffible de former de Confédération plus puiffante & plus durable que celle qu'on propofe.

3°. Il eft vifible que le Prince foible a incomparablement plus à craindre d'eftre envahi par le plus fort, qu'il n'a de raifon d'efperer de l'envahir ; ainfi l'Union luy ofte très-peu, en luy oftant cette efperance, & luy donne beaucoup en le délivrant de cette crainte. A l'égard des autres confiderations qui peuvent déterminer le Prince moins puiffant, elles luy font communes avec les

Princes les plus puiſſans, & nous allons y entrer ; mais en attendant, on peut juger que ſi ce Projet vient à la connoiſſance du Roy de Dannemarck, du Roy de Portugal, du Duc de Lorraine, du Duc de Savoye, & des autres Princes d'Italie, des Electeurs, Princes & autres Etats du Corps Germanique, *il eſt impoſſible qu'ils ne regardent pas ce Traité d'Union comme le Traité le plus avantageux qu'ils puiſſent jamais ſigner.*

INTEREST DES PRINCES LES PLUS PUISSANS.

PREMIER AVANTAGE.

Dans la ceſſion mutuelle des eſperances d'agrandiſſement de Territoire.

Il eſt aiſé de juger qu'il y a de l'avantage pour un Prince à ſigner un Traité, quand d'un coſté il eſt évident que ce qu'il acquiert eſt de meſme nature, & égal à ce qu'il cede, & que de l'autre il acquiert encore quelque choſe de plus qu'il n'avoit. Commençons donc par eſtablir l'égalité entre l'acquiſition & la ceſſion, & puis nous montrerons ce qu'il y a de plus du coſté de l'acquiſition.

Que cedera le Souverain qui ſignera ce Traité ? Il cede, il abandonne deux choſes. La premiere, l'eſperance qu'il peut avoir luy & ſa poſterité d'agrandir ſon territoire aux dépens de ſes voiſins. Qu'acquiert-il par ce Traité ? Il acquiert tout ce que luy cedent les autres Souverains d'Europe. Et que luy cedent-ils ? Pareilles eſperances qu'ils pourroient avoir eux & leurs ſucceſſeurs d'agrandir jamais leur territoire aux dépens du ſien.

Je n'examine point preſentement la veritable valeur de cette eſperance d'agrandiſſement de territoire qui eſt cedée aux autres, il me ſuffit de faire faire attention qu'elle eſt de meſme nature, & fondée ſur les meſmes principes que les eſperances d'agrandiſſement de territoire que luy cedent les autres Souverains, il ne peut s'agrandir qu'à leurs dépens ; ils ne peuvent s'agrandir qu'à ſes dépens, les principes, c'eſt la ruſe, la force, les conjonctures

d'une Minorité , d'une Regence, d'un Regne foible, d'une divifion, d'une revolte, d'une ligue pour conquerir, & ces principes font les mefmes à peu près pour toutes les Maifons Souveraines dans le cours de divers fiécles. Or s'il n'y avoit en Europe que
deux Souverains qui fuffent également puiffans , qui euffent également à craindre l'un de l'autre, à craindre pour leur Maifon dans
la fuite des fiécles à caufe de la viciffitude des Minoritez , des Regences, des Regnes foibles , des divifions domeftiques, des guerres civiles , il eft certain qu'en fe cedant mutuellement & fincerement leurs efperances d'agrandir leur territoire aux dépens
l'un de l'autre, ils fe cederoient chofes entierement égales, &
tous deux profiteroient certainement de ce qui refulteroit de cette
renonciation , de cette ceffion mutuelle, c'eft-à-dire , des fruits
ineftimables d'une Paix perpetuelle.

Il eft vray qu'il feroit impoffible à ces deux Souverains de fe
donner jamais aucune *feureté fuffifante* de rendre entre eux la
Paix inalterable , foit parce qu'il eft impoffible que parmy leurs
fucceffeurs il ne naiffe pas des Princes inquiets, préfomptueux,
témeraires , foit parce qu'il eft impoffible que dans une longue
fuite de fiécles l'une ou l'autre de ces fouverainetez ne foit pas affoiblie par des Minoritez , par des Regnes foibles , par des divifions inteftines, foit parce que n'ayant point de voifins , il leur feroit impoffible d'avoir des Garans affez puiffans & affez intereffez
à la continuation de la Paix pour les contraindre malgré eux de
terminer *fans guerres* leurs differens ; mais heureufement pour l'Europe , elle fe trouve prefentement compofée d'un grand nombre
de Souverains , qui eftant unis pourront facilement empefcher
qu'aucuns d'eux ne prenne les armes pour obtenir la reparation
d'un tort ou d'un injure , & qui feront infiniment intereffez à
maintenir entre eux une Paix inalterable ; ainfi ce grand nombre de Souverains fournit heureufement à chacun d'eux de
bons Garans ; Henry IV croyoit que l'on pouvoit divifer
l'Europe en quinze Corps de fouverainetez chacune à peu près
auffi puiffante que celle de France , & cela mefme fans compter
ny la puiffance du Mofcovite , ny celle du Turc , ainfi en les

comptant il y en auroit dix-sept ; mais comme celle de France s'est accruë depuis, ainsi on peut supposer que si l'Europe estoit presentement divisé en dix parties égales, chacune d'entr'elles seroit égale en puissance au Royaume de France.

Supposons pour un moment l'Europe composée de ces dix Puissances égales, il est évident par ce que je viens de dire, que si deux de ces dix puissances égales se font pareille cession de leurs esperances d'agrandissement, chacune de ces deux acquiert autant qu'elle cede ; mais si à l'une de ces dix les neuf autres cedent toutes les esperances qu'elles peuvent avoir de s'agrandir à ses dépens, comme il y a neuf à parier contre un, que cette Puissance sera dans la suite des siécles envahie par quelqu'une des neuf, si l'Europe demeure dans le Système de la guerre, il est évident que chacune de ces dix Puissances en se cedant mutuellement leurs esperances d'agrandir leur territoire, gagne de ce costé là neuf fois autant ou huit fois plus à se faire cette cession mutuelle, qu'à ne se la pas faire, il suffit qu'un Prince soit mediocrement prudent pour sentir qu'il y gagnera beaucoup en ce que ny luy ny ses descendans ne seront plus forcez dans le Système de la guerre de mettre incessamment leur Couronne au hazard des Batailles, & de la laisser en proye à tous les rebelles futurs.

Je sçay bien que les Puissances de l'Europe ne sont pas égales ; mais qui ne sçait qu'il peut arriver dans le cours de plusieurs siécles, que le Souverain d'une Puissance aussi petite, que l'est presentement la Savoye, aussi petite que l'estoit autrefois la Macedoine, peut trouver l'occasion de renverser en peu d'années le plus grand, le plus puissant Etat de la terre, Sesostris, Cyrus, Alexandre, Attila, Alaric, Almansor, Genghiskan, Tamerlan, les premiers Princes Turcs, le dernier Prince Tattare qui envahit le vaste Royaume de la Chine il y a 70 ans, tous ces Princes estoient dix fois, vingt fois, & trente fois moins puissans que les puissances qu'ils soûmirent. Il est vray que les conjonctures leur furent favorables ; mais ces conjonctures ne se peuvent-elles pas retrouver de temps en temps, & d'ailleurs si ces Princes sont moins puissans, ils sont parconsequent en plus grand nombre, & il est plus aifé de trouver dans un plus grand nombre , que dans un plus petit des caracteres audacieux & témeraires.

De forte que fi d'un cofté la poffibilité diminuë par le peu de forces de quelques petits Souverains , elle augmente à proportion par leur nombre , ainfi toute la force de la demonftration fub-fifte , & quand on réduiroit encore le nombre des vray-femblan-ces , & qu'au lieu de huit qu'il y a gagner , il ny auroit que fept , que fix , que cinq , ce feroit toûjours un gain immenfe pour tout Souverain & pour fa Maifon.

Delà il s'enfuit que le plus puiffant Prince de l'Europe , s'il veut raifonner fur la nature des évenemens humains qui peuvent arriver d'icy à 7 ou 800 ans, verra que non-feulement il n'a nulle feureté pour fa Maifon contre les Puiffances interieures de fon Etat ; mais qu'il n'en a aucune contre les Puiffances exterieures ; que non-feulement il n'a nulle feureté de ce cofté-là , mais qu'il eft dans la mefme fituation qu'un homme qui feroit dans la ne-ceffité de joüer la valeur de toute fa fortune contre neuf autres , n'auroit-il nul fujet de crainte avec cette difference effentielle , c'eft que fi fa Maifon perd , elle perd tout , au lieu que fi fa Mai-fon gagne tout , elle ne gaigne rien , c'eft que fi fa Maifon devient maiftreffe de l'Europe , elle fape elle-mefme fes fondemens , puif-que n'ayant plus de Protecteurs au dehors , elle en devient d'au-tant plus fujete aux confpirations , & aux revolutions du dedans ; cela fe verra encore plus clairement dans la confideration fui-vante.

Il eft vray qu'il n'eft guéres poffible d'infpirer à des Princes fort puiffans la crainte raifonnable que leur pofterité foit un jour égorgée & détrônée , ils ont vêcu toute leur vie dans une parfaite fécurité , & ce qu'ils n'ont point craint pour eux-mefmes , il femble qu'ils ne le fçauroient craindre pour leurs arriere-petits fils ; mais ils n'en font pas plus prudens & plus prévoyans , les Roys que vainquit Sefoftris , ceux que détrôna Cyrus ne crai-gnoient ny pour leur Maifon , ny pour eux-mefmes dix ans avant qu'ils fuffent attaquez, les uns eftoient plus puiffans que ces Con-querans , les autres en eftoient trop éloignez , il eft vray qu'ils ne

craignoient

craignoient point, mais n'avoient-ils nul sujet de craindre ? Pour
Darius il n'est pas excusable de n'avoir point redouté ny le petit
Roy de Macedoine , ny les petites Republiques Grecques , il
voyoit à la verité une grande difference entre le nombre de ses
Troupes & le nombre des leurs ; mais ne devoit-il pas sçavoir
combien les Officiers & les Soldats qui ont plus de force de corps,
une excellente discipline , une extrême valeur , qui possedent
l'art militaire , & qui sont accoûtumez à la fatigue & à une vie
dure sont au-dessus des soldats qui n'ont ny valeur, ny discipline,
ny corps robustes, ny habitude à la fatigue, ny chef d'experience , & que cette sorte de superiorité est souvent plus décisive que
la superiorité du nombre ? Ne devoit-il pas sçavoir enfin combien la fortune domine dans les Batailles, il ne craignoit rien de
ce costé-là ? Mais n'avoit-il rien à craindre, & la securité des Princes vaincus justifie-t-elle leur imprudence ; un Prince qui n'a vû
dans son Etat nulles divisions, ne peut pas s'imaginer qu'il y en ait
mesme cent cinquante ans après luy. François I ne pouvoit pas
voir toutes les guerres civiles qu'amenerent les disputes des Theo-
logiens, & qui désolerent son Etat après sa mort, durant quarante ans ; ils ne pouvoit pas voir que la Maison Royale seroit 15 ans
durant à deux doigts d'estre chassée du Trône , & d'estre mesme
entierement exterminée ; mais cependant ces malheurs pour
n'avoir esté ny prévûs, ny redoutez, n'en estoient, ny plus éloignez,
ny moins à craindre.

Un Prince sensé , quoy que fort puissant, sentira comme Henry IV la force de cette demonstration , il verra clairement qu'à
toutes choses égales, en laissant toûjours l'Europe dans le Systême de la guerre , & tous les Etats sujets à tous les accidens du dedans , & à tous les évenemens du dehors, il y a huit fois plus d'a-
parence que sa Maison sera détruite par quelqu'une des Maisons
d'Europe, qu'il ny a d'aparence qu'elle détruira toutes les autres :
il est vray qu'il y a peu de Princes qui soient aussi sensez que Henry IV , & qui par le secours du passé puissent porter des vûës
saines sur l'avenir ; il est vray que cette verité ne sera point sentie
de plusieurs Princes, mais en est elle moins verité ? J'ay donc rai-

R

son de dire, qu'il y a réellement pour un Prince auſſi puiſſant que le Roy de France du ſeul coſté de la conſervation de ſa Maiſon ſur le Trône huit fois plus d'avantages au Syſtême de la Paix, qu'au Syſtême de la guerre, à renoncer à tout agrandiſſement de territoire, qu'à n'y pas renoncer.

Or s'il y a pour un Roy de France huit fois plus d'avantages à ſigner le Traité d'Union, qu'à ne le pas ſigner, & ſi l'Etat du Duc de Savoye eſt huit fois moins puiſſant, que l'Etat de France, il eſt vray de dire, qu'il y a pour ce Prince ſoixante & quatre fois plus d'avantages pour ſa Maiſon à renoncer comme les autres Princes d'Europe à l'agrandiſſement du territoire, qu'à n'y pas renoncer, à ſigner le Traité, qu'à ne pas le ſigner, & l'on en peut dire autant à proportion des autres Princes: ainſi il demeure démontré que le plus puiſſant Prince de l'Europe acquiert huit fois plus qu'il ne cede par une renonciation reciproque d'agrandiſſement de territoire accompagnée de ſeuretez ſuffiſantes: ainſi de ce coſté-là *on ne propoſa jamais de Traité ſi avantageux pour luy & pour ſa Maiſon que le Traité d'Union.*

CONSIDERATIONS

Sur le deſir d'agrandiſſement de Territoire.

Je ne parle icy que du ſeul agrandiſſement de territoire. On verra incontinent que le Prince qui y renonceroit par le Traité d'Union acquiereroit par cette renonciation une grande facilité pour les autres eſpeces d'agrandiſſemens, qui ſont plus faciles, plus grands, plus certains, qui ne font tort à perſonne, qui n'obligent point à faire rien de violent, d'odieux, & qui ſont conſeillez par la ſageſſe, dirigez par la vertu, & dignes de plus grands éloges.

Ces grandes eſperances d'agrandiſſement de territoire que ce Souverain puiſſant abandonnera par le Traité juſques ou vont-elles? Il n'eſt pas aſſez peu ſenſé pour eſperer de ſe voir en poſſeſſion d'un Empire auſſi étendu que celuy de Theodoſe, quand

il espereroit encore cent ans de vie;mais peut-estre espere-t-il pré-
parer les voyes de cette Monarchie universelle à quelqu'un de ses
descendans. Nous venons de voir combien il y a peu de fondement à de pareilles esperances, & que pour peu que l'on ait de sagesse, on verra qu'il y a huit fois plus à craindre pour luy que sa
Maison ne soit aneantie par quelqu'une des autres,qu'il n'y a d'esperance que la sienne les aneantira toutes.

Mais que cette esperance toute mal fondée, toute vaine qu'elle est fasse naistre en luy le desir de travailler avec ardeur pendant
toute sa vie, pour faciliter une pareille élevation à quelqu'un de
ses descendans dans trois ou quatre siécles, cette grande élevation
à un grand inconvenient; c'est que moins ce nouvel Empereur aura de voisins puissans pour amis, pour alliez, pour parens, qui puissent punir les Conspirateurs,plus les conspirations
de ses Sujets seront faciles & frequentes, car enfin plus l'objet est
grand, plus ils seront excitez à une pareille entreprise, & comme ils ne verront point d'ennemis au dehors, ils en seront plus
poussez par l'ambition & moins retenus par la crainte de la punition.

Qu'un descendant de cet Empereur soit peu habile, peu laborieux, livré à ses plaisirs, méprisé par ses Sujets, un General
aeredité à la Cour, aimé des Officiers & des Soldats se fera pro-
clamer Empereur par son armée, il marchera vers la Capitale,
une teste ostée, le voilà maistre de l'Empire.

Qu'une Imperatrice Regente devienne éprise de quelqu'un
des Grands de sa Cour, habile, hardy, adroit, il se fera bien-tost
des créatures, il épousera l'Imperatrice, fera empoisonner les enfans, s'emparera du gouvernement, & voilà une nouvelle Maison Imperiale.

De mesme un premier Ministre que l'Empereur mourant aura
laissé pour Regent de l'Empire gagnera à loisir les principaux
Officiers des armées & du Conseil, il les attachera à sa fortune,
il fera périr les Mineurs, & se mettra la Couronne Imperiale sur
la teste. Qui les empeschera les uns & les autres de tenter ces en-
treprises, & qui les arrestera dans l'execution?

R ij

Ce ne font pas icy des vifions, ce ne font pas des fujets de crainte qui foient chimeriques ; on n'a qu'à ouvrir les Hiftoires de toutes les Nations pour voir que ce font des réalitez, il n'y a qu'à ouvrir l'Hiftoire des Cefars, d'Herodien, pour voir qu'en foixante ans il y a eû quatorze Maifons Imperiales chaffées du Trône ; Qu'on examine les diverfes cataftrophes des autres Maifons Imperiales depuis Conftantin jufqu'aux Paleologues, on en verra plus de cinquante differentes, qui ont toutes efté bouleverfées les unes par les autres par des confpirations de Miniftres, de Generaux, de Favoris contre leurs maiftres ; de forte que l'on peut dire qu'en 1200 ans chaque Maifon fouveraine l'une portant l'autre n'a pas duré 24 ans, cela paroift incroyable ; cependant cela eft réel, & quelle gloire pour une Maifon Imperiale d'eftre confonduë en douze fiécles avec cinquante autres Maifons de peu de confideration ; mais que l'on fuppofe, fi l'on veut, qu'au lieu de cinquante Maifons differentes il ny en ait eû que vingt-cinq, qu'eft-ce que 48 ans pour la durée d'une Maifon ?

Pour prophetifer feurement ce qui arrivera à la Maifon de ce Souverain, fuppofé qu'elle parvint à la Monarchie univerfelle de Theodofe, il ne faut que lire ce qui eft arrivé aux Maifons de femblables Monarques, on trouvera que l'unique caufe du renverfement de leur Maifon, c'eft qu'en mourant ils n'ont point laiffé à leurs enfans de protecteurs puiffans, & où en auroient-ils pris, eux qui n'avoient d'autre but que d'anéantir leurs voifins, & qui en les détruifant, détruifoient fans y penfer les feuls veritables protecteurs de leur pofterité ? Il eft vray qu'ils n'avoient plus d'ennemis à craindre au dehors, mais ils ont multiplié leurs ennemis au dedans, & à mefure qu'ils ont affoibli les uns, ils ont rendu les autres plus formidables.

L'ambition eft une paffion qui produira toûjours dans de femblables conjonctures de femblables effets : d'ailleurs les Confpirateurs n'ont pas toûjours l'ambition pour unique motif, la haine, la vangeance, la crainte vive d'eftre bien-toft prévenu & détruit par une cabale oppofée preffent encore fouvent le Confpirateur de tenter les périls de la conspiration, ces maladies sont mortelles pour les Maisons des Empereurs, & il n'y peut jamais avoir aucun préservatif qui puisse rassurer; voilà donc un inconvenient certain, terrible pour une Maison, & un inconvenient sans remede.

Voilà cependant l'abisme ou conduit la trop grande puissance; voilà ou conduisent ces desirs de Monarchie universelle, dont on a neantmoins tant de peine à se défaire. Or est-il sensé, quand une Maison est dèja fort élevée au dessus des autres, de desirer de la porter si haut, que sa propre élevation en cause infailliblement la ruine totale cinquante ans après?

Il n'en est pas de mesme des agrandissemens d'une Maison de particulier; son élevation n'en sçauroit causer la ruine, parce qu'elle est toûjours protegée par les loix qui sont elles-mesmes soûtenuës par l'autorité du Souverain, & par les forces entieres de l'Etat; mais pour la Maison d'un Empereur de l'Europe, nulle protection à attendre des loix, quand le Conspirateur se met au dessus des loix, en se saisissant des rênes de l'Empire.

Or ces considerations m'ont conduit à un raisonnement qui me paroist sans replique: car ou les esperances d'agrandissement de territoire sont tres-vastes, où elles ne font que mediocres; si elles sont tres-vastes, & qu'il desire la Monarchie universelle pour sa Maison, elles sont très-mal fondées; mais qu'elles soient bien fondées, je le veux, que le succez réponde dans deux cens ans à ses desirs, ne voit-il pas que cette mesme Maison sera bien-tost après bouleversée, & entierement aneantie par ses propres Sujets? Or desirera-t-il de renverser, d'anéantir luy-mesme sa Maison? Desirera-t-il de procurer ainsi la naissance de cent autres Maisons Imperiales, qui étoufferont mesme tout souvenir de la sienne?

Si ses esperances ne sont que mediocres, & qu'il ne desire que quelques Provinces de plus, qu'il compare l'objet de ses desirs, qui est mesme fort incertain, & qui luy coûtera plus qu'il ne vaut avec les avantages immenses, réels & certains qu'il tirera d'une Paix perpetuelle affermie par le Traité d'Union, & peut-estre

R iij

qu'il fentira alors, comme Henry IV, fes anciens defirs s'évanoüir, pour faire place à des vûës plus grandes, plus folides & plus durables.

SECOND AVANTAGE.

Dans la ceffion mutuelle du droit de fucceder.

La Maifon de France eft prefentement la plus puiffante de l'Europe. Or fi les Alliez de la Maifon d'Autriche font fi allarmez de fa puiffance prefente, qu'ils prennent exprés les armes pour l'affoiblir, s'ils font d'autant plus unis, qu'ils la redoutent davantage, il eft évident qu'ils s'uniroient encore plus, & encore en plus grand nombre pour l'empefcher d'agrandir fon territoire par fucceffion, donation, ou autrement. Ainfi quand cette Maifon cede & abandonne pour toûjours le droit de fucceder, elle n'abandonne rien de réel, puifqu'elle trouveroit une oppofition invincible de la part des Alliez, foit pour en prendre poffeffion, foit pour conferver cette mefme poffeffion.

Les deux Branches peuvent mefme convenir, que ny le Royaume de France, ny le Royaume d'Efpagne ne paffront point dans aucune autre Maifon, qu'au défaut de mafles de leur Maifon, & faire approuver par l'Union ce pacte de famille en confideration de cette renonciation; l'Union peut confentir que toutes les autres fouverainetez femelles deviennent mafculines comme le Royaume de France, & les fiefs de l'Empire pour conferver plus long-temps fur le tronc les mefmes Maifons fouveraines. Sans ce pacte, il pourroit arriver mefme avant deux cens ans qu'un Roy d'Efpagne, par exemple, laiffroit par fes filles la fucceffion du Royaume d'Efpagne à quelqu'autre Maifon que celle de France, comme il eft arrivé à la mort du dernier Roy d'Efpagne, puifque ce Royaume par droit de fucceffion de filles eft tombé non dans la Maifon d'Autriche où il eftoit, mais dans la Maifon de France, où il n'eftoit point.

Or non-feulement le plus puiffant Prince de l'Europe ne perd rien à cet abandonnement mutuel du droit de succeder, mais il y gagne, en ce que ne pouvant plus agrandir son territoire par cette voye, il obtient par son abandonnement que les autres Maisons qui auroient pû sans cela agrandir le leur par succession, sans obstacle de la part de leurs voisins, ne l'agrandiront jamais; ainsi sa Maison restera toûjours par la perpetuité de l'Union dans la mesme distinction & dans la mesme splendeur où elle est presentement, en comparaison des autres Maisons souveraines.

Il est mesme évident que les Princes moins puissans perdent encore moins que les plus puissans à abandonner le droit de succeder aux souverainetez femelles, puis qu'il y a beaucoup plus d'apparence que les Souverains de ces sortes de souverainetez choisiront plûtost de placer les Princesses leurs filles dans les plus grandes Maisons que dans les moins grandes.

D'ailleurs à combien de procès & de guerres ces successions sont-elles sujetes? Ainsi on peut dire qu'à tout prendre, on les achette toûjours plus qu'elles ne valent.

TROISIE'ME AVANTAGE.

Dans l'establissement des Arbitres.

Ce Souverain fort puissant dans l'establissement de l'arbitrage acquiert autant qu'il cede. Il cede le pouvoir qu'il avoit de *prendre les armes* contre les 26 autres pour se faire justice, & les 26 autres abandonnent en sa faveur le droit de *prendre les armes* contre luy pour se faire justice; il renonce à prendre la voye de la force contr'eux; ils renoncent tous ensemble à prendre la voye de la force contre luy; il choisit en leur faveur la voye de l'arbitrage pour les differens qu'il peut avoir à l'avenir avec eux; ils choisissent en sa faveur la mesme voye de l'arbitrage pour les differens qu'ils peuvent avoir un jour avec luy; il leur donne le droit d'estre ses Arbitres qu'ils n'avoient point; ils luy cedent le droit d'estre leur Arbitre qu'il n'avoit point. En un mot, il ne dépendoit point d'eux pour la décision de ses démeslez à venir; il s'en rend dépendant, en se soûmettant à leur arbitrage : voilà ce qu'il cede ; ils ne dépendoient point de luy pour la décision de leurs démeslez à venir ; ils s'en rendent dépendans, en se soûmettant à son arbitrage ; voilà ce qu'il acquiert. Jusques-là on voit l'acquisition égale à la cession, égalité en tout, puisque c'est égalité dans la mesme espece. Voicy en quoy l'acquisition est plus forte que la cession.

1°. Le Souverain n'a que deux voyes pour avoir justice ; ou la superiorité de la force, qui est le Systême present de la guerre, ou la décision d'Arbitres superieurs en forces, & interessez à faire executer leur décision , qui est le Systême de l'Union & de la Paix que je propose. Or nous venons de montrer que dans la voye de l'Arbitrage & de l'Union, il y avoit huit fois plus davantage pour la Maison du plus puissant Souverain , que dans le Systême de la guerre , puisqu'il y avoit huit fois plus d'apparence qu'elle seroit détruite par une des 26, qu'il n'y a d'apparence qu'elle les détruiroit toutes.

2°. Nous avons montré qu'un voisin laisseroit volontiers deux Puissances égales en guerre ; pour profiter du Commerce pendant la guerre , & pour se trouver plus puissant par leur affoiblissement ; mais qu'il s'opposeroit toûjours à celuy qui prendroit une grande superiorité sur son ennemy, & sur tout que se joignant à d'autres voisins empescheroient ses grandes Conquestes ; ou que s'ils le permettoient, ils se joindroient au plus foible pour les faire restituer par un Traité, ainsi les frais de la guerre, les frais de la voye de la force demeureront pour chaque party en pure perte. Et qui ne sçait que dans la plûpart des guerres, les frais sont d'une valeur incomparablement plus grande, que la demande principale ?

3°. Nous avons montré dans la Réponse à la quatriéme Objection , que dans le Systême de l'arbitrage, les differens seroient de très-peu d'importance, & que l'on seroit bien plus seur d'obtenir justice par des Juges très-interessez à juger équitablement, que par le sort douteux de la guerre.

4°. Les ravages des Frontieres, l'interruption du Commerce, la mort de grand nombre de Sujets, la négligence d'affaires très-importantes & très-utiles, tous ces divers genres d'avantages que

nous

nous allons expliquer prouvent toutes combien ce que le Souverain le plus puissant acquiert par l'establissement des Arbitres, est
au-dessus de ce qu'il cede pour parvenir à cet establissement.

QUATRIÉME AVANTAGE.

Agrandissement d'indépendance & de pouvoir.

Nous avons montré qu'un Prince fort puissant ne cede rien,
ne renonce à aucun avantage d'aucune espece, qu'il n'en ac-
quiere autant de la mesme espece ; nous avons mesme fait voir
clairement que dans la mesme espece il acquiert beaucoup plus
qu'il ne cede ; ainsi jusques-là le Traité qu'on luy propose luy
sera très-avantageux ; il s'agit presentement de montrer qu'il y a
diverses sortes d'autres avantages & d'autres agrandissemens qu'il
acquiert sans faire aucune cession, & qui luy arrivent en pur profit par les effets necessaires du Traité d'Union.

L'homme dépend de tous ceux dont il peut craindre un grand
mal, comme la perte de ses biens & de sa vie. Il est vray que le Prince le plus puissant à moins à craindre de la force ouverte ; cependant il peut arriver que plusieurs se liguant ensemble, soient plus
puissans & plus forts que luy ; il est donc réellement dans une
grande dépendance à l'égard de ses voisins du costé mesme de la
force ouverte, comme ses voisins sont dans la dépendance à son
égard. Outre cela il a encore à craindre la ruse, la perfidie, les
conspirations, les revoltes de ses Sujets. Il est vray que ces deux
sortes de dépendances ne sont pas des dépendances de droit : car
ny les Princes ses voisins, ny ses Sujets n'ont aucun droit, aucune autorité, ny sur luy, ny sur sa Couronne, ny sur sa Maison, comme il n'a aucun droit sur eux, ny sur leurs Etats ; mais ce
sont des dépendances de fait très-réelles. Il y a mesme deux considerations à faire. La premiere, c'est que la dépendance de fait
augmente infiniment pour une Maison dans les Minoritez, dans
les Regences, dans les divisions Domestiques, dans les Regnes
foibles de cette Maison, & dans les Regnes forts des Maisons voi-

fines. La feconde, c'eft que la dependance de fait à l'égard d'un Sujet qui peut confpirer dans ces temps de foibleffe eft d'autant plus grande, que l'Etat eft puiffant, parceque le Confpirateur ne peut plus eftre arrefté par la crainte des Etats voifins qui font fuppofez beaucoup moins puiffans.

Or il eft vifible que par le Traité d'Union le Prince puiffant n'a plus rien à craindre pour fa Maifon, ny les Ligues de fes voifins, ny les Confpirations des Grands, ny les revoltes des Peuples: il trouve par ce Traité le fecret fi defirable, & fi defiré par tout Prince prudent d'égaler les temps de foibleffe de fa Maifon aux temps de fa plus grande force: De forte que foit au dehors, foit au dedans il augmente, il agrandit infiniment *fon indépendance* & celle de fa Maifon: ainfi non-feulement il ne cede rien de fon pouvoir fur les Maifons de fes voifins, qu'autant qu'ils luy en cedent du leur fur la fienne; mais il gagne encore par le Traité une augmentation *de pouvoir* fur fes propres Sujets, puifque feur d'une protection toute-puiffante, il n'a plus rien à craindre, ny de leurs perfidies, ny de leurs violences, non pas mefme dans les temps où fa Maifon fera dans la plus grande foibleffe.

CINQUIE'ME AVANTAGE.

Agrandiffement par le perfectionnement des Loix.

Chacun fçait que plus les Loix d'un Etat fe perfectionnent, plus l'Etat en devient floriffant, & plus le Prince en tire davantages confiderables; il ny a qu'à comparer la France à la Mofcovie pour s'en convaincre.

Il y a par exemple de bonnes loix faites pour rendre les chemins feurs & commodes; mais comme elles demeurent fans execution, elles ne font pas dans leur perfection. Ne peut-on pas trouver les moyens de les perfectionner? Ne peut-on pas de mefme trouver les moyens de diminuer de plus de moitié le nombre des procès? Ne peut-on pas trouver les moyens de choifir avec plus de certitude les Sujets, qui par leurs vertus & par leurs talens font les plus propres aux emplois publics? Ne peut-on pas trouver les moyens d'occuper les esprits excellens de chaque Province pour l'utilité publique, en proposant des prix pour ceux qui donneroient les meilleurs Memoires pour perfectionner les Reglemens? Ne peut-on pas trouver les moyens de rendre l'éducation des enfans des deux Sexes incomparablement plus avantageuse à l'Etat que celle d'aujourd'huy ? Ne peut-on pas trouver les moyens de rendre les revenus du Souverain plus grands, les impositions plus proportionnées à la force de chaque sujet, moins pesantes pour le Peuple, moins préjudiciables au Commerce, & plus faciles à percevoir? Si je propose plûtost ces matiéres pour exemple que d'autres, c'est que les ayant plus approfondies, j'en ay plus senti l'importance. J'ajoûteray une chose, c'est que pour faire executer les bonnes loix, il faut necessairement interesser une partie des Sujets à en procurer l'execution, & cela ne se peut faire sans des establissemens nouveaux.

Or pour perfectionner les loix, & faire ces establissemens, il y a trois ou quatre choses necessaires, du calme pour y travailler, des fonds nouveaux pour y faire travailler, il faut un temps de Paix pour étudier, & faire étudier à fonds ce qu'il y a de bon dans les autres gouvernemens sur chaque article ; enfin il faut souvent une plus grande autorité pour establir, & pour faire executer les Reglemens, qu'un grand nombre des plus sages de l'Etat ont jugé les plus utiles au public.

Or n'est-il pas évident que les premiers effets de ce Traité d'Union, c'est de procurer à chaque Souverain ce calme, ces fonds, ces commoditez, pour s'informer des Reglem ensdes autres, & cette autorité necessaire pour faire goûter les bonnes loix à ses Peuples ?

SIXIE'ME AVANTAGE.

Agrandissement par l'augmentation du uombre des Sujets.

1°. Plus un Souverain a des Sujets, plus son Etat est cultivé, plus il rapporte ; il n'y a dans la plûpart des Etats d'Europe que trop de terres ou incultes, ou mal cultivées.

2°. Plus il y a de Commerce dans un pays, plus il est riche : & plus il y a de Peuple, plus il est facile d'y augmenter le Commerce.

Or n'est-il pas visible qu'en signant le Traité d'Union, il n'y auroit plus de guerres ; ainsi chaque Souverain y épargneroit tous les ans un grand nombre de Sujets qui multiplieroient, & qui par leur multiplication aideroient infiniment à rendre le Souverain & son Etat plus opulens par la culture des terres, par les Manufactures & par le Commerce.

S E P T I E'M E   A V A N T A G E.

Agrandissement par le perfectionnement des Arts & des Sciences.

Non-seulement la Paix inaltérable augmenteroit le nombre des Sujets de chaque Souverain, mais elle augmenteroit encore considerablement l'esprit & l'industrie de ces Sujets par le progrez des Arts & des Sciences, qui est toûjours fort interrompu par les guerres. Or comme avec le secours des Arts un homme peut autant que six, que dix, que vingt sans Art, c'est une maniere de supléer au nombre des Sujets, que de perfectionner les Arts. Il y a mesme une infinité de choses impossibles aux hommes qui leur sont possibles avec le secours des Sciences & des Arts. Combien les Etats & les Souverains ne tirent-ils pas d'avantages réels & de splendeur de la perfection des Arts & des Sciences?

Or pour parvenir à cette perfection, il faudroit un plus grand nombre d'excellens esprits qui s'y appliquassent, & qui y fussent excitez par des recompenses, il faudroit plus de liberté de communiquer perpetuellement avec les Nations, qui ont des connoissances & des methodes que nous n'avons pas. Voilà les veritables moyens de faire faire en peu de temps de grands progrez aux Arts & aux Sciences. Or un Souverain peut i jamais trouver facilement tous ces moyens, que dans un Traité, qui assure à tout le monde une Paix perpetuelle?

HUITIE'ME AVANTAGE.

Monumens plus beaux & plus durables.

La grande augmentation qui arriveroit aux revenus des Souverains, & sur tout aux plus puissans, leur donneroit une merveilleuse facilité pour élever de superbes Palais, des Temples magnifiques, pour faire des Canaux, des Aqueducs, des Colisées, des Ports, des Ponts, pour augmenter les Academies, les Colleges, les Maisons de pieté, pour enrichir les Bibliotheques publiques, pour former quantité d'autres establissemens utiles, monumens de leur magnificence, de leur bonté, de leur sagesse; mais ce qui est de plus important pour ces monumens, c'est qu'ils soient durables. Or quelle durée peut-on s'en promettre dans le Système de la guerre, où chaque siécle voit détruire quelque chose de digne de durer? Combien regrettons-nous d'excellens ouvrages de Sculpture, de Graveure, d'Architecture? Combien d'Histoires curieuses, & de Registres publics que la guerre a fait périr? Combien de Livres anciens & d'autres monumens de l'antiquité furent brûlez dans la seule Bibliotheque d'Alexandrie lors de la guerre civile de Cesar? Combien les Goths, les Wandales, les Turcs & les autres Barbares en ont-ils anéanti? Qui garantira nos monumens presens du mesme sort qu'ont eû les anciens? Il n'y a qu'une tranquillité perpetuelle qui puisse les conserver à la posterité: or cette tranquillité, qui peut l'assurer aux Etats, aux Souverains, que le Traité d'Union qu'on leur propose de signer? Alors tout ce qui meritera de durer durera, & rien ne sera enseveli dans l'oubli, que ce qui meritera d'estre oublié.

NEUVIE'ME AVANTAGE.

Interest de la Reputation.

La gloire d'avoir beaucoup de part au plus grand & au plus

desirable establissement qui ait jamais esté, & qui sera jamais sur la terre, est certainement une espece de gloire digne d'un Souverain dont les sentimens sont nobles & les vûës élevées. Il est visible qu'entre les Souverains celuy qui sera le plus puissant, & qui solicitera le plus fortement la signature de ce Traité d'Union aura plus de part que tout autre à cette gloire, puisque d'un costé il cedera plus d'esperances & plus de pretentions que les autres pour en venir à bout, & que de l'autre par son credit, par son pouvoir & par son exemple il agira bien plus efficacement qu'aucun autre.

Il sera éternellement regardé de son Peuple comme celuy de tous ses Princes dont ii aura reçû le plus grand & le plus durable bienfait; il sera de mesme regardé par toutes les Nations presentes, & par leurs generations les plus reculées, comme le pacificateur des hommes, & comme le plus grand de tous leurs bienfaicteurs. Et après tout y a-t-il quelque espece de gloire comparable à celle de faire du bien, un tres-grand bien, un bien tresdurable, non-seulement à un grand nombre de personnes de toutes sortes de merites, non-seulement à tous ses Sujets, mais encore à tous les Peuples de la terre, & de tous les siécles futurs? Y a-t-il rien qui approche plus l'homme de la Divinité? Y a-t-il rien de plus glorieux que de travailler efficacement à anéantir pour jamais un monstre furieux tel que la guerre, qui devore tous les ans tant de milliers d'hommes, qui ruine tant de Villes magnifiques, qui désole tant de Provinces opulentes & abondantes, & qui renaist incessamment de ses cendres.

Que ne devroit-on point donner? Que ne devroit-on point tenter pour mériter, & pour obtenir une pareille gloire dans son siécle & dans les siecles futurs? Et n'est-il pas heureux pour un puissant Souverain d'avoir en cette occasion de plus grandes esperances que les autres à sacrifier à la félicité des hommes? N'est-ce pas mesme un grand bonheur pour luy de trouver dans l'execution d'un pareil establissement des difficultez qui paroissent insurmontables.

Cependant telle sera la gloire qu'acquerera le premier des Souverains qui entreprendra de furmonter ces obftacles, & qui les furmontera. Il eft vray que les autres qui s'uniront à luy pour luy aider à les furmonter auront part à la mefme gloire, mais le premier qui mettra la main à l'œuvre paffera toûjours & avec juftice pour le principal promoteur de l'œuvre, & quel autre deffein peut jamais luy attirer plus d'honneur, contribuer davantage à remplir le refte de fa vie d'agreémens & de fujets de joye raifonnables, & rendre fa memoire immortelle, & en bénédiction à tous les gens de bien ?

On facrifie volontiers tous fes travaux, toutes fes veilles, toutes fes fatigues, tous fes dangers pour acquerir des portions de gloire, qui ne valent pas toutes enfemble la centiéme partie de celle-cy. Car icy tout y eft au suprême degré, l'objet, le facrifice, les obftacles : or que l'on m'indique pour un homme fenfible à la belle gloire un avantage plus confiderable ?

Mais je vas plus loin que la gloire humaine ; je porte plus loin mes vûës. Quelle entreprife plus digne d'un Sage, d'un Héros Chrétien, qui fe foucie de faire du bien, & de rendre les autres heureux, fans fe foucier des loüanges legitimes que les hommes peuvent donner à fa vertu, qui dans fon travail ne cherche qu'à plaire au Souverain des Souverains, qui luy en a infpiré l'idée & le defir, & qui dans le fuccez ne cherche que la gloire de celuy qui par fa grace le foûtient dans l'execution, & qui luy fournit les moyens d'en furmonter les obftacles ?

DIXIÉME AVANTAGE.

Diminution d'inquietudes & de chagrins.

Il eft certain que quelque confiance qu'ait un Souverain dans le nombre & dans la valeur de fes Troupes, le hazard des Batailles & des autres évenemens de la guerre luy caufe toûjours beaucoup d'inquiétudes durant les campagnes, & beaucoup de foins fâcheux pour en faire les préparatifs durant les hyvers ; il eft certain de mefme que les plus heureux ont des revers de fortune,

& qu'ils font d'autant plus fenfibles aux chagrins qu'amenent les affaires malheureufes, qu'ils ont efté plus fenfibles & plus accoûtumez aux plaifirs du fuccez.

L'Etat du vaincu eft terrible, & l'Etat mefme du vainqueur eft fujet à de cruelles agitations par la crainte de l'inconftance de la fortune. Or ce qu'il y a à fouffrir de peines dans une condition, doit pour tout homme fage luy faire rabattre à proportion du prix qu'il l'eftime. D'ailleurs on joüe trop gros jeu à la guerre, & ce que l'on peut efperer avec raifon d'y acquerir, qui n'eft que du fuperflu, ne peut jamais valoir ce que l'on peut craindre avec la mefme raifon d'y perdre, qui eft le neceffaire; rien ne peut fe mettre en balance avec la vie que l'on rifque, & par deffus cela, le neceffaire eft bien plus important que le fuperflu, & l'on fera toûjours moins fenfible au plaifir & à la gloire d'une nouvelle Province conquife, qu'au chagrin & à la honte d'une ancienne Province perduë. Or qui ne voit qu'en fignant le Traité, tout Souverain fera pour toûjours exempt de ces cruelles agitations, & exemtera pour tous les fiécles fes defcendans de pareils malheurs?

Onzie'me Avantage.

Agrandiſſement par la continuation des revenus des Frontieres.

Chacun fçait qu'un Souverain, quelque puiffant qu'il foit, fouffre par la guerre des grandes diminutions dans les revenus qu'il a coûtume de tirer de fes Frontieres pendant la Paix, les moiffons font également fouragées, & par fes Troupes, & par celles de fes ennemis. Combien d'autres ravages ne fouffrent-elles pas? Et combien ces ravages caufent-ils de diminutions dans les revenus des particuliers, & parconfequent dans ceux du Souverain? Ainfi la perpetuité de la Paix produira à tous les Souverains une grande augmentation de revenu, & fur tout à ceux qui ont un plus grand nombre de Frontieres à garder, & d'ennemis à repouffer. Or qui peut procurer cette efpece d'agrandiffement, que le Traité d'Union?

Douzie'me

DOUZIE'ME AVANTAGE.

Agrandißement par le retranchement de la dépenſe de la guerre.

Voicy un article d'une grande importance. Le Syſtême de la diviſion & de la guerre laiſſe à chaque Souverain tous ſes voiſins pour ennemis ; ainſi il eſt non-ſeulement obligé de faire en temps de guerre une prodigieuſe dépenſe , ſoit pour attaquer , ſoit pour ſe défendre ; mais il eſt meſme obligé en temps de Paix de faire encore une grande dépenſe ſeulement pour ſe tenir ſur ſes gardes dans toutes ſes Places , & ſur toutes ſes Frontieres.

Suppoſons par exemple , un Royaume fort puiſſant qui ait 18 ou 20 millions d'Habitans , que le Roy ait 150 millions de revenu ordinaire , il conſerve en temps de Paix environ le quart des Troupes qu'il entretient en temps de guerre, moins de Cavalerie, plus d'Infanterie ; mais plus d'Officiers reformez , & tous les Officiers de Marine ; de ſorte que s'il dépenſe 30 millions par an en Troupes en temps de Paix, il faut qu'il dépenſe 90 millions de plus en temps de guerre.

En Europe de vingt ans il y en a communément dix , de cent ans il y en a 50 en guerre, ainſi on peut dire que pour cet Etat outre les 30 millions d'ordinaire pour la Paix , il faut compter encore tous les ans année commune 45 millions pour l'extraordinaire de la guerre, cela fait 75 millions. Or ſuppoſé que cet Etat ne dépenſe plus qu'environ 7 millions pour les 12000 Dragons , ou autres Troupes de reſerve , & 3 millions pour le Contingent de l'Union , reſtera au Roy & à ſon Etat 65 millions par an en pur profit dans le Syſtême de la Paix perpetuelle.

Je dis au *Roy & à ſon Etat* , parceque dans les temps de guerre l'Etat luy fournit environ 70 millions d'extraordinaire , c'eſt-à-dire , 35 millions année commune ; de ſorte que le Roy ſur ſon revenu ordinaire y peut profiter au moins de 30 millions par an tous frais faits. Or combien faudroit-il de grandes Provinces pour produire à ce Souverain puiſſant 30 millions par an tous frais faits?

T

Or si l'on suppute ce que nous aurions épargné seulemens depuis 40 ans, si l'Union se fut faite en ce temps-là, le Roy outre les 30 millions de revenu d'augmentation auroit encore dans ses coffres 600 millions, & les particuliers outre 35 millions de revenu de plus, auroient 700 millions de plus, où dans leurs coffres, où dans le Commerce.

Or ce que nous aurions, si le Traité d'Union eust esté signé il y a 40 ans, nous l'aurons certainement dans 40 ans, si le Traité se signe presentement. On peut compter que les ravages des Frontieres coûtent au Roy année commune plus d'un million, & aux particuliers plus de neuf millions.

Treizie'me Avantage.

Agrandissement par la continuation du Commerce.

Le revenu que produit à un Etat son terroir est la moitié moins grand que celuy que luy produit son Commerce Etranger. Je parle d'un Etat comme celuy de France, où ce Commerce n'est ny fort petit, ny fort grand : car il est certain que le revenu des terres dans la Province d'Hollande, par exemple, n'est pas la vingtiéme partie de celuy qu'y produit le Commerce Etranger.

Supposons que le revenu des terres qui appartiennent & aux Seculiers & aux Ecclesiastiques soit de 300 millions, ce qu'y produit le Commerce sera au moins de pareil revenu ; on peut supposer encore sans se tromper que le Commerce par terre & par mer avec les ennemis, est le quart du Commerce total ; ainsi c'est 75 millions, ainsi c'est 37 millions & demi de revenu de moins année commune, à cause de la discontinuation du Commerce de deux années, l'une de vingt années dix. Or si on songe que le Commerce par mer, soit entre les François, soit avec leurs Alliez est fort interrompu, ou coûte beaucoup plus à cause des escortes, ce sera une perte de plus de deux millions & demi ; ainsi le tout ira au moins à 40 millions.

Je sçay bien que ce sont les particuliers & non le Roy qui font

la plus grande partie de cette perte , & qui feroient par confequent la plus grande partie du profit, fi le Traité d'Union eftoit
figné ; mais il eft certain que le Roy par la diminution de fes
Doüanes , du Sel & de fes autres revenus y perd plus de 4 millions année commune ; ainfi les particuliers y perdent environ
36 millions par an année commune:

Le Roy y fait une autre perte confiderable , c'eft qu'en fuppofant, par exemple , qu'il prenne fur fes Sujets le vingtiéme de la
Capitation , fi les Sujets parviennent en un fiécle par leur Commerce à doubler leurs revenus , le revenu du Roy doublera en
mefme temps avec cette difference que celuy qui a 2000 livres
de rente paye plus facilement 100 livres, que celuy qui n'en a que
mille, & qui en paye cinquante, quand je parle de Capitation, je
fuppofe une Capitation proportionnée aux revenus de toute efpece de chaque Sujet, telle qu'il eft poffible de la percevoir, comme je le montreray ailleurs.

Mais comme dans le Syftême de la Paix perpetuelle , il y aura
un beaucoup plus grand nombre de perfonnes de toutes conditions occupées au Commerce, & une plus grande quantité d'argent qui y fera employée, cela s'augmentera encore de plus d'un
18ᵉ, ce qui feroit deux millions , ainfi on peut dire que le Roy
perfonnellement agrandiroit fon revenu de plus de 35 millions,
tant de cet article, que de l'article de la dépenfe des Troupes & de
celuy des Frontieres , & que les particuliers augmenteroient le
leur par ces trois articles de 9, de 35, & de 38 millions, ce qui feroit 84 millions. On peut faire des fupputations proportionnées
par rapport aux autres Etats : or à ne confiderer que ces trois articles, le Souverain le plus puiffant *peut-il jamais figner un Traité plus
avantageux , foit pour luy, foit pour fes Sujets.*

QUATORZIE'ME AVANTAGE.

Pofterité plus nombreufe & plus durable.

Plus la Maifon d'un Souverain fera nombreufe en mafles, plus elle sera durable. Or dans le Systême de l'Union elle sera beaucoup plus nombreuse, par deux raisons. La premiere, c'est qu'il n'en périra plus par la guerre. La seconde, c'est que l'Etat devenant incomparablement plus riche & plus puissant, comme en France, il peut donner à la naissance de chaque masle une pension considerable & convenable en augmentant la Capitation de quelque chose.

Ainsi nul Prince du Sang ne craindra, ny de se marier, ny de marier tous ses masles ; il n'en destinera aucun à l'Eglise par motif d'épargne, & ne craindra plus, ny de les marier de bonne heure, ny de les remarier.

Dès qu'il n'y aura point de guerre, le Roy aura dans vingt-ans des pensions & des gouvernemens militaires à distribuer pour plus de quatre millions de revenu, ce qui peut estre donné en partie aux Princes & aux Princesses du Sang.

Plusieurs Princes de Maisons Souveraines périssent dans les guerres civiles & estrangeres. La Maison de Portugal, branche de la Maison de France, finit par la mort du Roy Sebastien, tué il y a plus de cent ans à la Bataille d'Alcacer.

La Maison de Suéde Vasa ne finit-elle pas il y a environ 80 ans par la mort de Gustave tué à la Bataille de Lutzein.

Le Prince de Condé fut tué en 1569 à la Bataille de Jarnac, le Comte de Soissons il y a près de 80 ans fut tué à la Bataille de Sedan, Henry III fut tué au milieu des guerres civiles, qui défoloient la France, & l'on ne sçait pas si ce ne fut point un reste d'esprit de rebellion qui fut cause de la mort d'Henry IV.

N'est-ce pas dans la guerre avec les Tartares que l'ancienne Maison de la Chine a esté détrônée & presqu'anéantie ? Et que s'en falut-il dans la derniere guerre civile d'Angleterre, que la Maison Royale n'y fût entierement éteinte par Cromwel ?

La Maison des Paleologues les derniers Empereurs de Constantinople n'a-t-elle pas esté anéantie par la guerre ?

QUINZIE'ME AVANTAGE.

Maison affermie sur le Trône.

Non-seulement l'Union procurera aux Maisons Souveraines beaucoup plus de durée qu'elles n'en auroient sans elle ; mais elle leur donne dès-à-present une parfaite seureté qu'elles seront sur le Trône tant qu'elles dureront.

Si l'Europe reste toûjours dans le Systême de la guerre, on peut juger de ce qui arrivera dans les premiers mille ans aux Maisons Souveraines qui regnent presentement, par ce qui est arrivé aux Maisons Souveraines qui regnoient du temps de Charlemagne, en reste-t-il une seule sur la terre, & divers Etats hereditaires n'en ont-ils pas mesme vû les uns deux, les autres trois, les autres un plus grand nombre regner, & puis s'anéantir successivement les uns après les autres ? Qu'on en cherche les causes dans les Histoires de ces Etats ; on n'en trouvera point d'autres que les guerres civiles & estrangeres, où périssent plusieurs Princes, les uns Souverains, les autres de Maisons Souveraines, les uns chassez du Trône, les autres tuez jeunes, qui auroient pû par leurs enfans laisser une longue & nombreuse posterité ; d'autres ont péry par le poison dans des divisions domestiques, d'autres ont succombé dans les trahisons des Usurpateurs, & le tout parce qu'ils se sont trouvez foibles sans défense & sans une protection vive, & toute puissance telle que seroit celle de l'Union.

Dans le Systême que je propose, une Maison Souveraine peut-elle desormais craindre aucun Conquerant au dehors, puisqu'il seroit accablé par les forces de tous les autres, s'il estoit assez insensé pour vouloir s'en faire déclarer ennemy ? Peut-elle jamais craindre les divisions domestiques, les conspirations, les revoltes au dedans, puisqu'on ne s'est jamais revolté ? On n'a jamais conspiré sans quelque esperance de succez & d'impunité. Or peut-on jamais se promettre du succez contre une puissance incomparablement plus grande que celle qu'on peut avoir ? Peut-

T iij

on jamais fe promettre une impunité ; quand on ne peut, ny refifter, ny fe cacher à fes ennemis?

Or dans la maniere ordinaire de penfer des Grands & par-
ticulierement des Souverains, peut-on jamais leur offrir par un
Traité un avantage auffi grand, & auffi réel que cet affermiffe-
ment éternel de leur Maifon fur le Trône? Car cet avantage eft
d'autant plus confiderable, qu'il eft comme la baze & le fondement de tous ceux qui peuvent arriver à fa Maifon. Et en effet,
qu'eft-ce que luy ferviroient toutes les diverfes efpeces d'agrandiffemens qu'il peut efperer pour elle? S'il voit que tout cela périra bien-toft avec elle-mefme par les revolutions continuelles des
Etats caufées par une guerre qui n'a d'interruption que des Tréves courtes & paffageres, & ce qu'il y a de terrible, c'eft que, ny
les Republiques, ny les Monarchies n'oferoient prefque fouhaiter de longues Tréves, parce que c'eft dans ces temps calmes
où l'Etat ne craint rien du dehors, que naiffent ordinairement les
diffentions du dedans, & que les guerres civiles font encore plus
dangereufes, & plus pernicieufes aux Etats & aux Maifons Souveraines, que les guerres eftrangeres.

Qu'on me dife, fi le plus fage Prince de l'Europe peut jamais
imaginer un moyen plus folide de faire durer fa Maifon, & de la
faire durer fur le Trône, malgré l'inftabilité des chofes humaines?

Qu'on me dife prefentement, fi en raffemblant tous ces divers avantages que les Republiques, que les Souverains plus
puiffans & moins puiffans trouveroient dans l'Union generale
de l'Europe, il eft poffible d'imaginer jamais *un Traité qui foit fi
avantageux à chacun d'eux*, & c'eft ce que je m'eftois propofé dans
ce difcours?

Ces avantages eftant fi évidens & fi grands, ne fuffit-il pas
de n'eftre pas abfolument extravagant, ou abfolument ftupide
pour fouhaiter de conclure un pareil Traité? Eft-il neceffaire d'eftre
fans paffions pour fentir un pareil defir, au contraire ce Syftême
n'eft-il pas conforme aux paffions & aux paffions ordinaires? Les
grandes craintes, les grandes efperances, & les mieux fondées

ne font-elles pas toutes pour nous. Je ne fuppofe point l'homme parfait ; mais s'il eft parfait à la bonne heure. L'amour du bien public, l'amour de la juftice le mettent de noftre cofté ; s'il n'eft pas parfait, s'il eft injufte , pourvû qu'il foit tant foit peu prudent, il eft encore pour nous, s'il aime la belle gloire , s'il eft fenfible à la vanité, s'il fouhaite de grands revenus, s'il aime l'action, s'il aime le repos, s'il aime la vertu, s'il aime les plaifirs, il eft pour nous, ce Traité d'Union a de quoy contenter tous les caracteres, ainfi ne peut-on pas efperer que tous en defireront fortement la conclufion, pourveu qu'ils en ayent connoiffance, & qu'ils ne foient pas entierement infenfez.

Mais quand les apparences feroient égales, il feroit au moins raifonnable de rendre la propofition publique parmy tous les Peuples, & de tenter fi elle ne pourra pas avoir quelque fuccez en Europe , puifqu'il n'y a perfonne qui ne convienne que fi elle y eftoit reçûë, ce feroit le plus grand bonheur qui pût jamais arriver, & aux Souverains, & à leurs Sujets. Et comment pourroit-elle y eftre reçûë, fi elle n'y devient publique ?

REFLEXION.

Sur le Projet d'Henry le Grand.

On voit en racourci ce grand deffein dans les Memoires du Duc de Sully, & dans la vie de Henry IV, écrite exprès pour l'inftruction du Roy fon petit-fils par l'Archevefque de Paris fon Précepteur. Le principal but de ce Projet eftoit de rendre la Paix inaltérable entre les Princes Chrétiens, & de former pour cela une Union, une Republique entr'eux continuellement reprefentée par leurs Plénipotentiaires à Cologne, pour terminer ou par conciliation ou par jugement arbitral, les differens qui pourroient naiftre dans la fuite entre eux.

Un homme d'un efprit décifif & fuperficiel traite le Projet d'Henry IV d'impoffible.

Mais 1°. Henry & fes Miniftres n'eftoient-ils pas à portée

auſſi-bien que luy de voir les meſmes impoſſibilitez, eux qui avoient plus medité que luy ſur ce Projet. Ils les ont vûës ſans doute, & cependant ne les ont-ils pas regardées comme des impoſſibilitez chimeriques, puiſqu'ils travailloient ſerieuſement à l'executer?

2°. La grande difficulté ou plûtoſt l'unique qu'il m'opoſe pour ce Projet, c'eſt qu'il prétend que les Souverains, & ſur tout les plus puiſſants n'y conſentiront jamais, cependant il convient que Henry IV, l'avoit ſi bien agréé qu'il en eſtoit luy-meſme inventeur, cependant ce Prince n'eſtoit-il pas des plus puiſſans?

3°. N'a-t-on pas vû comme moy que l'Hiſtorien aſſure poſitivement que pluſieurs Potentats, & le Pape entr'autres l'avoient dèja agréé, lorſque le Roy mourut? Dira-t-on que ce fait eſt faux, mais ſur quoy fondé, & ne convient-on pas meſme que l'obſtacle ne viendra jamais de la part des Princes moins puiſſans, ny de la part des Republiques : or ſi tous les Princes moins puiſſans, & toutes les Republiques euſſent eſté unies dans ce Projet avec la France, tous les autres n'y ſeroient-ils pas entrez peu à peu, & alors la Maiſon d'Autriche n'y eut-elle pas entré comme les autres.

4°. Il eſt vray que Henry IV, dans un des articles de ſon Projet marquoit qu'il ſeroit à propos de conquerir le Milanez ſur le Roy d'Eſpagne pour fortifier le Duc de Savoye, Naples pour fortifier le Pape, la Flandre pour fortifier les Hollandois, mais qui doute que ſi ces conqueſtes leurs euſſent paru trop difficiles, & d'une trop grande dépenſe, ils n'euſſent mieux aimé laiſſer les choſes dans l'eſtat où elles eſtoient, recevoir la Maiſon d'Autriche dans l'Union, & commencer à joüir tous enſemble des fruits d'une Union indiſſoluble, puiſque ſans ces conqueſtes ils auroient eu tous *des ſeuretez ſuffiſantes* pour ſe maintenir contre les plus puiſſans, & pour rendre la Paix inalterable.

5°. Il eſt vray que Henry n'eſt plus pour ſoliciter l'execution de ce deſſein ſi grand, ſi avantageux à l'Europe, il eſt vray que quand on ſonge à tous les maux que les François, & tous les Peuples voiſins ont ſouffert depuis ſa mort, & dont ils auroient eſté exempts,

exempts, quand on songe à tous les biens qu'ils auroient senti, s'il
eut encore vécu trois ou quatre ans, on ne peut trop regretter
ce Prince si magnanime, ce genie si puissant ; mais enfin, il nous
a levé luy-mesme le grand obstacle, en montrant par son exemple aux Souverains les plus puissans, qu'ils n'ont rien de plus sage
à faire pour leurs interests que de former une pareille Union : car
enfin pourroit-on dire desormais qu'aucun des Princes plus puissant ne voudra jamais se borner, qu'aucun ne renoncera jamais
à toutes ses prétentions, & à toutes les esperances d'agrandissement de territoire ? Celuy-là n'estoit-il pas des plus puissant, cependant n'y renonçoit-il pas volontiers ? Diroit-on qu'aucun
d'eux ne consentira jamais d'avoir d'autre Juge que Dieu, ou
plûtost que le sort des armes qu'aucun d'eux ne mettra jamais des
Arbitres ou des Juges au-dessus de sa teste pour les differens à venir ? Celuy-là n'estoit-il pas des plus puissans, & cependant n'y
consentoit-il pas, & pourquoy juger qu'un consentement pareil
à celuy qui s'est dèja donné ne peut pas se donner par de pareils
Souverains.

6°. Il est vray, dira-t-on, qu'il estoit des plus puissans, & qu'il
eut consenti à toutes ces choses comme *seuretez necessaires* pour
rendre la Paix inalterable ; mais c'est qu'il estoit très-sage, &
qu'il avoit devant luy tous les motifs qui pouvoient déterminer
un Prince prudent à signer ce Traité d'Union ; mais ajoûtera-
t-on, nous n'avons, ny des Princes si prudens, ny ces motifs pour
les déterminer, ny le détail du Projet, pour nous aider à surmonter les difficultez de l'exécution ? Qui vous a dit que nous
n'avons point de Princes aussi prudens, & qu'ils ne seront pas du
moins assez sages pour suivre son exemple, je conviens que la
perte de ces motifs, & du détail des moyens de ce Projet peut estre
regardée comme une très-grande perte, mais pourquoy seroit-
elle absolument irréparable ; ne voit-on pas par le travail d'un
seul homme, que si plusieurs excellens esprits travailloient sur le
mesme sujet, en se servant des lumieres & des vûës les uns des
autres, que cette perte ne seroit point entierement irréparable,
surtout s'ils estoient animez ou par les exhortations des Souve-

V

rains, ou par l'espoir des recompenses. La mesme *raison* qui a inspiré il y a cent ans ces *motifs* & ces *moyens* à Henry le Grand, & à ses Ministres, cette mesme *raison* ne subsiste-t-elle pas encore aujourd'huy, & ne peut-on pas dire mesme qu'avec le secours d'un siécle elle est devenuë encore plus lumineuse? Et pourquoy le petit-fils & ses Ministres n'en pourroient-ils pas estre éclairez, & puiser comme l'ayeul dans la mesme source? Enfin j'ay tâché dans ce Memoire de deviner une partie des motifs & des moyens qu'il croyoit necessaires pour l'execution : or puisque cet esprit décisif, après avoir lû mon Memoire avoüe que les Souverains devroient tous, s'ils estoient sages, faire tout leurs efforts pour former l'Union? N'est-ce pas convenir qu'il y a déja dans ce Memoire tel qu'il est assez de *motifs* puissans, assez de *moyens* convenables pour justifier que ce merveilleux Projet de ce grand Prince nonseulement n'avoit rien d'impossible, mais qu'il estoit aussi facile, qu'avantageux, & que les Souverains à proportion qu'ils y verroient plus d'avantage apporteroient aussi plus de facilitez pour l'executer. Or cet aveu ne prouve-t-il pas que la perte du détail du Projet de Henry le Grand n'est pas une perte qui soit absolument irréparable?

Conclusion du troisiéme Discours.

Telles furent apparemment les sages considerations qui déterminerent les Princes les plus puissans, les moins puissans & les petites Republiques d'Allemagne à former *l'Union Germanique*, telles furent celles qui déterminerent les Treize souverainetez des Suisses à former *l'Union Helvétique*, telles furent celles qui déterminerent les Sept souverainetez des Pays-Bas à former *l'Union Belgique*, telles furent celles qui inspirerent à Henry le Grand l'incomparable Projet de *l'Union Européenne*. Que l'on juge donc presentement *s'il y a aucun Souverain en Europe qui puisse jamais signer un Traité si avantageux pour luy & pour sa Maison que le Traité de cette Union Européenne.* Et si un Traité ou les avantages sont si grands & si évidens ne peut jamais estre signé par ceux à qui on le proposera.

Quatrieme Discours.
Proposition

Si les mêmes Souverains qui signeront le traité de paix signent en même têms le traité d'union de L'Europe, tous les autres le signeront, et s'ils refusoient, ceux qui l'auront signé n'en recevront aucun tort, et il leur aura toûjours produit ôn tres grand avantage en ce qu'il aura rendu le traité depaix plus facile et plus durable.

Jusqu'à present Le Lecteur peut avoir regardé ce memoire comme ône simple Speculation d'ôn bon Citoyen ————

digne seulement d'estre proposée à une assemblée d'habiles gens, pour sçavoir d'eux le party qu'ils croyent que doit prendre sur cela leur Souverain, il s'agit de voir si l'on ne peut pas s'en servir pour rendre la Paix prochaine plus facile & durable.

Il est certain en general que le Traité d'Union de l'Europe pour rendre la Paix inaltérable seroit très-avantageux non-seulement pour tous les Peuples, mais encore pour tous les Souverains, la seule chose dont on puisse douter, c'est de sçavoir si tous les Souverains voudront le signer. Or on ne peut estre éclairci de ce doute, si on ne le leur propose les uns après les autres, & on

X

ne le leur propofera point, s'il n'a efté examiné au congrez de la
Paix : or je prétens montrer, 1°. Que cét examen ne retardera en
rien la Paix future , 2°. Que cét examen fervira à la rendre plus
prompte & plus facile, 3°. Que cét examen la rendra plus avantageufe , & à la Maifon de France , & aux Alliez de la Maifon
d'Autriche, c'eft le fujet de ce difcours, 4°. Qu'il la rendra plus
durable.

Je fuppofe que les Souverains & les Negociateurs avant le congrez ayent entendu parler de ce Projet d'Union , & qu'il leur paroiffe très-fouhaitable pour tout le monde , ils ont deux Plans à
fuivre indépendans l'un de l'autre ; l'un abfolu , l'autre conditionnel ; dans le Plan abfolu ils negocieront & traiteront comme s'ils
n'avoient jamais entendu parler de ce Projet, & comme s'il eftoit
encore dans fon premier néant ; ils traiteront enfin dans le mefme
efprit que l'on traita à Nimegue & à Rifwick. *Voilà* , diront les
uns , *ce que la Maifon de France demande , voilà ce qu'elle offre ; voilà*, diront les autres, *ce que demandent les Alliez, voila ce qu'ils offrent.*
Ces articles du Plan abfolu fe negocieront , & feront arreftez de
part & d'autre, comme dans les Paix precedentes.

Pendant ce temps-là les Plénipotentiaires des Princes qui
font en guerre, & les Plénipotentiaires des Souverains qui font
neutres & comme Mediateurs de la Paix examineront s'il feroit
poffible de former un Traité d'Union de l'Europe , ils examineront en détail les articles qui les doivent former : or s'il arrivoit
que les Souverains qui auront leurs Plénipotentiaires au congrez convinffent d'un pareil Traité, & de le propofer aux Souverains abfens , il en refulteroit fans difficulté que les Anglois &
les Hollandois, les Portugais, les Princes Allemans & les autres
Alliez de la Maifon d'Auftriche voyant des *feuretez fuffifantes* dans
l'Union fe rendroient bien plus faciles fur les diverfes reftitutions que demande la Maifon de France, & cela produiroit des
articles conditionnels, qu'en cas que le Traité d'Union fe fignât
par tous les Souverains d'Europe , on reftitueroit telles Provinces, telles Places à la Maifon de France. Or c'eft ce qui forme-
roit le fecond Plan , qui feroit fous la condition que le Traité

d'Union soit signé de tous les Princes d'Europe , comme Garans les uns envers les autres.

Il y a cent à parier contre un , que si le Traité *d'Union Européenne* est une fois signé par le Roy de France , par le Roy d'Espagne , par les Anglois , par les Hollandois , par les Portugais , par quelques Princes Allemans , & par les Souverains neutres , le Pape, Venise, Suisse , Gennes & autres Princes d'Italie , tous les autres sans exception le signeront les uns après les autres ; mais enfin comme il n'est pas absolument impossible , 1°. Que ceux qui l'auront signé ne changent de volonté dans l'intervale de l'acceptation, 2°. Que quelques Souverains ne s'opiniâtrent à le refuser , il semble prudent outre la seureté que donnent les avantages immenses & évidens du Traité d'Union , de prendre encore quelqu'autre seureté s'il en est : or il semble que le Sequestre de quelques Places est une augmentation de seureté.

Je suppose donc que pour la seureté de la durée de la volonté des Parties , ils promettront de mettre , & mettront effectivement de part & d'autre des Places équivalentes en Sequestre pour dix ans entre les mains des Puissances neutres , Lorraine, Suisses, Venitiens, Gennois & autres Princes d'Italie , à condition de les remettre aux Souverains de la main desquels ils les recevront, si le Traité d'Union de l'Europe n'est pas accepté par les autres Souverains ; il est donc visible que le Traité conditionnel ne nuira en rien au Traité absolu, ny a aucune des Parties.

Mais , m'a t'on dit , qui sera caution du bon procedé des Princes Sequestres envers les Anglois, les Hollandois & les Alliez, & mesme envers la Maison de France ? Ne peuvent-ils pas ou les uns ou les autres songer à garder pour eux ce qu'ils ne gardent que pour les autres , ou mesme ne peuvent-ils pas se laisser séduire , & vendre leurs Places à beaux deniers comptans ? Voicy la réponse, 1°. Il faut se souvenir que ces Princes Sequestres sont fort éloignez des Places qu'ils garderoient, ainsi ils ne peuvent plus songer à les garder pour eux , ils ne pourroient ny les garder long-temps, ny les garder sans une dépense plus grande que ne vaudroit la chose mesme , 2°. Ils peuvent les vendre , s'ils sont fous, mais ils ne le peuvent s'ils font fages : car enfin ce font tous Souverains, la plûpart Republiques, qui gagneroient cent fois davantage à l'execution du Projet d'Union, qu'à la vente de ces Places. Or il faudroit fuppofer que leur Confeil fuft infenfé de préferer un million à cent millions.

Mais ajoûte-t-on, fi au bout de dix ans l'on voit que l'on ne puiffe venir à bout de faire figner certains Souverains d'Europe, quelle feureté auront ceux qui mettent en Sequeftres, que les Princes Sequeftres remettront fidellement leurs Places entre les mains de ceux qui les leur ont confiées ? Je répons, 1o. Que les Souverains Sequeftres auront au moins chacun une Place de chaque party oppofé à garder. Or fi un Sequeftre de bonne foy voyoit qu'un Sequeftre de mauvaife foy ne rendit pas à chacun ce qui luy a efté confié, il pourroit pour recompenfer le Prince lezé luy remettre une Place de la valeur de celle qu'on luy a oftée, 2o. Il n'y a nulle apparence qu'en dix ans l'Union ne foit pas fignée de tous : car fi un grand nombre de Souverains foit très-puiffans, foit moins puiffans, foit Republiques la fignent, c'eft une preuve demonftrative qu'il n'y a aucune Puiffance qui n'ait un très-grand intereft de la figner. Or quelle apparence qu'en dix ans un Prince follicité de tous les coftez n'ait pas connu fon intereft, quand il eft auffi grand, & auffi évident, 3o. Avant l'expiration des dix ans, ne peut-on pas encore faire une prolongation du Sequeftre pour avoir le loifir ou de perfuader, ou de contraindre deux ou trois opiniâtres ? Enfin le pis aller, c'eft qu'au bout des dix ans de la prolongation chacun fe trouve au mefme Etat que s'il ny avoit eu que le Traité abfolu, & qu'il n'y euft jamais eu de Traité conditionnel.

En voilà affez pour faire entendre mon idée. On voit affez que le Plan conditionnel ne nuit en rien au Plan abfolu, au contraire loin d'y nuire, il le facilitera très-confiderablement. Pour s'en convaincre, il n'y a qu'à faire reflexion à ce que j'ay dèja dit dans la Préface ; pourquoy les Anglois, les Hollandois, les Portugais ont-ils entrepris la guerre ? Uniquement pour avoir deux fortes de *feuretez fuffifantes* , *feureté fuffifante* de la confervation de leur Gouvernement & de leurs Etats ; *feureté fuffifante* pour leur Commerce contre la trop grande puiffance de la Maifon de France , pourquoy la Maifon de France a-t-elle pris les armes ? Uniquement pour fe conferver dans ce qu'elle poffedoit au commencement de la guerre. Or fi d'un cofté la Maifon de France par l'Union generale de l'Europe peut donner aux Anglois, aux Hollandois, aux Portugais & à leurs autres Alliez , ces deux fortes de *feuretez fuffifantes* , & de l'autre , fi en cette confideration ces Alliez peuvent ou par eux-mefmes , ou par les forces de l'Union generale, reftituer , & faire reftituer à la Maifon de France, ce qu'elle poffedoit au commencement de la guerre. La Paix eft d'autant plus facile à faire , qu'il ne refte plus de fujet de guerre, & que chacun obtient ce pourquoy il s'eft mis en frais, il n'eft pas mefme befoin d'eftre fort pénétrant pour deviner que ce Plan tout conditionnel qu'il eft , ou qu'il paroift, influera beaucoup pour faciliter les articles du Plan abfolu, c'eft que dès qu'il aura efté figné en mefme-temps que le Traité abfolu par la France, l'Efpagne, l'Angleterre, la Hollande, le Portugal, & par les Souverains choifis pour Sequeftres, il eft impoffible qu'il ne foit regardé alors non comme un Traité dont l'évenement eft fort incertain , mais comme un Traité dont l'évenement eft prefqu'entierement feur. Or en ce cas n'eft-il pas vifible que les Alliez de la Maifon d'Autriche envifageant comme certaine ou prefque certaine l'inaltérabilité de la Paix fe rendront extrêmement faciles fur des articles, qui en comparaifon de cette inaltérabilité ne leur paroitront prefque d'aucune importance.

Il eft certain de mefme que le Traité abfolu en fera beaucoup plus durable, quand mefme on douteroit de l'execution du Traité conditionnel , 1°. C'eft que les motifs qui auront porté les Souverains à convenir du Traité conditionnel , pour la Paix inaltérable dureront d'autant plus long temps que l'on aura plus medité fur ces motifs avant de figner le Traité d'Union, la défiance aura beaucoup diminué , & il en reftera à tous un plus

grand defir de faire durer la Paix , 2°. Les Princes neutres &
Sequeftres le figneront , & feront encore Garands de la durée
du Traité , 3°. Quand cinq ou fix Souverains refuferoient d'y
entrer , il eft au moins certain que le Dannemarck , & la plûpart des Princes d'Allemagne s'y joindront , & cela augmentera encore la garantie , & parconfequent la durée , 4°. Ces garanties feront d'autant plus folides , que le congrez de ces Puif-
fances-Unies fera perpetuellement confervé pour entretenir entr'elles la Paix , la correfpondance mutuelle , & pour terminer
leurs differens par conciliation ou par jugement arbittal.

Entre les autres preuves qui perfuadent que le Traité d'U-
nion fera enfin figné de tous les Souverains , 1°. C'eft que les plus
opiniâtres feront en guerre entr'eux , & le parti qui fe trouvera
le plus foible aura feurement recours à l'Union, pour fe conferver
contre le plus fort , 2°. La Maifon de France aura un grand intereft a en folliciter la fignature , tant à caufe des grands avantages expliquez dans le Chapitre précedent , que pour eftre re-
mife en poffeffion d'un grand nombre de Places , 3°. Les Anglois
& les Hollandois auront un fi grand intereft à en preffer la conclufion , puifqu'ils attendent de cette fignature les mefmes avantages , & mefme plus grands que la Maifon de France , &
qu'ils ne croiront jamais fans cela avoir leur *feureté fuffifante*.

On peut convenir que les Souverains des Places Sequef-
trées payeront regulierement les Troupes des Princes Sequeftres , & fix mois d'avance , & que ces Garnifons feront bonnes & nombreufes , pour donner d'autant plus de poids à la
garantie où entrent les Princes Sequeftres pour l'execution du
Traité d'Union , & comme chaque party licentiera beaucoup de
Troupes , il luy fera plus facile de payer exactement ces Garnifons Sequeftres , & les Peuples fourniront d'autant plus volontiers à ces avances , & aux fubfides neceffaires qu'ils verront
que c'eft le feul moyen d'en eftre enfin déchargez pour toûjours.

Au refte il eft certain que plus les Alliez fe rendront faciles
à contenter la Maifon de France , fur les reftitutions qu'elle de-

mande avec tant de juſtice & de fermeté , plus elle ſera diſpoſée
à les contenter ſur tous les articles des ſeuretez qu'ils ſouhaitent
avec tant de raiſon , & avec tant d'ardeur , au lieu que s'ils la
mécontentoient ſur un article qui ne les regarde que peu , &
qui luy tient fort au cœur , elle ſeroit apparemment diſpoſée à les
mécontenter ſur ces articles qui leur ſont de la derniere importance.

Ainſi quand je ſoûtiens qu'ils ſe rendront faciles ſur la promeſſe de reſtituer leurs Conqueſtes , qui feront les principaux
articles du Traité abſolu , je ne prétens pas eſtre partial pour la
Maiſon de France , je prétens eſtre également dans les intereſts
des deux partis ; je propoſe aux Anglois & aux Hollandois de
donner, de promettre quelque choſe de preſent, pour obtenir de
la Maiſon de France cent fois , mille fois davantage pour un à venir ou preſque preſent, ou peu éloigné ; en effet, mon intention
n'eſt pas de ne paroiſtre que bon François , mais ſimple conci-
liateur des divers intereſts de l'Europe, dont la France fait partie , & je croy que l'on verra facilement par le but de ce Traité qui
eſt la Conciliation , l'Union , la Paix inaltérable , qu'il me ſuffit
de me montrer bon Européen , bon Citoyen du monde , pour
me montrer en meſme-temps excellent François.

Il me ſemble donc par tout ce qui a précedé que le Lecteur eſt
en eſtat de juger , que le Traité conditionnel deviendra ſelon
toute apparence Traité abſolu , & qu'il ſera executé, mais que
quand meſme il demeureroit ſans execution il ne nuiroit en rien à la con-
cluſion de la Paix prochaine, mais qu'au contraire, il reſtabliroit la con-
fiance entre les Parties , & que la Negociation ſur ce Projet d'Union
Européenne apporteroit une merveilleuſe facilité de toutes parts à la con-
vention des articles particuliers du Traité abſolu , & contribueroit in-
finiment à rendre cette Paix beaucoup plus durable que les precedentes.
Ce que je m'eſtois propoſé de montrer.

Recueil De diverses objections.

Avertissement.

Depuis que j'ai repondu aux cinq premieres objections, je n'ai pas compté que l'on ne m'en feroit plus, il s'en fait toûjours, & cela vient de deux sources; l'une, de la faute de l'Auteur, qui accoûtumé à ses propres idées voit avec clarté ce que les autres, qui n'ont pas une pareille habitude, ne sçauroient voir qu'avec obscurité : il ne peut plus alors se mettre assez juste au point de vûë des Lecteurs, pour remarquer dans son Ouvrage ce qui manque d'évidence dans les principes, ou de liaison avec les consequences, chose essentielles pour persuader.

L'autre source vient du Lecteur, qui n'estant pas accoûtumé aux Ouvrages de raisonnement, dont les parties dépendent les unes des autres, ne peut pas donner toute l'attention qui seroit necessaire pour se souvenir des propositions passées & de leurs preuves ; ainsi son esprit, faute d'assez de memoire, ne peut embrasser en même temps un si grand nombre d'idées qui se soûtiennent & se confirment mutuellement ; desorte qu'il n'est pas en état d'appercevoir comment les propositions sont enchaînées entre elles, & ne pouvant voir la force du raisonnement, il n'est pas étonnant qu'il ne puisse lever luy-même les difficultez qui l'arrêtent.

Il arrive encore à quelques Lecteurs que faute d'habitude pour les Ouvrages, où il est question de comparer differens partis, dans chacun desquels il y a divers motifs de differentes especes, ils n'ont pas assez de memoire pour les tenir en même temps tous

A

preſens à leur eſprit, de-là vient qu'ils decident ſouvent par l'impreſſion que leur ont faite les derniers motifs dont ils ſe ſouviennent, ſans aucun égard pour ceux dont ils ne ſe ſouviennent plns.

Cet inconvenient en fait naître un autre, c'eſt que les difficultez ne venant alors que faute de memoire de la part du Lecteur pour les preuves & les raiſons qui ont eſté bien expoſées, l'Auteur ſe trouve dans la neceſſité de repeter pluſieurs choſes qu'il a déja dites. Mais ſi par mes réponſes ceux qui n'ont pû eux-mêmé lever ces difficultez, ſe trouvent contens, ils ne ſeront pas choquez d'une repetition dont ils avoient beſoin, & qu'ils n'ont garde de prendre pour repetition, puiſqu'ils commencnt à appercevoir ce qu'ils n'avoient pas encore apperçû : à l'égard de ceux qui ſe font eux-mêmes répondu à ces objections, ils n'ont qu'à les paſſer ſans les lire.

On m'a fait pluſieurs objections ſur les articles *utiles* ; mais je differe à y répondre dans le Supplément, lorſque je verray que les Souverains ne s'éloignent pas de convenir des articles *fondamentaux*, & d'adopter la plûpart de ceux que j'appelle *neceſſaires*. Je ne me propoſe pas de répondre à toutes, c'eſt que je compte bien de déferer à quelques-unes.

VI. OBJECTION.

Cette Union de l'Europe, ſi elle eſtoit faite, ſeroit très-ſolide & très-ſouhaitable pour tous les Souverains ; en moins de vingt ans ils doubleroient leurs revenus : c'eſt l'unique voye pour affermir leurs Maiſons ſur le Trône contre les efforts des Puiſſances étrangeres, & pour ôter toute idée de conſpiration & de revolte à leurs Sujets. Nul Traité ne peut jamais leur apporter la centiéme partie des avantages qu'ils tireroient de celuy-là. Nous y voyons tous avec évidence des ſources infinies de richeſſes & d'abondance, le repos, la tranquillité, en un mot toute la felicité qui leur reviendroit du Syſtême de la Paix. Nous voyons tous avec évidence la multitude de maux infinis de toute eſpece, dont ils ſe delivreroient eux, leurs Maiſons, & leurs Sujets, en ſortant du Syſtême de la Guerre. Ils ne cederoient rien de réel, qui ne fût infiniment au-deſſous de ce qu'ils acquereroient. Cette police generale épargneroit à l'Europe un déluge de sang pour tous les siecles, & des miseres plus affreuses que la mort même pour ceux qui ne meurent pas. Mais on doit regarder ce beau projet plûtôt comme le desir d'un bon Citoyen, que comme le plan d'un bon Politique, *votum, non consilium* : c'est une Republique de Platon, & non un projet serieux : il ne sçauroit plaire aux esprits corrompus du siecle, *non in Republicâ Platonis sumus, sed in fæce Romuli.* La raison est bien foible contre les passions : il faudroit estre tranquille pour pouvoir l'entendre, & l'homme ne l'est jamais. Les Souverains sont des hommes, & les hommes ne sont pas assez sages & assez sensez pour se conduire par leurs plus grands interests : ils craignent moins l'agitation de la Guerre, que l'ennuy de la Paix : un ressentiment, une jalousie, une fausse opinion, une vaine esperance d'agrandissement de Territoire, que sçai-je ! une vision de Monarchie universelle, une chimere de reputation de grand Capitaine, de grand Conquerant, enfin un objet très-vain ou très-petit qu'ils desirent depuis leur jeunesse, leur paroîtra beaucoup plus grand, beaucoup plus considerable, qu'un nouvel objet infiniment plus important en luy-même, mais qui ne leur paroîtra presque rien, parce qu'ils n'ont pas eu le temps de s'y accoûtumer : l'habitude à desirer une même chose forme les passions, & ce sont les passions qui à la honte de la raison gouvernent les Etres raisonnables, & surtout les Souverains.

RE'PONSE.

Ces discours generaux sont d'autant plus specieux, qu'ils sont en partie vrais ; mais il est d'autant plus aisé d'en montrer la foiblesse, que l'on va voir que pour en faire un raisonnement solide il faut supposer des choses entierement fausses & absurdes.

Ramenons les vûës generales à des objets simples & particuliers. De quoy est-il question ? On vient proposer à quatre ou cinq Souverains qui sont très.las d'une très-longue Guerre, un Traité de Paix, qui non-seulement finiroit la Guerre presente, mais qui les préserveroit tous de toute Guerre pour l'avenir. Je parle icy de la Maison de France, des Anglois, des Hollandois & des Portugais : que s'il est impossible de faire goûter ce Traité à ces quatre Souverains, le projet est absolument impraticable : mais je soûtiens que s'il n'est pas impossible en faisant la Paix, qu'ils fongent à prendre les moyens les plus propres pour la faire toûjours durer, & pour la rendre inalterable, ils pourront fans miracle fe refoudre à figner un Traité conforme à ce projet.

Or appliquez d'abord vôtre raifonnement à ces cinq Puiffances, & vous même vous remarquerez qu'il eft foible : car pour conclure qu'ils ne figneront jamais ce Traité, quoique vous conveniez qu'il eft le plus avantageux qu'ils puiffent jamais figner, il faut foûtenir que ces Souverains fe gouverneront toûjours par des paffions qui les feront toûjours écarter de leurs plus grands avantages, & que fi quelques-uns des cinq ont de la raifon ou des intervalles de raifon, ces intervales arriveront jufte, lorfque les autres raifonneront encore comme des infenfez. Il faut que vous fuppofiez qu'il eft impoffible que cette jointure de leurs bons intervales fe puiffent rencontrer enfemble ; car autrement fi chacun de ces cinq Souverains peuvent avoir ou beaucoup de raifon, ou du moins des intervalles de raifon, & que ces intervalles puiffent fe rencontrer enfemble feulement pendant un mois, il eft impoffible qu'alors ils ne fignent le Traité.

2°. On voit à quel point d'abfurdité menent les difcours generaux, quand on ne veut pas les reduire à des raifonnemens particuliers. L'abfurdité de ce raifonnement va fe faire fentir encore davantage par une confideration ; c'eft que fi ces cinq Puiffances font toûjours gouvernées par des paffions qui les empêchent de voir leurs veritables interefts, il eft impoffible non-feulement qu'elles fignent ce Traité d'Union, mais il eft impoffible qu'elles en fignent jamais aucun, ny entre elles, ny avec d'autres Puiffances, qui leur foit tant foit peu utile : ils ne figneront donc jamais aucun Traité de Paix. Or peut-on appuyer un moment fur un raifonnement qui conduit à une auffi haute extravagance ?

3°. Ce raifonnement general fur le Gouvernement des paffions ne conclut pas feulement que ces cinq Souverains font incapables de faire jamais entre eux dans aucune conjonĉture aucun Traité qui leur foit réciproquement avantageux ; mais comme il embraffe tous les hommes, il en faut conclure de même que fi on propofoit à cinq particuliers de figner un Traité, qui feroit tel, que chacun n'en pourroit jamais signer de plus avantageux pour eux, ny pour sa famille, il seroit impossible qu'ils signassent, & même qu'il seroit ridicule de s'y attendre.

4°. Ce raisonnement conclut non-seulement pour cinq Souverains, mais il conclut avec la même force pour deux ; car il ne s'agit pas icy du nombre, il s'agit que les passions gouvernent tellement les Princes, qu'il leur est impossible dans les Traitez d'aller droit à leurs vrais interests. On en conclut la même chose de deux particuliers ; car le gouvernement des passions ne tombe pas plus sur les Princes, que sur les particuliers, sur cinq, que sur deux.

5°. Ce raisonnement conduit non-seulement à croire qu'il est impossible que ny cinq Princes, ny deux, que ny cinq particuliers, ny deux ne peuvent jamais estant gouvernez par leurs passions, signer aucun Traité conforme à leurs veritables interests, mais s'il est solide, il conduit encore à croire qu'il ne s'est jamais fait ny entre les Princes, ny entre les autres hommes aucun Traité conforme aux interests de toutes les Parties. Car enfin pourquoy le passé seroit-il plus privilegié que l'avenir, & sur quel fondement diroit-on que les passions extravagantes gouverneront encore plus les hommes à l'avenir, qu'elles ne les ont gouvernez par le passé ?

On voit par cet exemple qu'il est à propos de se défier des raisonnemens specieux des Orateurs, jusqu'à ce que l'on ait pû les reduire aux regles exactes des Logiciens.

6. Si ceux qui font l'objection, croyent qu'il n'est pas absolument impossible que ces cinq Souverains ayent jamais assez de raison pour signer un Traité si avantageux pour eux tous, j'en concluray qu'il n'est donc pas inutile de leur proposer celui-cy, puis qu'absolument parlant il peut arriver qu'ils en desirent l'execution.

7°. Quelques-uns de ceux qui ont fait l'objection ont apperçû qu'elle ne seroit pas sans replique, tant qu'ils conviendroient que ce Traité estoit si évidemment avantageux pour chacun des Souverains, qu'il faudroit les supposer ou entierement aveuglez par quelque passion extraordinaire, ou stupides, & hebétez ; ainsi ils sont revenus sur leurs pas, & ont cherché à douter des mêmes preuves qu'ils avoient trouvées excellentes, tandis qu'ils ne se trouvoient point intereſſez à les trouver foibles : mais comme ils ne m'ont rien apporté qui les puiſſe affoiblir, elles demeurent telles qu'elles eſtoient.

Quelques autres aprés avoir dit que ſi les Princes eſtoient tant ſoit peu ſages, ils ſigneroient ce Traité, en ſont venus pour ſoûtenir la force de leur objection, à me dire qu'ils changeoient d'avis, & que s'ils eſtoient à la place des Princes, ils ne ſigneroient jamais un pareil Traité : mais leurs amis leur ayant fait honte de prendre un parti ſi inſenſé & ſi odieux, ils ont avoüé que c'étoit pour ſe tirer d'affaire dans une diſpute où ils ſe voyoient pouſſez à bout.

8°. J'ay montré ailleurs que les avantages du Traité eſtoient ſi grands & ſi évidens, qu'il n'eſtoit beſoin que du plus bas degré de ſageſſe & de prudence, pour appercevoir aſſez de ces avantages, pour ſe determiner à le ſigner.

9°. J'ay montré encore qu'il n'eſtoit pas neceſſaire d'eſtre exempt de paſſions pour eſtre porté à le ſigner : car enfin l'envie de devenir incomparablement plus riche, ne peut-elle pas devenir une paſſion? La crainte de perdre ſes Provinces, ſes États par le ſort de la Guerre ne peut-elle pas devenir une paſſion? La conſideration de la ſituation dangereuſe où eſt ſa Maiſon dans le Syſtême de la Guerre, ſoit à cauſe des Conquerans, ſoit à cauſe des Conſpirateurs futurs, ne ſçauroit-elle exciter aucune crainte dans l'eſprit d'un Souverain? Ainſi je ne ſeray pas dans la neceſſité d'oppoſer la ſimple raiſon à l'effort des paſſions ; on peut facilement fortifier la bonté envers ſes Peuples, l'équité envers ſes Voiſins, enfin la raiſon par des paſſions nouvelles, qui peuvent devenir ſuperieures, ou du moins égales aux anciennes.

10o. Entre ceux qui loüent ce projet & qui le trouvent très-conforme aux intereſts de tous les Souverains, il y en a eu un qui m'a dit froidement, *Il n'y a aucun Prince qui ne le dût ſigner : ils le ſigneroient tous, s'ils eſtoient tous ſages : pour moy, me dit-il, je le ſignerois avec grande joye, ſi j'eſtois à la place, ſoit du moins puiſſant, ſoit du médiocrement puiſſant, ſoit même du plus puiſſant : mais je crois toûjours que ny les uns, ny les autres ne le ſigneront jamais.* Il eſt ſurpris de la bonne opinion que j'ay du bon sens & de la prudence des Souverains; mais n'est-il pas encore plus surprenant de voir qu'il croit que ces Princes pensent d'une maniere si peu sage en comparaison de luy?

11°. Si ce raisonnnement estoit solide, il s'ensuivroit que l'Union du Corps Germanique n'eût jamais pû se former; car enfin c'estoient des hommes, c'estoient des Princes sujets à leurs passions comme ceux d'aujourd'huy, qui ne faisoit pas plus de cas de la raison que ceux d'aujourd'huy, qui n'estoient ny plus sages, ny plus sensez que ceux d'aujourd'huy, qui ne craignoient pas moins l'ennuy, qui n'avoient pas moins de jalousie & de ressentiment que ceux d'aujourd'huy; qui desiroient l'agrandissement de leur Territoire, la reputation de grand Capitaine comme ceux d'aujourd'huy; qui craignoient autant d'avoir des Juges sur leurs têtes; qui esperoient autant le succez de la Guerre que ceux d'aujourd'huy; qui avoient des interests aussi opposez entre eux que ceux d'aujourd'huy; en un mot qui se gouvernoient autant par leurs passions que les Souverains d'aujourd'huy. Cependant ce beau raisonnement, que l'on pouvoit faire dans ce temps-là comme aujourd'huy, empêcha-t-il que tous ces Souverains ne signassent alors un Traité d'Union semblable à celuy d'aujourd'huy, & qui tel qu'il estoit, n'estoit pas à beaucoup près si avantageux aux Princes Allemans, que celuy que je propose, le seroit aux Princes Européens.

12°. Si cette objection estoit solide, si cette prédiction estoit bien fondée, il s'ensuivroit que Henry le Grand n'eût jamais consenti à un pareil projet d'Union; car enfin c'estoit un homme, c'estoit un Prince des plus puissans, sujet à ses passions comme ceux d'aujourd'huy; qui avoit desiré toute sa vie d'agrandir son Territoire aux dépens de ses ennemis comme ceux d'aujourd'huy; qui estoit aussi éloigné de mettre un Tribunal au-dessus de sa tête que ceux d'aujourd'huy; qui esperoit, & qui pouvoit esperer avec autant de fondement du succez dans la Guerre que ceux d'aujourd'huy. Cependant Henry le Grand consentit à un Traité d'Union semblable, mais c'estoit luy qui lors qu'il fut tué, follicitoit déja les autres Souverains d'y confentir.

VII. OBJECTION.

Si par la continuation de la Guerre (diront les Ennemis) Nous pouvions encore affoiblir la Maifon de France, ou nous difpenfer de luy promettre la reftitution de toutes nos Conquêtes, cela n'augmenteroit-il pas encore la fûreté que nous trouvons dans le Traité d'Union Generale ?

REPONSE.

1o. Quand on a *fûreté fuffifante* , les augmentations de fûreté font inutiles ; autrement la fûreté ne feroit pas *fuffifante.* Or nous avons demontré dans le premier & dans le fecond difcours, que le Traité d'Union eftant figné de tous, la fûreté feroit parfaitement *fuffifante.* On fçait d'ailleurs que la continuation de la Guerre produira certainement aux Alliez une très-grande dépenfe, & que le fuccez de cette continuation n'eft pas certain. Ainfi rien n'eft plus fenfé que de fe hâter de figner le Traité & de mettre les Armes bas.

2o. Qui fçait fi la France après avoir offert de figner, ne deviendra pas fuperieure par la continuation de la Guerre, & fi alors elle ne demandera pas le rembourfement des frais qu'elle aura faits depuis fes offres, furtout fi en faifant fes offres elle fait fa proteftation.

VIII. OBJECTION.

Quel dédommagement (m'a-t-on dit) quel équivalent donnez-vous aux Anglois & aux Hollandois pour les Places de Flandres qu'ils retiennent entre leurs mains, tant pour fûreté des fommes principales qu'ils ont prêtées dans cette Guerre à la Maifon d'Autriche, que pour payement des interefts ? Comment croyez-vous de même qu'ils fe refolvent à rendre Gibraltar & le Port Mahon ? Car outre que par l'Union Generale la Maifon d'Autriche demeurera quitte envers tout le monde, comme tout le monde demeurera

rera quitte enverrs elle , c'est qu'il ne paroît pas juste que ne gardant rien de la succession d'Espagne , elle fût encore tenuë de payer ce qu'ils luy auroient prêté pour la conquerir, dans la vûë que cette Conquête deviendroit leur Boulevart contre la puissance de la Maison de France ? Ils perdroient donc tout ce qu'ils ont depensé à cette Guerre ?

R E' P O N S E.

1º. Si le Traité d'Union se signe , & que la Paix devienne inalterable & universelle, il s'en faudra beaucoup que les Anglois & les Hollandois n'ayent fait une dépense inutile, & qu'ils ayent perdu ce qu'ils ont prêté à l'Archiduc; puisqu'ils ne restituëront rien qu'après que le Traité aura esté signé par tous les Souverains d'Europe, c'est-à-dire, après qu'ils auront sûreté suffisante d'une Paix inalterable : alors jamais dépense n'aura esté mieux employée que l'aura esté la leur ; jamais prêt n'a produit un si gros interest que celuy qu'ils tireront de leur prêt ; puisqu'il leur aura produit la perpetuité de la Paix. Ainsi loin d'avoir perdu quelque chose par leurs prêts, par leurs dépenses, ces dépenses, ces prêts en leur apportant une Paix inalterable , leur auront apporté un gain immense: ils auront donc un équivalent, un dédommagement de valeur incomparablement plus grande que ce qu'ils auront dépensé, que ce qu'ils auront prêté , & que les Places qu'ils restituëront après l'Union signéé de tous les Souverains.

2º. Si en dix ans de Paix les Anglois & les Hollandois se dédommagent entierement non-seulement de ce qu'ils ont prêté à l'Empereur, mais encore de ce qu'ils ont dépensé à cette Guerre , que sera-ce du profit en cent ans, en cinq cens ans de Paix ?

3º. Si avant le commencement de cette Guerre le Roy Philippe estant paisible possesseur du Royaume d'Espagne , la Maison de France eût proposé aux Anglois & aux Hollandois un projet semblable à celui-cy;si elle leur eût offert de mettre elle-même des bornes immuables à son agrandissement de Territoire, & de leur donner d'aussi grandes sûretez, & d'aussi bons garans pour la liberté & la continuation du Commerce, est-il vray-semblable , est-il apparent que des Nations auſſi ſages & auſſi ſenſées euſſent daigné s'arrêter aux foibles garanties, aux incertaines ſûretez, que leur eût propoſées la Maiſon d'Autriche ? Eſt-il apparent qu'ils euſ-ſent voulu s'y embarquer ? Cela eſt hors d'apparence : il eſt ſans doute au contraire qu'ils euſſent accepté à bras ouverts les offres de la Maiſon de France, & après tout ils n'avoient nul intereſt dans cette affaire, dès que la Maiſon de France eût propoſé de for-mer une Union generale de tous les Souverains pour eſtre garan-te toute-puiſſante & perpetuelle de la Paix & du Commerce entre les Nations.

Chacun des Princes de l'Europe, & ſurtout les Princes d'Italie, & pluſieurs Potentats d'Allemagne euſſent conjointement avec les Anglois & les Hollandois contribué de toutes leurs forces à mettre promptement ce projet en execution ; le feu de la Guerre n'auroit point embrazé depuis plus de dix ans toute l'Europe ; c'eſt un grand malheur, mais c'eſt un malheur paſſé. Et que peu-vent-ils tous enſemble faire de mieux pour faire ceſſer les malheurs preſens, & pour éviter les malheurs à venir, que d'accepter pre-ſentement ce qu'ils euſſent accepté alors ? Peuvent-ils trop-tôt ſe mettre en état de recuëillir les fruits précieux d'une Paix inaltera-ble ? N'eſt-ce pas une folie de ſe rendre malheureux par le ſouvenir des maux paſſez, lors qu'il n'eſt queſtion que de ſe réjoüir, & de la poſſeſſion des biens preſens, & de la vûë des biens futurs ?

4°. Venons à ſupputation, je ſuppoſe que les Anglois ayent à reprendre ſur la Maiſon d'Autriche ſoixante millions à cinq pour cent, & que pour payement des intereſts, & pour ſûreté de leur capital, ils ſoient convenus de retenir par engagement Oſtende, Anvers, le Port Mahon & leurs Territoires avec Gibraltar ; je ſup-poſe que les Anglois ayent prêté pareille ſomme à la Maiſon d'Au-triche, & qu'ils ſoient auſſi convenus de retenir pour payement des intereſts, & pour ſûreté du capital ce qu'ils ont conquis de la Flandres ; quand on ſuppoſeroit même ce qui n'arrivera jamais, que l'Archiduc devienne maître de Cadis, de toute l'Eſpagne & de tout le Commerce d'Amerique ; quand on ſuppoſeroit encore, ce qui eſt impoſſible, qu'il leur donnât ſûreté ſuffiſante ſeulement cent ans, qu'ils feront le Commerce d'Amerique, comme du temps du feu Roy d'Efpagne, voilà tout ce qu'ils ont jamais pû efperer du fuccez de la Guerre où ils font entrez ; qu'ils comparent prefentement ces avantages avec ceux qu'ils tireront de l'Union Generale : car enfin 1o. quelle eft leur fûreté que la Guerre ne recommencera pas avant quinze ans, ou entre eux, où avec la Maifon de France ? Ainfi cette crainte les obligera à fe tenir fur leurs gardes, & par confequent à une dépenfe beaucoup plus grande que le revenu qu'ils peuvent tirer de leurs Places de fûreté, Garnifons payées. 2o. L'Archiduc pour retirer de leurs mains les Places qu'ils tiennent par engagement, ne peut-il pas les menacer de les exclure du Commerce d'Amerique, & d'y admettre les François à leur place ? 3o. L'Archiduc ne peut-il pas mourir avant vingt ans, & fans enfans, les Anglois & les Hollandois ne fe trouveront-ils pas encore alors avoir bâti fur le fable ? Car quelles Guerres ne naîtront point de cette fucceffion, & quel dommage ne leur coûtera pas alors l'interruption de leur Commerce ?

Cependant il ne s'agit que de trois millions de rente pour chacune de ces Nations, & combien les Guerres futures leur coûteront-elles davantage à eux, qui feulement depuis vingt ans y ont dépenfé plus de cinquante millons par an, fans compter le dommage de leur Commerce interrompu, qui monte à une auffi groffe fomme ? Or qu'ils voyent fi l'Union Generale ne leur donne pas une fûreté infiniment plus grande de la confervation de leurs Etats, foit contre les Guerres Civiles, foit contre les Guerres Etrangeres, fi elle ne leur donne pas une fûreté infiniment plus grande, non-feulement pour le Commerce d'Amerique, mais encore pour le Commerce de toutes les Parties du monde ; enfin fi elle ne leur fait pas épargner des fommes immenfes ?

5o. La Guerre eft un jeu où il entre beaucoup de hazards, & tel Souverain qui a beau jeu une Campagne, peut l'avoir trésmauvais trois ou quatre Campagnes après. Les exemples ne nous manquent pas ; mais quand on pourroit efperer dix ans de fuccez, pouffez vos vûës plus loin en faveur des Nations qu'on peut regarder comme immortelles, y a-t-il quelque fûreté fur les evennemens qui leur arriveront dans trois ou quatre cens ans, tant que les Souverainetez & les Nations seront le joüet de la fortune des Armes? Ainsi lors qu'il se presente uune occasion de fixer par l'Union Generale le sort des Etats toûjours flottans, seroit-il sage de préferer une rente incertaine de trois millions à une rente de plus de cent millions, qui sera produite par tous les avantages d'une tranquillité inalterable, & d'un Commerce continuel, libre, sûr, universel.

6°. La Paix perpetuelle est un trefor inépuisable que les Princes unis tiennent toûjours ouvert, & où les autres Souverains leurs créanciers en puifant tous les ans des richeffes immenfes, se récompenferont de toutes leurs pertes, de toutes leurs dépenfes paffées, & se payeront largement par leurs mains de tous leurs prêts, de toutes leurs demandes legitimes, & même de leurs pretentions les moins fondées.

IX. OBJECTION.

Il est vray que les Souverains n'ont que deux fortes de pouvoir, ou sur leurs Sujets, ou fur leurs Voifins. Il est vray encore qu'à l'égard de leurs Sujets ils conservent par le Traité mêmes droits & même pouvoir, & que ce pouvoir feroit même infiniment augmenté; parce qu'ils n'auroient plus jamais ny revoltes, ny confpirations à craindre; mais ils ne se refoudront jamais à ceder à se dépoüiller du droit qu'ils ont, ou qu'ils croyent avoir fur quelques portions des autres Souverainetez voifines, du droit & du pouvoir de prendre les Armes contre leurs Voifins, quand il leur plaira, & fans en rendre compte qu'à Dieu feul: leurs idées de Conquêtes, d'agrandiffement de Territoire, de Monarchie univerfelle, ont beau eftre mal fondées & fujettes à de très-grands inconveniens pour eux & pour leurs Maifons, ils ne confentiront jamais à se borner de ce côté-là, & par confequent à donner à leurs Voifins les fûretez qui peuvent procurer le Traité d'Union Generale : les Souverains nourris, élevez au milieu des flatteurs ne fçauroient penfer comme les Particuliers, ny donner aux chofes à venir leur veritable valeur : ils ne feront jamais prudens au point de n'efperer pas trop, & de craindre affez.

RE'PONSE.

1°. Cette objection eſt la même que la ſixiéme : c'eſt le ſtile de certaines perſonnes, qui ayant plus d'étenduë & de vivacité d'i-magination, que de juſteſſe & de force d'eſprit, ont auſſi plus de facilité à parler en termes éloquens, que d'habitude à raiſonner avec préciſion. Ils embraſſent dans ce diſcours ſans diſtinction les Princes les plus puiſſans & les moins puiſſans, comme ſi les moins puiſſans n'avoient pas plus à craindre la perte ou la diminution de leurs Etats que les plus puiſſans, & qu'ils euſſent également à eſperer de grandes Conquêtes, ils confondent avec les uns & les autres les Republiques les plus ſages, & qui n'ont en vûë que de ſe conſerver & de maintenir leur Commerce libre, univerſel & ſans interruption. Ils ne ſongent pas que parmi les plus puiſſans il peut y en avoir de vieux, & qui ſont ſages, ou dès leur jeuneſſe, ou par le ſecours de l'experience, qui penſent fort differemment de ceux qui ſont jeunes, audacieux & temeraires. Ces ſortes d'eſ-prits avant de former leurs objections ne ſçauroient s'aſſujettir à diviſer leurs idées ; auſſi n'eſt-il pas étonnant que leurs raiſonne-mens mis à l'examen de la bonne Logique, deviennent ſans force.

Juſqu'icy perſonne de ceux même qui croyent ce projet impra-ticable, n'a dit que la Hollande, l'Angleterre, le Portugal, la Curlande, Veniſe, Gennes, Geneve, les Griſons, les Suiſſes, la Pologne, la plûpart des Princes d'Italie & des Princes d'Alle-magne ſeroient aſſez inſenſez pour préferer les avantages foibles, incertains d'une Guerre perpetuelle, aux avantages immenſes & certains d'une Paix inalterable, d'une paix, qui ne peut cependant devenir inalterable, qu'en ſe donnant reciproquement toutes les *ſûretez ſuffiſantes* propoſées dans le projet. Perſonne juſqu'icy ne m'a dit choſe pareille : Il ne falloit donc pas comprendre ſous le nom generique de Souverains des Princes & des Etats, qui cer-tainement dans l'affaire de leur Regne, la plus importante pour eux, ne prendront pas un parti très-extravagant : il ne falloit pas non plus entre cinq ou ſix autres Souverains qui reſtent confondre ceux qui font certainement fages, avec ceux qui peuvent ne l'eftre point encore fur cet article.

2°. Si celuy qui fait l'objection foûtenoit que le Traité propofé eft fi defavantageux aux Souverains les plus puiffans, qu'ils ne peuvent jamais le figner, que dans un intervale de folie, & que par confequent ils ne le figneroient jamais, fa confequence feroit bonne, fa prédiction feroit bien fondée ; mais ce n'eft pas cela : il convient que le Traité eft fi avantageux, que s'ils en ont connoiffance, s'ils ont un peu de prudence & de raifon, ils le figneront : & cependant il foûtient qu'aucun de ces Princes ne le fignera : il faut donc qu'il foûtienne que nul d'entr'eux n'aura jamais ce mediocre degré de prudence & de raifon. Or n'eft-ce pas là une haute extravagance : & cependant fi l'Objectant ne foûtient cette extravagance, fon raifonnement eft entierement faux & extravagant.

3°. Si vous ne convenez plus des grands avantages que les plus puiffans Souverains trouveroient à figner le Traité, répondez donc aux quinze Articles du troifiéme Difcours. Jufques-là l'objection n'a nulle force.

4°. Point de Paix inalterable fans ces *fûretez fuffifantes*, fans ces conditions reciproques ; cependant ou Guerre perpetuelle, ou malheurs terribles & perpetuels pour les Souverains & pour leurs Sujets de tous les fiecles, ou Paix inalterable, richeffes immenfes & biens infinis. Voilà les deux uniques partis : il n'y a point de milieu : il faut opter.

5°. Pour donner quelque force au raifonnement, il faut foûtenir que les deux cens Souverains qui ont formé l'Union Germanique, penfoient autrefois fort differemment des vingt-fept Souverains d'Europe d'aujourd'huy : mais qu'on nous apporte des preuves de cette extrême difference.

X. OBJECTION.

Il y aura toûjours dans les Souverains, comme dans les autres hommes, des principes de divifion, & vous pretendez les unir, & les tenir unis?

RE'PONSE.

1°. Il est vray qu'il y a dans les hommes des principes de division; mais il y a dans les mêmes hommes des principes d'union : c'est qu'ils ont besoin les uns des autres pour contenter les fantaisies & les desirs qui font la baze de leurs interests : & s'ils ont interest d'estre quelquefois divisez, ils ont aussi souvent interest d'estre unis. Il est donc question de sçavoir si pour terminer leurs démê-lez, il leur convient davantage de prendre la voye *de la force, de la ruse, de la violence, de la division,* ou la voye *de la conciliation, de l'arbitrage, de l'union.*

Je conviens qu'il naîtra toûjours des sujets de division ; mais je soûtiens qu'après la signature du Traité ils seront rares & de peu d'importance : & j'ay montré que pour les terminer, la voye *de la conciliation & de l'arbitrage* est infiniment preferable à la voye *de la force & de la violence :* heureusement pour les Particuliers la violence leur est défenduë par leurs Souverains : & les Souverains pour leur propre bonheur, & pour celuy de leurs Sujets, ne peuvent-ils pas de concert se défendre à eux-mêmes cette pernicieu-se voye ?

Il est donc aisé de comprendre que les Souverains d'Europe pourront estre divisez par des interests opposez & cependant for-mer l'Union & la maintenir, mais pour les terminer *par une voye moins cruelle, moins injuste, moins hazardeuse, & toûjours moins rui-neuse que la voye de la Guerre.*

2°. N'y a-t-il aucuns sujets de division entre les Cantons Suis-ses, entre les sept Provinces, entre les Souverains Allemans ? Ceux qui font dans ces Païs - là sçavent bien le contraire : leurs diffe-rens ne se terminent-ils pas, & sont-ils obligez de recourir *à la force & à la violence ?* Nous sçavons tous le contraire, & que tous ces differens se terminent *sans Guerre :* pourquoy ce qui se prati-que déja si utilement entre tant de Souverains d'Europe, ne pourroit-il pas se pratiquer encore entre les autres ?

Je sçay bien que les Souverains auront toûjours des desirs vifs, ou des paffions qui leur confeilleront la voye de la violence & de la Guerre; mais l'Union une fois formée, ces defirs vifs ne feront-ils pas contrebalancez par des craintes encore plus vives, en un mot par d'autres paffions encore plus fortes? Et alors les craintes fages & falutaires ne les preferveront-elles pas facilement des efperances folles & ruïneufes?

XI. OBJECTION.

Un Souverain peut-il jamais confentir à entrer dans une Societé qui s'il vouloit s'en feparer, peut le priver de fes Etats?

REPONSE.

1º. S'il entre dans cette Societé, c'eft qu'il la regarde comme très-avantageufe : or en ce cas ne fouhaite-t-il pas de la rendre perpetuelle? Et peut-elle eftre perpetuelle, fi chacun de ceux qui la compofent, ne fe donne toutes les fûretez poffibles de ne la jamais troubler? Entre ces fûretez y en a-t-il de plus grande & de plus neceffaire d'un côté, que la crainte d'eftre depoffedé, fi on ceffe de vouloir la Paix & l'Union; & de l'autre, que l'affûrance d'eftre maintenu, tant qu'on voudra l'entretenir?

2º. Les Princes Allemans par le Ban de l'Empire ne nous ont-ils pas déja fait fentir que cette crainte d'eftre depoffedé, fi l'on rompoit l'Union, eft une des principales fûretez pour la rendre indiffoluble? Et ne nous ont-ils pas fait fentir en s'uniffant, qu'ils ont vû qu'à tout prendre, l'Union & la Paix valent incomparablement mieux que la divifion & la Guerre, & que la punition du Ban n'eftoit à redouter que pour ceux qui feroient affez méchans, & affez infenfez pour préferer la Guerre à la Paix?

XII. OBJECTION.

Quelle juftice a l'Union de foûtenir la revolte des Provinces d'un Souverain, & de punir deux cens de fes Officiers principaux, qui n'ont d'autre crime que de luy eftre obéïffans & fidelles?

REPONSE.

RE'PONSE.

Le Souverain en entrant dans l'Union veut donner des *fûretez suffifantes & reciproques* pour la rendre indiffoluble : pour cet effet il confent, comme les autres, que fi luy, ou fes Succeffeurs ceffoient de vouloir entretenir la Paix, & eftoient declarez ennemis de l'Union, fes Sujets ceffent d'eftre fes Sujets. Or alors fes Provinces, ny fes Sujets ne luy doivent plus d'obéïffance, ny de fidelité. Ainfi l'Union en foutenant des Provinces qui fe feparent de leur Prince, ne favorife point la defobéïffance; puifqu'elles ceffent de devoir l'obéïffance à celuy qui ceffe de vouloir les conferver en Paix, & qui a confenti à la peine du ban & du dépoüillement, en cas qu'il ceffât de vouloir entretenir l'Union & la Paix.

De même l'Union en puniffant les deux cens principaux Officiers de fon ennemi declaré, ne punit point fes Sujets, puifque depuis cette declaration ils ont ceffé de l'eftre; elle punit des perturbateurs volontaires du repos public. Tout cela à l'égard du Souverain n'ajoute rien à la peine du *ban*: du refte ce ban que je propofe n'eft point une fûreté nouvellement inventée : mais quand on propoferoit une fûreté nouvelle, ceux qui defirent fincerement la perpetuité de la Paix, non-feulement ne s'y oppoferont point, mais ils fe la demanderont reciproquement comme chofe très-defirable pour tout le monde. Qui veut fincerement & fortement la fin, veut fincerement & fortement tous les moyens. Entre ces moyens nous avons mis la crainte du ban, la punition des Officiers principaux, la vigilance des Refidens dans les Provinces, les fermens annuels des Souverains: or d'un côté peut-on dire que ces moyens, que ces fûretez foient inutiles, qu'ils ne foient pas même neceffaires à la durée de la Paix? Et de l'autre, peut-on dire qu'ils ôtent quelque chofe aux Souverains qui voudront la faire durer?

Si l'on dit que les Refidens feront regardez comme d'honêtes Efpions, j'en conviens; ils le feront même : mais les Ambaffadeurs & les Envoyez d'aujourd'huy font-ils bien differens? Ce

C

feront des Espions, ou plûtôt des Vedettes, des Sentinelles utiles au bien commun , qui est la continuation de la Paix.

XIII OBJECTION.

Il n'y a aucun Souverain qui veüille dépendre de personne pour ses pretentions : nul ne veut d'Arbitres quand il est *certain* d'avoir par la force ce qu'il desire : il ne veut ny Loix , ny Conventions qui bornent son pouvoir. Donc aucun Souverain ne consentira à l'Union?

REPONSE.

1°. Si on pouvoit supposer un Souverain assez puissant en Europe pour dominer avec tant d'autorité sur tous ses Voisins , qu'il n'eût besoin que de desirer pour obtenir ; si tous ensemble estant unis n'estoient pas à beaucoup près assez forts pour resister à ses volontez , bien moins pour le vaincre , il est constant que ce Souverain ne voudroit jamais sur ses differens s'en rapporter à d'autres Arbitres , qu'à la force : mais l'Europe n'est pas dans ce cas là. Ainsi tout Souverain peut compter que ses Voisins n'aiment pas moins que luy à dominer ; qu'ils voudroient dominer sur luy , comme il voudroit dominer sur eux ; que s'ils estoient *certains* d'avoir toûjours la force de leur côté , ils refuseroient la voye de l'Arbitrage pour terminer leurs differens : mais qui est *certain* d'avoir toûjours la force de son côté , & qui d'entre eux dans le Systême de de la Guerre n'a rien à craindre , ny de ses Voisins , ny ny de ses Sujets? Ainsi il en faut toûjours revenir à montrer que les quinze avantages proposez dans le troisiéme Discours , n'ont rien de solide pour un Prince puissant , en comparaison de ce qu'il cede , & de ce dont il se dépoüille en signant le Traité. Jusques là l'objection n'a rien de solide.

2°. Les Souverains d'Allemagne , qui ont formé le Corps Germanique , depuis eux Henry IV, ce puissant Roy , qui a le premier proposé de former le Corps Européen , estoient-ils d'un caractere different des Souverains d'aujourd'huy? N'aimoient-ils pas à

dominer ? Ne fentoient-ils pas une forte de contrainte de fe fou-
mettre au Jugement des Arbitres , & donner à ces Arbitres le
pouvoir de les punir par le ban, s'ils refufoient d'executer leurs
Jugemens ? Cependant les uns ont formé l'Union, l'autre vouloit
en former une femblable plus grande & plus durable : c'eft qu'ils
eftoient affez fages pour eftimer les avantages certains de la Paix,
que donne l'Arbitrage perpetuel, beaucoup au-deffus des chimeriques efperances de la Guerre. Et pourquoy veut-on croire que
les vingt-fept Souverains d'aujourd'huy feront moins fages aujourd'huy, que ne furent autrefois les deux cent Souverains d'Allemagne, & les Souverains qui vivoient il y a cent ans en Europe?

XIV OBJECTION.

Comme les Plénipotentiaires ne donneront leur avis fur le Jugement d'un different entre deux Souverains, qu'après qu'ils auront
reçû leurs inftructions de leurs Maîtres, le Procez fera long-temps
indecis.

RÉPONSE.

1°. Nous avons montré que dès que les Souverains auront pris
la fage precaution de confentir que leurs Etats ne pourront jamais
en aucune façon, ny augmenter, ny diminuer de Territoire, &
que les Loix du Commerce feront égales & reciproques, ces Procez feront de très-peu d'importance. Ainfi la longueur de l'inde-
cifion ne fçauroit jamais eftre fort préjudiciable.

2°. Les Parties en auront plus de loifir pour faire des reflexions
fur les propofitions d'accommodement faites par les Commiffai-
res-Conciliateurs, & ces Conciliateurs eux-mêmes en auront plus
de loifir pour chercher encore quelques nouveaux expediens pour
faciliter la conciliation des Parties, & pour faire éviter à l'une
d'entre elles la honte d'un Jugement défavorable.

XV OBJECTION.

Dans le Senat fur le Jugement des Procez il y aura des cabales,
des partis, comme dans les autres Tribunaux.

R E' P O N S E.

1°. Chaque Plénipotentiaire ne fera que l'organe de fon Souverain ; il ne ferviroit de rien de folliciter l'organe. Ainfi il y aura
encore moins de cabales & de partis que dans les autres Tribunaux.

2°. Dans la Chambre Imperiale de Spire ces cabales, ces partis
n'empêchoient pas qu'on ne jugeât felon l'équité : c'eft que le plus
grand nombre eft très-intereffé à fuivre l'équité dans les Jugemens,
quand les Jugemens des Procez prefens doivent fervir de regles
pour les Procez futurs.

3 . Les Procez y font terminez, & terminez *fans Guerre* ; &
c'eft ce qu'il y a de plus important.

XVI OBJECTION.

Le defir de s'agrandir eft fi naturel, que ny le Marchand, ny le
Gentilhomme, ny le Souverain ne pourront jamais y renoncer.

R E' P O N S E.

1°. Le Souverain ne renonce à aucun des agrandiffemens qui
conviennent au Marchand, au Gentilhomme : il peut comme
eux amaffer par fon induftrie, épargner fur fon revenu, & de fes
profits, & de fes épargnes en acquiter fes dettes, en acheter des
Domaines ; en établir des Manufactures, en bâtir des Maifons
de Plaifance &c.

2°. Le feul agrandiffement que fe défend le Souverain, c'eft de
s'agrandir injuftement par les voyes de la force & de la violence,
les armes à la main, aux dépens d'un Voifin, & malgré fes efforts.
Or le Marchand, le Gentilhomme n'ont jamais eu cette efpece
d'agrandiffement en vûë : il n'y a que les Corfaires, les Voleurs,
les Bandits chez les Particuliers, ou les Ufurpateurs chez les Souverains, à qui cette idée puiffe venir.

3°. Si le Marchand, fi le Gentilhomme, peut dans un Etat
étranger acheter & poffeder une Terre, un Domaine, & en dif-
pofer, y acquerir des rentes, il n'y a rien qui empêche le Souve-

rain d'y faire comme eux pareilles acquifitions, en laiffant à cet Etat tout droit de Jurifdiction fur fes acquifitions.

On voit donc que le Souverain ne renonce à aucune forte d'a-grandiffement qui convienne à l'homme en focieté, & que s'il re-nonce au feul agrandiffement de Territoire, c'eft pour acquerir tous les avantages de la Societé, de la Paix & d'un Commerce durable avec fes Voifins. Or nous avons vû qu'il y avoit infiniment plus à gagner pour luy dans la Societé, dans l'Union, dans la Paix, dans le Syftême de l'équité, que dans le Syftême de la vio-lence, de la Guerre. Le Souverain ne perd donc rien, & gagne autant à entrer en Paix & en Societé avec les autres Souverains fes Voifins, que les Caciques ou Chefs des Bourgs Sauvages, qui font des Souverains *en petit*, gagneroient, s'ils pouvoient former entre eux une Societé durable, le Commerce y ameneroit les Arts que la Guerre en éloigne, & les Arts y ameneroient comme dans les grands Etats, la fûreté, les richeffes, & l'abondance.

Puifque nous en fommes venus à l'idée des Caciques ou petits Souverains des Sauvages de l'Amerique, faites reflexion fur leur forte d'indépendance; il eft certain que de droit ils ne dépendent ny des Caciques leurs Voifins, ny des Souverains éloignez, ny de leurs propres Sujets; ils ne dépendent que de Dieu; ils ne font obligez à fuivre aucunes Loix, aucuns Jugemens : mais par la voye de la force & de la rufe ils dépendent de tous ceux qui les peuvent depoffeder. Ainfi ils dépendent réellement de tous ceux qu'ils ont à craindre, foit Voifins, foit Sujets, foit Souverains éloignez. Or s'ils pouvoient convenir entre eux de l'etenduë de leur Territoire, de fe garantir mutuellement de tous ceux qu'ils ont à craindre, s'ils pouvoient convenir que leurs differens fe de-cideroient *fans armes, par des Arbitres* : enfin s'ils pouvoient fe don-ner des *fûretez fuffifantes* de leur garantie mutuelle, n'eft-il pas vi-fible qu'ils acquereroient par les Loix de leur Societé, de leur Convention une grande indépendance réelle, qu'ils n'ont point, & qui eft la feule chofe defirable, à la place d'une forte d'indépen-dance chimerique, qui leur eft réellement très-inutile, foit pour leur propre confervation, foit pour l'acroiffement de leurs richeſſes, & de leur autorité ſur leurs Sujets?

Or faute de cette Convention, de cette Societé entre eux, faute de s'entendre, & de connoître le ſeul remede ſpecifique à leurs maux, ils ſont toûjours dans la diviſion, toûjours en défiance, toûjours en Guerres, ou en Treves mal aſſûrées, toûjours dans le peril, & dans le beſoin des choſes mêmes neceſſaires à la vie. Nos Guerres Civiles nous reduiſent à la condition des Caciques, & les malheurs des Guerres Etrangeres ſe font ſentir à nos Souverains les plus puiſſans dans la même proportion que les ſenteſnt les Caciques les plus puiſſans. Que ſuit-il de cette digreſſion? Une vûë déja tant prouvée d'ailleurs, que nos Souverains d'Europe pour eſtre incomparablement plus heureux, peuvent faire eux-mêmes entre eux *cette Societé* qu'ils conſeilleroient aux Caciques pour les rendre incomparablement moins malheureux.

4°. Les Souverains Allemans quand ils convinrent de demeurer tous dans les bornes de leur Territoire, n'avoient-ils nul deſir d'agrandiſſement par la voye des Armes? Cependant voyant l'incertitude & les dépenſes que demandent cette voye d'agrandir leur revenu, & que cette chimere les privoit d'agrandiſſemens plus grands, plus certains, plus réels, ils ne firent aucune difficulté d'y renoncer. Ainſi les Princes Allemans par tout ce qu'il y a de bon dans leur Union montrent au reſte de l'Europe les moyens de de diminuer de beaucoup le nombre des Guerres; & par tout ce qu'il y a de defectueux, ils montrent les moyens de n'en avoir plus du tout, & d'arriver enfin à cette Paix inalterable, où le Corps Germanique luy-même n'a jamais pû atteindre.

5°. Puiſque le deſir d'agrandir ſon Territoire par la voye de la force, ou pour parler plus honorablement, par la voye des Conquêtes, eſt un deſir vif & naturel dans les Princes, & ſur tout dans les Princes les plus puiſſans, il n'y a pas de doute que Henry IV le plus puiſſant Roy d'Europe, n'eût comme les autres nourri long-temps un pareil deſir: d'où vient donc qu'après la Paix de Vervin, qui ſe fit en 1598, il abandonna le deſir de tout agrandiſſement de cette eſpece? D'où vient qu'il propoſa luy-même de mettre des bornes immuables à ſon Territoire? D'où vient qu'il offrit luy-même par une Union Generale de l'Europe de donner à ses Voisins les moins puissans *sûreté suffisante*, que ny luy, ny aucun de ses Successeurs ne leur enleveroit jamais un arpent de leur Territoire? D'où vient ce grand changement qui parut en luy quelque temps avant sa mort? C'est que heureusement pour la France & pour l'Europe il luy vint deux pensées en même temps, dont la combinaison forma dans son esprit ce nouveau Systême de Police Generale de l'Europe que je remets devant les yeux de tout le monde. La premiere roula sur la consideration des grands avantages que produiroit à tous les Souverains une Paix perpetuelle. La seconde sur la consideration de la sûreté reciproque que produiroit l'Union Generale des Souverains d'Europe, toûjours representez dans une Ville libre par le Congrez perpetuel de leurs Plénipotentiaires pour terminer les differens à venir, ou par la conciliation des Commissaires-Mediateurs, ou par le Jugement Arbitral des Princes de l'Union: en un mot sûreté entiere d'une Paix perpetuelle. Or ce nouveau Systême de Paix inalterable luy parut incomparablement plus desirable que de nouvelles Conquêtes incertaines, & toûjours d'une prodigieuse dépense. Enfin il vit ces quinze avantages que l'on vient de voir dans le troisiéme Discours: & voilà la veritable cause de ce grand changement qui se fit en luy. Or pourquoy les mêmes causes, c'est-à-dire, les mêmes considerations n'opereroient-elles pas dans de semblables Souverains de semblables effets?

XVII. OBJECTION.

Les Guerres sont une suitte necessaire du Peché Originel qui a corrompu la raison des hommes, & qui leur donne des inclinations tout-à-fait deraisonnables: c'est de cette source corrompuë qu'ils rapportent tout uniquement à leur propre satisfaction & à leur propre interest. Or pretendre rendre les hommes raisonnables, c'est un miracle de la Grace seule, & non pas un ouvrage de la Nature: pretendre que les Princes soient plus raisonnables que les autres hommes, c'est pretendre encore un autre miracle.

REPONSE.

Voicy encore de ces difcours generaux de gens qui ne fe font pas donné la peine de reflechir fur la nature des motifs & des reſſorts que j'employe pour faire concourir tous les Souverains les uns après les autres à former l'Union Generale.

1°. Il n'eſt pas vray qu'on ne puiſſe pas éviter la diviſion, quoique cette diviſion foit une fuite neceſſaire du Peché Originel. On voit des Unions, des Alliances entre Princes Chrétiens, & Princes Payens, entre Provinces, entre Cantons, entre Princes Catholiques & Princes Proteftans, & cela malgré le Peché Originel. C'eſt qu'il y a des paſſions & des intereſts qui portent à l'Union & à la Paix, comme il y en a qui portent à la Diviſion & à la Guerre ; & en fait de paſſions & d'intereſts, les plus forts decident de noſtre conduite : ils font pancher la balance ; & ainſi le Peché Originel qui eſt la fource de toutes nos paſſions portera les Souverains à opter le Syſtême de l'Union, s'il eſt plus conforme que le Syſtême de la Diviſion à cet intereſt qui eſt la fource de leurs paſſions.

2°. Ay-je employé d'autres reſſorts que les reſſorts de la Nature, tels qu'ils font aujourd'huy : l'homme tel qu'il eſt, veut ſa conſervation, il veut conſerver ſes Loix, ſes Coûtumes, ſes opinions, ſes mœurs : il cherche à augmenter ſa Religion, ſes biens, ſes plaiſirs, ſa tranquillité, ſa gloire, ſon repos, ſes commoditez & les agrémens que peut luy produire la Societé. Voilà les principales fources des paſſions humaines, fur quoy font fondées toutes les Societez petites & grandes, celles des Bourgs des Sauvages, comme celle des Allemans & des autres Nations policées. Voilà auſſi fur quoy je fonde une Union femblable, qui n'aura d'autre difference, que d'eſtre encore plus étenduë que celles des Provinces-Unies, que celle des Etats d'Allemagne : font-ce là des motifs, des reſſorts furnaturels, & faut-il pour les faire mouvoir un miracle de la Grace ?

3°. Ay-je employé dans mes motifs ou la moderation de So-

crates

crate, ou l'aufterité des maximes des Stoïciens ? Ay-je mefme conté que les Souverains Chrétiens ne confultaffent que les maximes de l'Evangile ? Si j'en avois ufé ainfi, on auroit raifon de dire qu'un Syftême bafty fur de pareils motifs ne fçauroit réüffir fans un miracle de la grace, on auroit raifon de le regarder à peu près comme impoffible dans l'execution.

4°. Ay-je fuppofé autre chofe, finon que les Princes fongent à leurs interefts, qu'ils y font affez éclairez, quoy qu'ils s'y trompent quelques fois ? Or cela mefme n'eft-ce pas baftir fur la nature telle qu'elle eft, fur les hommes tels qu'ils font, plûtoft que fur des hommes tels qu'ils devroient eftre ? Que l'on fe reffouvienne de tout ce que j'ay mis devant les yeux des Souverains, foit chofes fâcheufes à craindre dans le Syftême de la divifion & de la guerre, foit chofes agreables à efperer dans le Syftême de l'Union generale & de la Paix perpetuelle, & l'on verra s'ils ont befoin d'un miracle de la grace pour y eftre fenfibles ?

5°. Soûtenir que par ce qu'il y a toûjours eû des guerres en Europe, il eft impoffible qu'il n'y en ait jufqu'à la fin des fiécles, c'eft prophetifer, ce n'eft pas raifonner, il faudroit montrer qu'il n'y a point de remede poffible, il faudroit montrer que l'Union generale ou ne feroit pas un remede fuffifant, ou feroit elle-mefme impoffible. Il faudroit montrer ou qu'il eft impoffible que ces Souverains cherchent jamais leur intereft, ou qu'il eft impoffible que la plûpart le croyent trouver dans cette Union ; mais c'eft ce que je demande à voir que ces impoffibilitez bien détaillées, & c'eft ce qu'on ne me montre point.

6°. Il eft certain que les fages & les Saints defireront le fuccez de ce nouveau Syftême du monde politique, parce qu'il eft conforme à la vertu, à la raifon & aux interefts de la juftice de la Verité & de la Charité, il n'eft pas moins vray-femblable que les efprits corrompus le defireront, parce que nul autre Syftême n'eft plus conforme aux interefts, foit de la volupté, foit de la vanité. C'eft que foit pour le parfait Chrétien, foit pour le mondain, la divifion, la guerre feront toûjours la fource inépuifable de tous les plus grands maux, comme l'Union & la

D

Paix feront toûjours le plus folide fondement de tous les plus grands biens.

7°. Le peché originel devoit caufer des guerres entre les Princes Allemans, il en a caufé, mais ce peché a-t-il empêché l'Union Germanique, qui a fort diminué ces guerres, & qui les auroit entierement exterminées d'Allemagne, fi le Legiflateur n'y avoit point laiffé des défauts effentiels, au contraire on peut dire, que comme l'envie d'eftre mieux, la crainte d'eftre pis font des paffions naturelles venuës de la premiere origine de l'homme, c'eft le peché originel luy-mefme qui a contribué à former l'Union Germanique, & ce feront les paffions ordinaires, la concupifcence & les autres fuites du peché originel, qui contribueront le plus à former l'Union Européenne, & qui ne fçait que l'on peut tirer du Scorpion des remedes contre les maux que caufe le venin du Scorpion mefme.

XVIII. OBJECTION.

La guerre eft un fleau de Dieu deftiné pour punir dès cette vie les pechez des méchans, & pour exercer la patience des Juftes, donc la guerre eft un mal neceffaire qu'il eft impoffible d'éviter ?

REPONSE.

1°. C'eft un fleau de Dieu lorfque Dieu s'en fert ; mais Dieu n'a-t-il point d'autres moyens dans la Toute-puiffance, foit pour punir dans cette vie, ou dans l'autre les pecheurs ? foit pour exercer la patience des Juftes ? Cet argument ne conclut donc rien.

2°. Qui fçait fi Dieu ne veut pas par le moyen de la Paix de l'Europe amener les hommes non feulement à une plus grande connoiffance de la Verité, mais encore à une pratique plus exacte de la Charité, alors il n'aura pas befoin de les punir fi feverement; ainfi il n'aura plus befoin du fleau de la guerre.

3°. Si quelqu'un propofoit les moyens d'éviter les grands ravages de la pefte & de la famine, diroit-on que non feulement

ce feroit perdre fon temps , mais que ce feroit mefme aller contre les deſſeins de Dieu , qui veut abfolument fe fervir toûjours
de ces fleaux : car enfin qui ſçait les deſſeins de la Providence?
Avec un pareil raiſonnement on pourroit conclure qu'il ne faudroit pas mefme tenter par l'habileté des Medecins & par la prudence des Magiſtrats de diminuer la peſte & la famine : car n'eſt-
ce pas dira-t-on s'oppoſer à la volonté de Dieu que vouloir diminuer la punition qu'il envoye: or ne fent-on pas facilement
l'abfurdité d'une pareille Objection.

4°. L'Union des deux cent Souverainetez Germaniques,
l'Union des treize Souverainetez Suiſſes , l'Union des fept Souverainetez d'Hollande ont certainement diminué ce fleau de
Dieu , puiſqu'ils l'ont ou banni entierement d'entre-elles ou du
moins extrêmement affoibly ? Dira-t-on que ces Unions ont eſté
faites contre les deſſeins de la Providence.

5°. Les Souverains d'Afie & d'Affrique pourront encore eſtre
en guerre , ainſi ce fleau ne fera pas fans employ dans le monde
pour punir les crimes generaux des Nations.

XIX. OBJECTION.

Il eſt certain que le Syſtême de l'Union eſt dans les vrais intereſts des Souverains , mais une preuve fenſible que les hommes
ne fe conduiſent guéres par leurs vrais intereſts , c'eſt ce qui fe
paſſe parmy les Chrétiens , ceux mefme qui font le plus perſuadez
de la neceſſité de mener une vie Chrétienne pour éviter l'Enfer, &
pour obtenir le Paradis, pratiquent-ils exactement les maximes du
Chriſtianiſme ?

RE'PONSE.

Il eſt vray que les hommes ne fe conduiſent guéres que par
des paſſions, & par des intereſts mal entendus; mais l'exemple
qu'on apporte en preuve pour montrer qu'il eſt fort douteux que
les Souverains fe refolvent jamais à defirer l'Union , n'eſt pas
dans l'efpece dont il s'agit ; dans les Chrétiens l'intereſt fpirituel

a toûjours à combattre contre l'interest sensible, & le sensible l'emporte presque toûjours, c'est que les hommes se conduisent ordinairement par sentiment, & jamais par speculation, à moins que la speculation ne soit parvenuë par le secours de l'habitude à estre elle-mesme un sentiment, ce qui est rare.

Les passions naissent des choses sensibles, & l'interest ordinaire des hommes, c'est la satisfaction de leurs passions, peu se gouvernent par raison & par des motifs de religion. Si les Souverains estoient gouvernez par ces deux motifs, personne ne douteroit qu'ils ne desirassent fort le Systême de l'Union.

Le Christianisme sur tout qui n'inspire que la douceur, la patience, la charité, le désinteressement, l'humilité, l'admiration & l'estime pour les biens éternels, & pour les grandeur celestes, le mépris & l'indifference pour les biens peu durables de cette vie, & pour toutes les grandeurs humaines, le Christianisme ne conseillera jamais pour garder des prétentions d'agrandissement terrestre, de refuser une Union perpetuelle, la Philosophie, ou la raison épurée, elle qui cherche le repos & la tranquillité pour perfectionner, & l'esprit & le cœur, elle qui compte pour beaucoup l'exemption des soins, des chagrins & des inquietudes pour rendre la vie plus heureuse, la Philosophie soit Stoïque, soit Epicurienne ne conseillera pas de préferer une division & une guerre presque continuelle à une Paix perpetuelle.

Mais les hommes ordinaires ne consultent guéres dans leur conduite les maximes de la Religion & les idées de la Philosophie, ils ne les regardent que comme de pures speculations, aussi n'ay-je pas appuyé sur ces sortes de motifs qui ne sont proportionnez qu'à peu de gens, j'ay opposé passion vulgaire à passion vulgaire, desir de s'agrandir d'une maniere à desir de s'agrandir de plusieurs autres manieres; desir de conquerir & d'envahir, en faisant valoir ses prétentions à crainte d'estre envahi par un voisin, qui voudra de son costé faire valoir les siennes; desir d'acquerir de nouvelles possessions à crainte de perdre son ancien patrimoine, desir d'elevation de Maison à crainte de faire chasser sa Maison du Trône, desir d'augmenter la distinction de sa Maiſon entre les autres Maiſons Souveraines à crainte de décheoir de celle où l'on eſt , deſir d'avoir un plus grand revenu par les Conqueſtes à deſir d'en avoir un beaucoup plus grand par le retranchement d'une prodigieuſe dépenſe , & par la grande augmentation du Commerce ; deſir de ſe faire un grand nom par les Conqueſtes , mais une reputation équivoque , & meſme odieuſe chez les Nations qui auront ſouffert de ces Conqueſtes , à deſir d'une reputation toute belle , toute aimable , toute glorieuſe & durable autant que l'Union meſme pour avoir contribué à l'eſtablir , & pour avoir procuré par cet eſtabliſſement la perfection des Arts & des Sciences , & la felicité des hommes de tous les ſiécles , & de toutes les Nations du monde.

Voilà les motifs que j'ay employez , la ſeule choſe ou j'ay manqué faute de calme , de loiſir , & de talent , c'eſt de n'avoir pas mis ces motifs dans toute leur évidence , mais à qui les examinera de près les trouvera en eux-meſmes beaucoup plus forts que ceux qui peuvent conſeiller la diviſion. Et c'eſt ce qui me fait eſperer que la plûpart des Souverains d'aujourd'huy s'y trouveront ſenſibles , ſur tout quand on conſiderera que les Souverains , qui ont formé autrefois le Corps Germanique n'eſtoient pas d'une autre pâte que ceux qui doivent former le Corps Européen.

XX. OBJECTION.

On m'a dit , ce Projet reſtraint meſme à l'Europe eſt encore trop vaſte pour eſtre executé , ſa grandeur en fait l'impoſſibilité.

RE'PONSE.

1°. Lorſque Henry IV commença à travailler à ſon grand Projet , qui eſt dans le fond le meſme que celuy-cy , il vit bien qu'il ſeroit plus aiſé de le conclure entre cinq ou ſix Puiſſances qu'entre quinz ou vingt , pourquoy ſe reſolut-il donc d'y faire entrer tous les Princes d'Europe les uns après les autres ? Pour-

quoy ce Projet ne luy parut-il point trop vaste , c'est que d'un
costé il jugea que dès que le Traité seroit signé par quelques-uns
la plûpart des autres ne demanderoient pas mieux que d'y entrer,
& que de l'autre l'Union ne seroit jamais solide qu'à proportion
du grand nombre des Membres , ce Projet ne parut point trop
vaste ny à Henry IV , ny à son Conseil, le Duc de Sully son premier Ministre estoit un homme d'un grand sens, & dont les vûës
estoient fort solides , on le voit bien , & par la maniere dont il
rétablit les affaires de son Maistre, & par les choses sensées qu'il
a écrites, il connoissoit les affaires de l'Europe, ces restes valent
peut-estre bien celles d'aujourd'huy , qui jugent ce mesme Projet trop vaste, feu M. de Perefixe qui exalte ce Projet comme il
le merite , écrivoit tout ce qu'il en dit par les ordres, & sous les
yeux du Cardinal Mazarin & le lisoit au Roy , cela prouve au
moins que le Cardinal & les Ministres de ce temps-là qui n'é-
toient rien moins que des visionnaires , quarante-cinq ans après
la mort de Henry ne regardoient pas son dessein comme une belle chimere , & comme une chose absolument impossible dans
l'execution , puisque l'intention du premier Ministre n'estoit pas
de se déshonorer en proposant au Roy parmy des maximes sages
& sensées d'un bon gouvernement des Projets parfaitement chimeriques ; mais tout cela n'est qu'un préjugé contre ces faiseurs
d'Objections. Voyons au fonds s'il y a quelque solidité dans leurs
discours.

2º. Ce Projet est petit pour les commencemens : car enfin
que quatre ou cinq Souverains s'unissent en 1712 dans la vûë
d'en attirer d'autres dans leur Union, il n'y a rien de trop grand,
de trop vaste, il ny a rien que de tres-possible, il ny a rien mesme
que de tres-facile, vû les grands interests qui les porteront à s'u-
nir ; qui prétendroit d'un glan jetté dans la terre en faire naistre
en un an un chêne de cent pieds de haut auroit une prétention
ridicule, *la grandeur en feroit l'impossibilité* , mais si l'on prétend
seulement en un an en faire naître un petit chêne d'un pied de
haut, si lon compte que l'accroissement de la premiere année
deviendra une cause necessaire de l'accroissement d'un second

pied qu'il doit prendre la seconde année, & ainsi de suite d'année en année, ce n'est pas porter ses esperances trop loin que d'esperer qu'en cent ans le gland deviendra un chêne de cent pied de
haut.

3°. Que l'on voye donc ce qui peut se faire chaque année ?
Est-ce que l'Angleterre, la Hollande, le Portugal , la France,
l'Espagne ne peuvent pas s'unir en un an ? Est-ce que Venise,
Gennes, les Suisses & les autres Princes d'Italie ne pourront pas
y entrer ou en mesme temps ou six mois après ; l'interest qu'ils
ont de s'unir n'est-il pas infiniment plus grand que l'interest qu'ils
pourroient avoir de demeurer separez, l'Union ne peut-elle pas
s'accroistre presque en mesme-temps des Princes Allemands,
du Dannemarck, &c ? Or les trois quarts de l'Europe unis ne peuvent-ils pas la troisiéme année attirer peu à peu les autres Princes
qui seront alors non-seulement invitez par le grand interest d'u-
ne Paix inalterable , mais encore pressez par la crainte d'estre
forcez par la plus puissante Ligue du monde, qui se joindroit à
leurs ennemis ? l'Europe entiere ne pourra-t-elle pas la quatriéme année se trouver unie, & cela par le mesme interest qui a fait
unir les autres ; on voit donc que l'accroissement que l'Union
prendra pendant une année sera une cause necessaire de l'accroîs-
sement qu'elle prendra l'année suivante, & ainsi du reste. Qu'y
a-t-il donc de trop grand , de trop vaste pour estre impossible ?
Au contraire comme c'est la grandeur de l'Union qui en fait la
solidité, c'est cette solidité qui engagera tous les Princes à la desirer , & parconsequent à travailler à la former ; ainsi l'on peut
dire avec verité , que bien loin que *la grandeur du Projet en fasse*
l'impossibilité , c'est sa grandeur au contraire qui en fait la facilité.

En effet les Souverains auroient ils envie d'entrer dans un
Traité qui pourroit aisément s'anéantir par le changement de volonté de quelqu'un , ou de quelques-uns des Membres, ou de
leurs Successeurs ; mais dès qu'ils voyent que le grand nombre
des Membres rend ce changement de volonté ou impossible , ou
inutile, alors ils sont d'autant plus portez à entrer dans le Traité
qu'ils y trouvent de solidité.

4°. L'Empire univerſel de la Republique Romaine pouvoit tandis qu'elle ſubſiſtoit rendre la Paix univerſelle, mais comme cette Republique elle-meſme ne pouvoit pas toûjours ſubſiſter, & qu'elle portoit dans ſes entrailles divers principes de diviſion, qui devoient enfin la déchirer & l'anéantir, ne pouvant pas ſe rendre perpetuelle, elle ne pouvoit pas donner à la Paix une perpetuité, une ſolidité qu'elle n'avoit pas elle-meſme.

Les Empereurs Romains pouvoient de meſme donner la Paix à la terre, mais il n'y avoit rien d'aſſez ſolide dans leur Monarchie univerſelle pour pouvoir durer, il y avoit encore plus de cauſes de diviſion & d'anéantiſſement que dans la Republique Romaine.

Pour former une Union toûjours ſubſiſtante, il ſemble qu'il falloit que ce vaſte Empire ſe ſeparaſt en vingt ou trente morceaux differens qui puſſent déſormais eſtre perpetuellement unis par un grand intereſt commun & perpetuel, qui conſiſte dans une augmentation prodigieuſe des richeſſes qu'apportera le retranchement des prodigieuſes dépenſes de la guerre, & la perpetuité & l'univerſalité du Commerce, il falloit que ces Etats puſſent ſe rendre eux-meſmes parfaitement ſtables par leur Union perpetuelle.

Les Etats de l'Union peuvent tous devenir malades par des diviſions inteſtines, mais il eſt comme impoſſible que tous deviennent ainſi malades à la fois, le plus grand nombre demeure en ſa force, alors les Etats ſains donnent du ſecours aux Etats malades, & les rétabliſſent dans leur premier calme & dans leur premiere ſanté ; ainſi chaque Membre ſe preſtant en differens ſiécles des ſecours mutuels, ils s'empêchent les uns les autres de s'anéantir, & ſe communiquent ainſi par leur Union perpetuelle une inaltérabilité qu'aucun d'eux n'avoit en ſon particulier, & que l'Empire Romain ne pouvoit pas avoir.

Il falloit attendre qu'une longue & fâcheuſe guerre entre tous les Souverains de l'Europe preparaſt tous les eſprits à ſouhaiter ardemment de rendre la Paix inaltérable.

Il falloit trouver le temps où pluſieurs Republiques fuſſent assez puissantes pour contribuer puissament à cette Union, mais non pas trop puissantes pour se laisser aller à de folles idées d'une ambition demesurée.

Il falloit attendre le moment, où d'un côté les Alliez de l'Empereur pussent estre rebutez par de nouvelles difficultez, & par la crainte d'une Guerre longue & infructueuse : & de l'autre il falloit attendre le temps, où la Maison de France gouvernée par des Chefs sages & moderez, proposât, ou du moins consentît à donner sûreté parfaite qu'elle n'aura jamais un plus grand Territoire, & qu'elle laissera le Commerce libre, égal, sûr franc, perpetuel & universel : enfin il falloit des conjonctures que la Providence seule pouvoit amener pour le bonheur des Nations.

Ainsi je crois avoir montré que bien loin que *le projet ait rien de trop vaste*, nulle Union ne sera jamais ny solide, ny parfaitement avantageuse en Europe, qu'elle n'en ait embrassé tous les Etats.

AVERTISSEMENT.

Si les Anglois & les Hollandois trouvent que ce projet restraint même à l'Europe, est encore trop étendu pour estre executé, qu'ils marquent eux-mêmes le nombre des Souverains qui suffira pour rendre l'Union inalterable : mais qu'ils aident à la Maison de France à la commencer ; qu'ils laissent seulement la porte ouverte à tous ceux qui voudront y entrer, & ils verront que les plus éloignez y apporteront eux-mêmes de nouveaux moyens que nous n'eussions jamais imaginez, pour donner à l'Union encore plus de solidité, & pour rendre les mouvemens du Corps Europeens aussi faciles aussi prompts que ceux du Corps Germanique.

XXI. OBJECTION.

Je ne croy pas, me disoit un homme d'esprit, qu'il soit absolument impossible que le projet d'Union se signe par la France, par l'Espagne, par l'Angleterre, par la Hollande, par le Portugal ; mais sûrement il ne se signera point. Je ne puis point, ajoûta-t-il vous demontrer qu'il ne se signera pas ; mais sûrement il ne se signera pas.

E

R E' P O N S E.

Pour moy, je dis qu'il se signera, & j'apporte les raisons de ma prédiction : c'est que les Puissances sont trop interessées à le signer : il convient de ce grand interest, mais il soûtient qu'ils ne le verront point : je soûtiens qu"ls le verront : il dit qu'ils n'ont pas les yeux assez sains : je soûtiens le contraire : enfin il m'avoüe qu'il n'a pas de quoy me demontrer sa prédiction, mais que cela n'empêche pas qu'il n'en soit sûr. Mais pourquoy en estes-vous sûr, luy dis-je? N'est-ce pas par des raisons suffisantes pour produire cette assûrance? Or pourquoy ne pourriez-vous pas me les faire voir ces raisons? Il fallut qu'il en vint au dernier retranchement qui est d'estre convaincu par *sentiment interieur*, l'azyle de l'opiniâtreté & de tous les préjugez les plus extravagans. Enfin il n'y a plus à raisonner avec un homme qui ne peut plus apporter de raisons.

XXII. OBJECTION.

Pour excuser son opiniâtreté, le même homme me dit que plusieurs gens d'esprit qui ont lû l'Ouvrage prédisoient comme luy, qu'il ne se signera jamais entre les Puissances de l'Europe un pareil Traité.

R E' P O N S E.

Ces gens d'esprit ont apparemment des raisons pour juger ainsi de l'avenir. Vous les ont-ils dites? Si cela est, dites-les moy, & nous allons les examiner. Ont-ils trouvé quelqu'une de quatre propositions mal fondée? Vous ont-ils dit laquelle, & en quoy consiste le défaut de preuve? Ont-ils trouvé quelqu'une des objections, à laquelle je n'aye pas solidement répondu? Dites-moy laquelle. Vous ont-ils dit les défauts de la réponse? Dites-les moy, & les examinons. Vous ont-ils fait quelques nouvelles objections? Dites-les moy. Il ne me dit rien de nouveau : & cela impatiente. Si c'estoit une femme incapable de juger de ces matieres, qui tînt un pareil difcours, je n'y trouverois rien à dire : elle eft dans la neceffité fur les chofes qu'elle ne fçauroit voir par elle-même, de s'en rapporter au fentiment des autres: mais en verité pour un homme d'efprit, quand il faut qu'il juge d'un Ouvrage de pur raifonnement, s'en rapporter à la fimple autorité de gens, qui non plus que moy, ne font rien moins qu'infaillibles, lors qu'il peut eftre lui-même juge des raifons de l'Ouvrage, & de celles des Critiques, ce n'eft pas prendre la voye la plus fûre pour ne fe point tromper ; ce n'eft plus raifonner, ce n'eft plus philofopher, c'eft difcourir fans raifon, c'eft proprement faire comme les fuperftitieux, & comme les autres ignorans, qui dans leurs opinions ne voyent que par les oreilles.

XXIII. OBJECTION.

Sans la Guerre les Nations deviendroient trop nombreufes ; la terre ne pourroit nourrir tout le peuple.

RÉPONSE.

Cette objection eft venuë à l'efprit de plufieurs perfonnes ; ainfi il y faut répondre ferieufement, car il ne faut rien méprifer de ce qui peut arrêter même les efprits les plus foibles.

1°. Il eft certain que fi ce trop grand nombre d'habitans eft effectivement à redouter, fi cela doit caufer quelque crainte pour l'avenir, on ne doit pas eftre raffûré fur ce grand inconvenient, quand les Guerres dureroient par tout telles qu'elles font ; puifque malgré ces Guerres il eft vifible que le genre humain multiplie encore, & a confiderablement multiplié depuis deux mille ans. Ainfi ceux qui font cette objection devroient trouver qu'il n'y a pas affez de Guerres, & pour fe delivrer de leurs craintes, c'eft à eux à fonger au moyen de multiplier les Combats, le nombre des Combattans, & les machines meurtrieres.

2°. Ce pretendu inconvenient ne feroit à craindre qu'après un prodigieux nombre de fiecles. Car, par exemple, la Normandie, où il y a environ deux millions d'ames, eft beaucoup plus grande & beaucoup plus fertile, que n'eſtoit le Royaume de David, cependant ce Royaume nourriſſoit dans ce temps-là plus de ſept millions d'ames ; parce que les terres y eſtoient mieux cultivées à cauſe du grand nombre d'habitans.

Beaucoup de gens periſſent à la Guerre, qui ſeroient morts ailleurs en même temps, ou même plûtôt ; beaucoup d'autres n'auroient point eu d'enfans. Ainſi on ne peut pas ſuppoſer que la Paix perpetuelle donne à la France quatre cent mille ames de plus en cent ans, ce ſera pour la Normandie, qui eſt la dixiéme partie de la France quarante mille habitans de plus en cent ans, & quatre cent mille en mille ans, & quatre millions en dix mille ans : il faudra donc attendre plus de dix mille ans avant que la Normandie ait plus d'habitans qu'il n'y en avoit dans la Paleſtine, où il n'y en avoit pas trop. On peut dire la même choſe de tout le Royaume à proportion ; mais il s'en faut plus des trois quarts que ny l'Eſpagne, ny la Tartarie, ny la Moſcovie, ny le Dannemarck, ny la Suede, ny la Turquie, ny l'Egypte, ny le reſte de l'Affrique, ny quantité d'Iſles d'Aſie ne ſoient ſi peuplées que la Normandie. Ainſi cette crainte qu'il n'y ait un jour plus d'habitans que de nourriture ſur la terre, il faut la reculer au moins de trente ou quarante mille ans, vû la grande étenduë de ces Péïs en comparaiſon de la France. Mais que ſera-ce, ſi l'on envoye de temps en temps des Colonies d'Europe dans les vaſtes Terres de l'Amerique, dans ces grandes Iſles de l'Ocean, & dans toutes ces autres Terres inconnuës des deux Poles. Ainſi reculez, s'il vous plaît, vôtre crainte au moins d'icy à cent cinquante mille ans.

30. Si l'on ſe met à deſirer les Guerres pour empêcher une multiplication qui s'augmente tous les jours, il faut donc deſirer une plus mauvaiſe medecine que la nôtre afin de tuer plus de gens, & bannir la bonne qui prolonge la vie, les ſecrets de prolonger la vie que tant d'habiles gens cherchent depuis ſi long-temps, ſont donc des ſecrets pernicieux au genre gumain, puiſqu'ils conſpirent à cette multiplication exceſſive que l'on veut nous faire craindre ? Et un Medecin qui auroit un bon remede pour arrêter les

maladies populaires, & pour la pefte, feroit un Citoyen très-
dangereux qu'il faudroit promptement enfevelir luy & fon fecret.
Il faudroit de même dans un Etat bien policé recompenfer les me-
res qui étoufferoient leurs enfans, car enfin il vaudroit encore
mieux étouffer quatre cent mille enfans en cent ans, que de faire égorger quatre cent mille hommes. Voilà ou conduit une crainte auffi extravagante.

40. Un trop grand froid, un trop grand chaud, des pluyës ex-
ceffives, trop de feichereffe, un air corrompu des faifons dere-
glées, des maladies populaires, les peftes, les famines, toutes chofes qui ne dépendent point des hommes, & pour lefquelles ils n'ont
point de prefervatifs fuffifans, feront toûjours des maux trop
frequens & trop redoutables au genre humain, & fur tout
là où le peuple fera fort nombreux. La pefte feule enleva en dix
mois vers l'an 1670 plus du quart de la Ville de Roüen, où j'étu-
diois : & quatre ans auparavant cette maladie emporta à Londres
plus de deux cent cinquante mille habitans. Ces fleaux que nous
craignons avec tant de raifon, ne fuffifent que trop pour vous
guerir d'une crainte auffi deraifonable que la crainte d'une multiplication exceffive, fans que vous ayez befoin d'appeller à leur fecours les épouvantables carnages de la Guerre.

XXIV. OBJECTION.

Comment efperer de rendre inalterable un établiffement
humain ?

REPONSE.

Les Arts qui fervent à la nourriture des hommes, aux commoditez de la vie, l'Agriculture, les Moulins, l'Art de faire de la
Toille & des Etoffes, l'Ecriture, l'Imprimerie, la Gravure l'Ari-
themetique, la maniere de mefurer le Temps, les Champs, &
les autres chofes neceffaires, les établiffemens des Ecôles, des
Colleges ne font-ce pas autant d'établiffemens humains? Cependant y a-t-il à craindre que ces chofes ne durent pas tant qu'il y au-

ra des hommes, ou du moins juſqu'à ce qu'on ait trouvé quelque choſe de plus utile ou de plus commode? Et ce qu'on trouveroit de meilleur ne dureroit-il pas de même toûjours, quoyque ce fût un établiſſement humain? Et loin de ceſſer, ou de s'alterer, ces établiſſemens ne feroient avec le temps que s'affermir & ſe perfeÂtioner : c'eſt que les hommes naîtront toûjours fortement intereſſez pour leur repos, pour leur opulence & pour leurs commoditez. Voilà la maniere de rendre auſſi durable que le monde un établiſſement humain. Or y eut-il jamais ſur la terre un établiſſement plus avantageux aux Princes & à leurs Sujets, que le ſeroit l'établiſſement de l'Union Generale, & de la Paix perpetuelle & univerſelle dans l'Europe? Peut-on rien imaginer de plus neceſſaire pour leur repos, pour leur opulence, pour toutes les commoditez, & pour tous les agrémens de la vie? Pourquoy un établiſſement où la gloire & la volupté, où le vicieux & le vertueux, où tous les caraÂteres, où tous les âges & tous les ſexes trouvent également leur ſatisfaÂtion & leur bonheur, ne ſeroit-il pas durable? Si quelques hommes peuvent devenir aſſez inſenſez pour vouloir brûler leurs Villes & leurs Maiſons, tuer les autres, & ſe détruire eux-mêmes, ce degré de folie eſt rare; & le grand nombre de ceux qui n'auront pas perdu le ſens pourront facilement les reprimer. Qui peut donc empêcher que l'Union une fois établie ne dure autant que le genre humain?

2°. L'Union Germanique eſt un établiſſement humain; cependant il ſubſiſte depuis ſix ou ſept ſiecles, & peut encore ſubſiſter long-temps malgré ſes défauts eſſentiels. Et que ſeroit-ce, ſi on trouvoit le moyen de luy ôter ſes défauts? Or le vray moyen, le moyen ſûr & unique, c'eſt d'unir ce Corps au Corps Helvetique, au Corps Hollandois, ou plûtôt au Corps Européen : & nous avons montré qu'il eſtoit plus facile de faire cette augmentation de Ligue, de former preſentement cette ſeconde Union, qu'il ne fut autrefois de former la premiere : & ce ſera alors que cet établiſſement ſera inalterable?

XXV. OBJECTION.

Comment concilier le Chriſtianiſme avec le Mahométiſme, les Moſcovites avec les Calviniſtes ?

RE'PONSE.

L'Union qu'on propoſe, n'eſt pas la conciliation des Religions differentes, mais la Paix entre Nations de differentes Religions. Or qu'y a-t-il d'impoſſible ? Les Lutheriens d'Allemagne, par exemple, ne ſont-ils pas en paix avec les Catholiques Allemans ? Les differens de Religion ont-ils empêché l'Eſpagne de s'unir avec la Hollande ? Si l'on ne faiſoit la Guerre que pour la Religion, l'objection auroit de la force : mais dans le projet on laiſſe chacun dans ſa Religion, comme dans ſes autres poſſeſſions. Ainſi il n'eſt point queſtion de concilier ſur cet article toutes les Nations du monde, j'ay dit ſeulement, & je le dis encore que s'il y a quelques moyens humains qui puiſſent contribuer à amener peu à peu les diverſes Sectes au point de vûë de la verité, l'établiſſement d'une Paix perpetuelle eſt le plus ſolide de tous ces moyens, & même le fondement de toute conciliation.

Par le frequent Commerce les opinions ſeront frequemment comparées, & avec le ſeul ſecours des frequentes comparaiſons, on peut eſperer que les opinions les plus raiſonnables prendront à la fin le deſſus, & par conſequent que la raiſon ſervira beaucoup à amener tous les hommes à la veritable Religion.

Les opinions raiſonnables ont un grand avantage dans la comparaiſon ſur celles qui ne le ſont pas : ſur ce pied-là il eſt certain que la vraye Religion n'a beſoin que d'eſtre ſouvent comparée aux autres pour leur eſtre enfin preferée : or la grande étenduë, l'augmentation & la perpetuité du Commerce entre toutes les Nations rendront neceſſairement les comparaiſon des Religions plus nombreuſes & plus frequentes. Ainſi on peut s'aſſûrer que la vraye Religion, qui eſt la ſeule raiſonnable, deviendra peu à peu dans la ſuite des ſiecles la Religion univerſelle. Il ne faut pas même

craindre que cette confideration éloigne les Nations ou Hereti-
ques , ou Infidelles de l'Union Generale : au contraire elles fouhaiteront l'Union même par zele pour leurs Religions : c'eſt que
chacun eſt dans la confiance que ſa Religion eſt beaucoup plus raiſonnable que celle des autres.

On m'a objecté que c'eſt un article de la Religion des Mahometans , de ne faire que des Treves , & jamais aucun Traité de
Paix avec les Chrétiens : mais ceux qui parlent ainſi ne ſont pas
bien informez d'une diſtinction eſſentielle ; il leur eſt défendu de
faire de Paix ſolide & durable avec des Ennemis Chrétiens , ou
égaux en forces , ou preſque égaux : mais avec des Chrétiens qui
ſeroient de beaucoup ſuperieurs en forces , il ne leur eſt pas défendu de faire une Paix ſolide & durable ; puiſque ſans cela ce ſeroit
expoſer leur Religion dans un peril évident. Or ſi le Grand-Seigneur ſeul devenoit ennemi de l'Union , ſon Empire & ſa Religion ne ſeroient-ils pas dans un peril évident ? Et d'ailleurs puiſqu'il leur eſt permis de faire des Treves de vingt ans , & de les re-
nouveler , n'en peuvent-ils pas faire de cent ans , & les renouve-
ler ; & ces longues Treves toûjours renouvelées n'operent-elle pas
le même effet que la Paix perpetuelle ?

XXVI. OBJECTION.

La gloire que quelques Souverains eſperent du ſuccez de la
Guerre , peut les éloigner de ce projet , qui rendroit la Guerre
impoſſible.

REPONSE.

10. Je ſuppoſe que malgré le peu de ſolidité de ces eſperances
l'imagination ſeductrice appuyée de l'habitude de penſer faux,
donne à ces Souverains un plaiſir très-réel à imaginer leur nom
celebre dans toutes les Nations , leur Maiſon vingt fois plus floriſ-
ſante dans mille ans qu'elle n'eſt preſentement : ſi cette ſorte de plaiſir eſtoit innocent , s'il n'en coûtoit rien à perſonne , je n'aurois
rien à dire : l'homme peut eſtre heureux par des viſions, mais
ſi ce ſeul plaiſir tout chimerique qu'il eſt , coûte à cent cin-

quante

quante millions de perfonnes qui vivent tous les malheurs qu'en-
traîne la Guerre : fi cette chimere leur fait perdre pour jamais
tous les biens qu'apporteroit la Paix univerfelle & perpetuelle :
fi ce plaifir doit caufer tant de maux peut-être pendant cent cinquante mille ans à tous ceux qui nous fuivront : facrifier ainfi froidement à une pareille chimere le bonheur du genre humain,
c'eft chercher la gloire dans la dureté, dans la mechanceté, dans
la cruauté même. Or qu'y a-t-il de plus infenfé ?

2°. Quand l'amour de la gloire, quand le defir de rendre fon
nom celebre & fa maifon illuftre porte un homme à entreprendre, & à executer des chofes très-difficiles, mais fur tout très-
avantageufes pour le bonheur des hommes, le plaifir qu'il fe fait
non-feulement n'a rien que d'innocent, mais mefme il n'a rien
que de très-loüable, parce qu'il n'a rien que de très-utile au genre humain, il s'imagine à la verité des plaifirs dans l'avenir, qui
peuvent bien fe réduire aux agréables efperances dont il joüit
dans le prefent ; mais à Dieu ne plaife, que je cherche à éteindre
en luy des efperances vaines, qui produifent dans la Societé des
biens fi grands & fi réels, il n'en fçauroit trop naiftre de cette
efpece dans nos efprits ; mais quand les Princes fe laiffent conduire par des *efperances* qui doivent rendre les hommes très-
malheureux, on ne fçauroit alors apporter trop de foin à les en
défabufer, & à leur faire toucher au doigt la fauffeté & la vanité
dont elles font accompagnées, la honte, l'execration, & les autres punitions dont elles font fuivies.

3°. Ou vous ferez tres-heureux après voftre mort, & alors les
plaifirs ineffables dont vous joüirez, vous permettront ils d'eftre
fenfible aux petits interefts terreftres à la vaine fatisfaction de
grand Conquerant ? Qui ne fçait que les tres-grands plaifirs ne
laiffent pas de fenfibilité pour les petits, & qui doute que les plus
grands plaifirs de cette vie ne foient extrêmement petits en comparaifon de ceux de la vie future ? Ou bien vous ferez tres-mal-
heureux, & peut-on s'imaginer qu'au travers des plus grandes
douleurs on puiffe eftre fenfible à de pareilles fatisfactions, tel
que fera la réputation de grand Capitaine, & l'agrandiffement

F

de territoire de voſtre Maiſon dans cette petite planette? Jugeons-
en par noſtre propre experience. La moindre brûlure laiſſe-
t-elle à l'ame la moindre ſenſibilité pour des ſatisfaſtions encore
plus grandes que ne peuvent eſtre les ſatisfaſtions de la vanité.

4°. Je ſçay bien que les Princes non plus que les autres hommes ne ſe déterminent guéres dans les partis qu'ils ont à prendre dans leurs affaires journalieres par le Syſtême de l'immortalité de l'ame, & de l'éternité de peines & de plaiſirs; mais cependant il faut qu'ils optent, ſi c'eſt dans le Syſtême de l'immortalité
ils ne ſçauroient ignorer que la vertu conſiſte à rendre les autres
heureux, que le crime conſiſte à les rendre malheureux; que la
vertu eſt ſeule digne de récompenſe, & d'autant plus digne que
l'on ſacrifie de ſes intereſts pour le bonheur des autres. Que le
vice que le crime eſt ſeul digne de punition eſt d'autant plus pu-
niſſable, que l'on ſacrifie du bonheur des autres à ſa propre ſatisfaſtion, & que pour éviter un petit mal, on leur en fait ſouffrir
de tres-grands.

5°. Quiconque a la premiere teinture de Religion, ſoit Chrétienne, ſoit Mahometane, ſoit Chinoiſe, ſoit Payenne, ne ſçauroit avoir d'idée du Paradis que pour les bons, de l'Enfer que
pour les méchans, & perſonne ne diſpute ſur l'idée de bon & ſur
l'idée de méchant. Le bon fait du bien à ceux qu'il peut, le méchant ne ſe ſoucie pas de faire, de cauſer beaucoup de maux aux
autres, pourvû qu'il luy en revienne quelque ſatisfaſtion. Or
peut-il venir à l'eſprit d'un Prince que ce ſoit eſtre bon à ſes Peuples, que ce ſoit eſtre bon à ſes voiſins, & aux autres Nations
que de s'oppoſer pour ſa propre ſatisfaſtion à une Paix perpetuelle & univerſelle? Les plus impudens flateurs peuvent-ils jamais eſperer de luy perſuader, que de contribuer de toutes ſes
forces pour une vaine ſatisfaſtion à entretenir perpetuellement
les malheurs effroyables de la guerre parmy les hommes, ce ne
ſoit pas eſtre extrêmement méchant? Or peut-il jamais tomber
dans l'eſprit d'un homme tant ſoit peu ſenſé de chercher une
grande gloire dans une extrême méchanceté, & d'obtenir une
vie infiniment heureuſe en cauſant aux hommes des maux infinis.

XXVII. OBJECTION.

Vous n'auriez pas contre voſtre Projet la plûpart des Souverains, m'a-t-on dit, s'ils ſe gouvernoient autrement que par leurs
Miniſtres ? Qui eſt-ce qui parle aux Princes de leurs affaires que
leurs Miniſtres ? Et qui ſont les Miniſtres qui preferent l'intereſt
du Prince & de l'Etat à leur propre intereſt ? Les Miniſtres du
Roy de Suéde par exemple, qui ont le détail de la guerre, ſoit de
terre, ſoit de mer, les Miniſtres de la guerre dont ſe ſert la Maiſon d'Autriche ne verront-ils pas que s'il ſe faiſoit une Paix inalterable, ils n'auroient plus ny crédit, ny conſideration, ny employ?
Il ne peut y avoir que le Miniſtre des Finances & du Commerce
qui pourroit y gagner, eſtant déchargé d'un coſté d'un peſant
fardeau pendant la guerre, & ayant beaucoup d'affaires utiles &
agreables à propoſer pendant la Paix, encore n'y gagneroit-il
pas : car il y a un droit conſiderable ſur les taxes, & ſur les affaires
extraordinaires qui ſe font durant la guerre, & n'eſt-il pas juſte
après tout que dans le temps qu'il a plus de peine, il ait auſſi plus
de recompenſe.

RE'PONSE.

1°. Trop de gens ſouffrent de la guerre pour ne pas ſouhaiter
de ſortir de cet eſtat malheureux, trop de gens parleront de ce
Projet en Europe, s'il eſt publié, en Latin, & dans les Langues vulgaires, pour que les Princes n'en entendent pas
ſouvent parler, & quoy que les Miniſtres entourent le Prince,
ils n'oſeroient pourtant luy donner pour déſavantageux un Traité, où les avantages ſont ſi évidens pour luy & pour ſes Peuples.
Peut-eſtre qu'ils pourroient eſperer de luy cacher ces grands
avantages, s'il eſtoit impoſſible que d'autres qu'eux ne luy en
parlaſſent ; mais trop de perſonnes ſages & déſintereſſées luy en
parleroient, la plûpart des Souverains le liront donc, & s'ils le
liſent, leurs intereſts y ſont trop évidens, pour ne pas vouloir
que la choſe ſoit approfondie ; ainſi ils n'auront qu'à former un
ou pluſieurs Bureaux ou Comitez de gens habiles, qui mettent
par écrit les nouvelles Objections & les Réponſes qu'on y peut

faire, & qui mettent tout Lecteur en eſtat de juger par luy-meſme s'il eſt ou nuiſible ou avantageux, s'il eſt ou poſſible ou impoſſible à executer. Or ſeurement ſi le Prince prend ce parti-là,
aucun Miniſtre n'oſera plus parler malgré ſa conſcience contre
les intereſts de ſon Maiſtre & de ſa Patrie, il craindroit avec raiſon d'eſtre regardé comme un traître, & d'eſtre puny de ſa trahiſon.

2°. Un Miniſtre craindra qu'un ou deux Princes voiſins ayant
agréé le Projet ne ſolicitent ſon Maiſtre d'y entrer, & que ce ne
ſoit un puiſſant préjugé contre ſon ſentiment, de voir que d'autres Princes regardent ce Traité comme avantageux ; ainſi ou le
Miniſtre n'oſera riſquer ſa réputation, ou s'il la riſque, il aura la
honte de la perdre.

3°. Il eſt vray que dans la conſtitution preſente des Etats de
l'Europe, & du reſte de la Terre, les affaires de la Guerre, ſoit
directement, ſoit indirectement, font les trois quarts & demy
des affaires de chaque Etat ; mais quiconque voudra refléchir
tant ſoit peu ſur les autres affaires du Souverain verra bien-toſt
qu'il y a vingt ſortes d'affaires, qui ſont à la verité moins preſ-
ſantes, que celles de la guerre, mais qui ſont toutes dans le fonds
beaucoup plus avantageuſes pour le Souverain & pour ſes Sujets ; nous en avons indiqué quelques-unes dans le troiſiéme diſcours, on a cependant negligé de toutes parts ces importantes affaires, pour ſe tourner uniquement du coſté de l'affaire de la guerre, mais ſi la Paix regnoit en Europe, & que ſon Regne fût
affermi pour toûjours, les Miniſtres changeroient à la verité d'affaires & d'occupations, mais ils n'en n'auroient pas moins avec
cette difference que ces affaires ſeroient beaucoup plus agreables
& infiniment plus profitables que celles de la guerre ; ainſi les
Miniſtres auroient encore plus d'employs, & plus de créatures à
employer, & auroient bien moins de chagrins pour les maux preſens & moins d'inquiétudes pour les mauvais ſuccez à venir.

Un Seigneur particulier a eû pendant vingt ans de grands
procez en divers Parlemens, il y a employé deux ſolliciteurs habiles, & gens d'eſprit, il a eſté forcé de tourner preſque toute ſon

attention & celle de ſes gens de ce coſté-là , d'employer preſque tout ſon revenu , & une partie de ſon fonds pour fournir à la dé-penſe de ces ſolliciteurs , aux frais des Huiſſiers , des Procureurs , des Avocats , des Greffiers , des Juges meſme; ainſi il a eſté forcé de negliger ſes terres , l'éducation de ſes enfans , l'œconomie domeſtique & ſon Commerce: voilà enfin tous ſes procez finis & pour toûjours , il va ſonger preſentement à défricher de bon-nes terres , qui faute de culture ſe ſont remplies de brouſſailles , à deſſeicher des mareſcages pour faire de bonnes prairies , à plan-ter de bonnes vignes & des arbres d'ornement , à labourer , en-graiſſer & ſemer ſes champs , à faire paiſtre pluſieurs paſturages qu'il n'avoit pas le moyen de charger de beſtiaux , à réparer des fermes & des métairies qui tomboient en ruine , à rétablir des moulins abandonnez , à trouver des Fermiers , à établir des Commis pour ſon commerce, à faire des bâtimens & des clotu-res utiles & agreables , à faire des acquiſitions commodes. Qu'on me diſe ſi alors ſes deux principaux Miniſtres , gens d'un eſprit excellent , affectionnez à ſon ſervice luy ſeront dèſormais inuti-les , & s'il manquera d'employ à leur donner ? Il n'aura plus ces affaires dèſagreables & dommageables qu'amenent les procez , mais n'aura-t-il pas quantité d'autres ſortes d'affaires moins fâ-cheuſes & plus profitables , pour leſquelles il aura beſoin de tout leur eſprit , de tout leur zele , & de toute leur application.

4°. Seroit-il poſſible quand les Miniſtres croiroient beaucoup perdre au Traité de Paix que tous fuſſent aſſez corrompus & aſſez malheureux pour ne vouloir pas donner leurs petits inte-reſts au plus grand intereſt que puiſſent jamais avoir leur Prince, leur Patrie , & tous les hommes , de toutes les Nations , de tous les ſiécles à venir ? Or dans une Cour il ſuffit d'un Miniſtre zelé pour ſoûtenir la verité , & pour la perſuader , quand cette verité eſt auſſi évidente , auſſi intereſſante , & appuyée du ſuffrage de tous les gens de bien.

5°. Les Princes du Corps Germanique avoient leurs Miniſtres pour la guerre , cependant le Projet d'Union fut agrée & fut exe-cuté. On peut donc ſoûtenir que l'obſtacle qui peut venir de la

part des Miniftres à l'Union de l'Europe ne fera point abfolument infurmontable.

CONSIDERATION.

Sur la Nobleffe employée à la guerre.

1°. Chacun fçait que l'on ne fait la guerre que par neceffité,
& pour avoir la Paix; c'eft un grand mal que l'on fupporte pour
en éviter un autre plus grand.

2°. L'intereft des gens de guerre n'empefche pas chaque Etat
de faire des Paix; ainfi ce mefme intereft n'empefchera pas que
chacun des Souverains qui font en guerre ne tâche de conclure
promptement la Paix future, & ne faffe en forte que cette Paix
foit fort longue, & s'il fe peut inalterable.

3°. Mais au fonds la guerre eft une Lotterie, où la Nobleffe
en general perd incomparablement plus qu'elle ne gagne; la
dépenfe que tous y font paffe de beaucoup les récompenfes que
tous en tirent, peu de Billets noirs en comparaifon des Billets
blancs. Il y a deux fortes de Lotteries, les unes égales, les autres
inégales. J'appelle une Lotterie égale, où les Billets noirs tous
enfemble valent tout ce que coûtent à tous les joüeurs tous les
Billets, foit blancs, foit noirs. J'appelle Lotterie inégale celle où
tous les Billets noirs pris enfemble ne valent pas ce que coûtent
aux joüeurs tous les Billets foit blancs, foit noirs, elle eft fort
inégale quand il s'en faut un tiers, une moitié que ces Billets
noirs n'arrivent à la valeur de ce que coûtent tous les Billets: or
il eft évident que beaucoup plus de familles Nobles font ou étein-
tes ou appauvries, ou ruïnées par le métier de la guerre, qu'il
n'y en a d'enrichies & d'élevées, c'eft une Lotterie qui peut eftre
avantageufe pour quelques Maifons particulieres en tres-petit
nombre, mais ruineufe pour le general des maifons de la Nobleffe.

4°. Quant à la diftinction il eft évident que tant que l'Etat
pour fa confervation à befoin de gens de guerre, il eft à propos

d'attacher des honneurs à la valeur & aux talens de bons Officiers; mais s'il arrive par le moyen de l'établiſſement de la Republique de la Paix, qu'on n'ait plus beſoin de guerre, ce meſme Etat attachera ces meſmes honneurs, ces meſmes diſtinctions aux vertus, aux travaux, aux talens à proportion qu'ils ſeront plus utiles au bonheur de l'Etat ; ainſi la Nobleſſe n'y perdra ny honneurs ny richeſſes.

5°. Dès que l'on mettra beaucoup de degrez dans les emplois de Juſtice, de Police, de Finance, de Commerce, des Arts & des Sciences, les ſeuls emplois qui peuvent rendre un Etat heureux & floriſſant dès qu'on y attachera des honneurs, dès qu'on n'y placera que ceux en qui on reconnoiſtra le plus de bonté, de juſtice, de capacité & de laborioſité, chacun trouvera ſa place, le reſſort de l'émulation ſera mis en œuvre au profit du public, l'Etat ſera bien ſervy, & les particuliers bien recompenſez.

6°. Comme chaque Etat fera une grande épargne en Troupes, il eſt juſte d'employer une partie de cette épargne en penſions pour les Officiers de terre & de mer qui ſeront congediez à proportion de leur rang, des actions particulieres, & de l'ancienneté de leur Commiſſion. Il eſt à propos que ceux qui ont ſervy ſoient recompenſez à proportion de leurs ſervices, & que chacun de ceux qui ſont intereſſez à la continuation de la guerre reçoivent quelque déſintereſſement du profit meſme que fera l'Etat par la continuation de la Paix.

7°. La Nobleſſe n'achette-t-elle pas beaucoup d'emplois de guerre, ainſi ne pourra-t-elle pas achetter des employs de Paix, lorſqu'il ſera eſtably, que ce ſeront les ſeules ſources des honneurs, lorſque les Nobles ſeront preferés, & lorſque les Charges ſeront fixées à un prix modique, où l'on puiſſe aiſément atteindre, lorſque dans chaque Corps il y aura beaucoup de degrez de diſtinction pour ceux qui auront plus de lumieres, d'application & de probité, & lorſque l'on donnera les honneurs de Comtes, de Marquis, de Duc, ou autres ſemblables à ceux qui par leurs ſervices ſeront montez aux premieres places. Et n'eſt-il pas juſte après tout que ceux qui rendent les plus grands ſervices à l'Etat en reçoivent les plus grandes recompenses.

8°. L'Etat devenu plus riche ne pourra-t-il pas rembourser partie du prix des Charges fixées, afin que dans la Noblesse moins riche, le Roy puisse choisir sur un plus grand nombre les excellens Sujets.

9°. La Noblesse aura les mesmes honneurs, de plus grands revenus, & les Maisons ne s'éteindront plus par les guerres, & dureront beaucoup plus long-temps, tels sont les avantages que la Noblesse tirera de l'inalterabilité de la Paix.

XXVIII. OBJECTION.

Les hommes sont si disposez à se contredire les uns les autres, si differens dans leurs vûës, & dans leurs manieres de penser, si opposez dans leurs interests, que quand il est necessaire d'obtenir de quatre personnes leur consentement pour une chose qui leur est utile, il est presqu'impossible d'y parvenir. Or comment esperer de faire jamais convenir vingt-sept ou vingt-huit Souverains qui ont la plûpart des sentimens si differens, qui sont gouvernez en partie par des Ministres qui ont leurs interests particuliers souvent opposez à ceux de leurs Maîtres, & de les faire convenir de soixante articles differens ; cependant sans convention, point d'Union ?

RE'PONSE.

1°. Il est vray que les hommes ont une grande disposition à se contredire les uns les autres ; mais ils n'ont pas coûtume de contredire celuy qui parle pour eux, & conformement à leurs plus grands interests, à moins qu'ils ne soient dans quelque accez de passion violente, qui n'est qu'une folie passagere.

2°. Quand on a tant de peine à faire convenir quatre personnes d'un seul article, c'est qu'il y a quelqu'un d'eux à qui il n'est pas évident que cet article luy soit avantageux, car sans cela il ne se trouveroit aucun obstacle. Or il est évident pour tous les Souverains que le Systême de l'Union sera infiniment plus avantageux pour eux & pour la durée de leur Maison que le Systême de la guerre ; ainsi il n'y a rien qui puisse les éloigner de convenir de l'Union.

3°. Cette

3°. Cette Objection iroit approuver qu'on ne pourroit jamais efperer de former aucune Societé, aucune Compagnie feulement de quatre ou cinq perfonnes, & fur tout celles ou il faut beaucoup de fortes d'articles qui foient comme les moyens d'arriver au but que fe propofent ces Societez : or cependant l'experience nous apprend que dans les affaires civiles, dans les entreprifes de pieté, il fe forme des Compagnies de Commerce, des Societez de Religion d'un plus grand nombre de perfonnes que de quatre, que de quarante, & que le nombre s'augmente tresconfiderablement par le nombre de ceux qui croyent trouver leur avantage à y entrer.

4°. Je n'ay pas prétendu que la convention fe fit tout d'un coup entre les vingt-huit Souverains, mais qu'elle fe pourroit faire d'abord entre quatre ou cinq, qu'enfuite d'autres y entreroient, j'ay dit, & je croy l'avoir bien prouvé que cette premiere convention entre quatre ou cinq n'eft pas impoffible, qu'elle fuffit pour commencer l'Union, que cette Union commencée chacun des autres y entrera, s'il fuit fes plus grands interefts, & que fi quelqu'un n'y vouloit pas foufcrire de bon gré, l'Union plus puiffante l'y feroit facilement foufcrire les armes à la main. Or fur quel fondement juger qu'il eft impoffible que ces quatre Puiffances conviennent de former cette Union, il faudroit montrer que quelqu'un d'entr'eux ne verra pas les quinze grands avantages dont on a cy-devant parlé. Qu'on me nomme donc quelqu'un de ces quatre ou cinq Souverains, & qu'on me dife qui l'empefchera de trouver fon intereft, & un intereft prodigieux dans cette Union.

Si vous n'avez pas de raifon pour croire que les Princes ne trouveront pas dans l'Union de très-grands avantages, vous avez tort de juger qu'ils ne conviendront jamais, fi au contraire les avantages font immenfes pour eux à convenir de cette Union, fi ces avantages font évidens, mefme pour ceux qui feroient prévenus de paffions contraires, il eft certain qu'ils la fouhaiteront à proportion qu'elle leur paroiftra avantageufe, c'eft l'intereft qui divife, mais c'eft l'intereft qui unit, nous n'avons pas plus de

G

pente à la division qu'à l'union , ce qui fait noftre pente , c'eft le plus d'intereft que nous trouvons, ou que nous croyons trouver du cofté de la division plûtoft que du cofté de l'union.

5°. Quant à la multitude des articles dont les Souverains doivent convenir, n'eft-il pas vray qu'ils fe reduifent tous à un qui eft de conferver entr'eux une Paix qui leur doit eftre avantageufe ? N'eft-il pas vray que les autres articles font fubalternes & ne font que des moyens pour arriver à un but fi defirable , & le prix du but ne fait-il pas agréer les moyens , quand les moyens coûteroient beaucoup , pourvû qu'on les regarde comme abfolument necelfaires , & que le but paroiffe d'un plus haut prix que tous les moyens enfemble.

Qui doute que pour l'eftabliffement de cette fameufe Compagnie que les Hollandois ont formée pour le Commerce des Indes , il n'ait fallu que quelqu'un en ait fait un premier Plan fondé fur le profit immenfe que l'on y pourroit faire , fi l'on pouvoit fournir certaines avances pour divers eftabliffemens necelfaires ; avances qui ne pouvoient eftre faites que par un grand nombre de riches particuliers , mais ce grand profit mis une fois en évidence fonde l'union de dix perfonnes , & bien-toft après de quarante , enfuite de cent , & enfin de deux mille , de vingt mille perfonnes , qui ont d'aillleurs des interefts particuliers fort differens , & peut-eftre oppofez , le grand profit qu'ils doivent faire en commun ne les fait-il pas paffer par deffus des interefts moins confiderables , l'Union fe forme & ne confifte que dans un feul article fondamental , que chacun profitera à proportion de ce qu'il y mettra , il eft bien vray qu'il faut convenir de cent autres articles pour faire réüffir le Projet , mais fi ces articles font les moyens les plus convenables pour arriver au but , chacun par intereft ne les fouhaite t-il pas , ne les demande-t-il pas ? On compte pour rien la perte ou la dépenfe quand elle eft necelfaire pour faire un profit très-grand , & proportionné à cette dépenfe.

Mais au fond quand on fe tromperoit d'abord en quelque chofe fur le choix de ces moyens , de ces articles dont on eft convenu par provifion, on ne rifque rien, puifque ceux qui font la Societé, ceux qui la gouvernent peuvent ou éclairez par de nouvelles reflexions, ou inftruits par leur experience, changer & rechanger ces articles, & prendre de nouveaux moyens plus convenables & plus commodes, le mefme intereft qui les a fait convenir d'un article, tandis qu'ils ont crû qu'il eftoit avantageux pour arriver au but : ce mefme intereft leur fera aifément changer. Dès qu'il leur fera appercevoir qu'il eft moins avantageux que nuifible, entre Affociez le but rectifie bien-toft ces moyens, & quand on fçait une fois la grande valeur du but, chacun fe rend facile pour convenir des moyens ; ainfi dans ce Projet loin que le nombre des articles doive épouvanter, on ne fera en peine que de les multiplier pour perfectionner l'ouvrage, & les Princes qui s'uniront peuvent-ils craindre de s'engager à quelques articles ou penibles ou defavantageux, eux qui font toûjours les maiftres aux trois quarts des voix de s'en difpenfer comme ils ont efté les maiftres de s'y engager, n'auront-ils pas tous en cecy le mefme intereft, qui eft d'un cofté de rendre l'Union la plus folide qu'il leur fera poffible, & de l'autre de faire en forte de choifir les moyens qui leur coûteront le moins, & qui leur feront les moins incommodes pour augmenter cette folidité.

6°. Qui doute que les deux cens Souverains d'Allemagne ne fuffent fort difpofez à fe contredire les uns les autres, cependant ils convinrent, & par quelle raifon ce qui s'eft fait autrefois entre deux cent devient-il impoffible prefentement entre vingt-fept ou vingt-huit.

XXIX. OBJECTION.

La guerre avec les Etats voifins eft très-utile à un Etat, pourvû qu'elle ne fe faffe pas avec une trop grande dépenfe, pourvû qu'elle ne dure pas trop long-temps, & qu'elle ne fe faffe pas avec un grand défavantage ; c'eft qu'elle éloigne les guerres civiles en confumant les efprits turbulens, remuans, inquiets, les gens ruinez par leurs profufions, qui pour changer de fituation exciteroient des féditions dans les Provinces, & formeroient des partis dans l'Etat. Or de deux maux il faut choifir le moindre. Et qui ne fçait que les guerres civiles font beaucoup plus funeftes , & bien plus ruineufes pour l'Etat que les guerres eftrangeres.

RE'PONSE.

1°. Ces efprits inquiets & turbulens, qui fe confument à la guerre ne font pas les feuls qu'elle fait périr, elle en fait auffi périr au moins une autre moitié de Citoyens fages & vertueux, qui auroient rendu de grands fervices à leur patrie dans les emplois de Paix.

2°. Dans le Syftême prefent de la guerre, il eft vifible que les guerres eftrangeres font naiftre & facilitent fouvent les revoltes & les guerres civiles. On en voit des exemples en Hongrie, en Pologne, en Italie, en France, en Efpagne, par tout & dans tous les temps, ou les Citoyens font armez contre les Citoyens pendant les guerres eftrangeres.

3°. La Réponfe décifive , c'eft qu'il ne peut y avoir d'utilité dans la guerre eftrangere qu'en ce qu'elle peut éloigner la guerre civile : or nous avons démontré que dans le Syftême de l'Union , il ny auroit à craindre n'y guerre eftrangere , ny guerre civile ; ainfi l'Union feroit un prefervatif infaillible contre les guerres civiles, au lieu que la guerre eftrangere loin d'eftre un prefervatif feur contre les guerres civiles, en devient fouvent l'unique caufe.

XXX. OBJECTION.

Le Syftême de la Paix eft proprement le Syftême de l'abondance ; ainfi une longue Paix nous apporteroit certainement une grande abondance , & feroit ceffer la plus grande partie de nos miferes; mais l'abondance traîne fouvent avec elle la molleffe , le luxe, la débauche , les hommes ne feront donc que changer de maux.

RE'PONSE.

6°. Il eft vray que lorfque les loix ne difpenfent pas les hon—

neurs, les dignitez, les emplois, les penfions aux plus vertueux, aux plus laborieux, & aux plus intelligens, les vices de l'abondance font à craindre, mais il fera bien plus facile de former, & de faire obferver de bonnes loix, de bons reglemens dans la tranquillité de la Paix, que dans le trouble & l'agitation de la guerre.

Lorfque les vices regnent dans un Etat, ce n'eft pas tant la faute de l'abondance, que la faute des loix qui ne font pas encore arrivées au point de bien diriger les mœurs par la bonne difpenfation des recompenfes ; tenez par des loix fages la porte ouverte à toute condition, à tout âge pour s'élever aifément à proportion de fon travail au deffus de fes pareils, il arrivera que ceux qui ne travailleront pas tomberont dans le mépris ; ainfi prefque tous travailleront : mais fi le reffort de la gloire n'eft bien fecondé par de fages loix, fi la parenté, l'alliance, le dévoüement fervile, la flatterie, la faveur décident plus fouvent des emplois & des recompenfes de l'Etat, que les talens, que l'application, que la moderation, que la probité, on abandonnera toûjours ces bonnes qualitez, & l'Etat tombera peu à peu en ruine.

Ces fages Romains qui avoient une fi belle difcipline militaire, de fi belles loix pour conquerir le monde par la guerre n'avoient pas affez bien pourvû aux loix qui pouvoient prévenir les divifions entr'eux, & les malheurs du luxe durant la Paix, ils avoient trouvé ce qui doit produire l'abondance ; mais ils n'avoient pas inventé les reglemens neceffaires pour infpirer à chaque Citoyen le bon ufage de cette abondance.

Or quand peut-on efperer de trouver ces fages reglemens ? Quand peut-on efperer de les eftablir, que lorfqu'on ne fera plus occupé des inquiétudes & des maux preffans de la guerre, & lorfqu'on ne craindra plus de féditions & de revoltes au milieu de la Paix.

Le luxe, la débauche, la baffe ambition ne font donc pas des fuites neceffaires de l'abondance, ils n'en font fuites neceffaires que dans un Etat qui n'eft pas encore affez bien policé, le mauvais ufage des meilleures chofes eft à craindre. S'enfuit-il que les bonnes chofes foient à éviter, faudra-t-il demander la petiteffe d'efprit, l'ignorance parce qu'on peut abufer de la fcience & de l'étenduë de l'efprit ; que de biens il revient à une Province, quand l'abondance fe trouve chez des perfonnes genereufes, habiles, compatiffantes, laborieufes, les voifins, les amis, les parens, les pauvres, les riches mefmes, tout le monde s'en reffent ; diftribuez avec juftice les recompenfes utiles & honorables à ceux, qui dans leur condition ferviront le mieux le public, & ne craignez plus pour eux l'abondance, dirigez vos loix & vos reglemens, pour connoiftre tous les jours plus exactement les divers degrez de merite de chaque Sujet, & chacun ne fongera plus à fe faire d'autres Patrons que le merite mefme. Laiffez les faineans fans honneur, fans employ, il s'en trouvera peu, & dès qu'on aura ainfi jetté des marques de mépris fur le luxe, fur la moleffe, fur l'intemperance, fur la pareffe, fur la baffe ambition, les vices chercheront bien-toft une autre contrée.

Voulez-vous, m'a-t-on dit, retrancher les jeux, les repas agreables, les fpectacles pour donner tout à la gloire, je n'ay garde de demander aux hommes du commun une perfection dont ils ne font pas capables, la moderation dans les plaifirs innocens eft une vertu qui fuppofe des plaifirs, & la vertu la plus rigide en a befoin comme d'un relâchement neceffaire à la nature. Il eft vray que pour le bon gouvernement d'un Etat, on a bien plus befoin de mettre en œuvre le reffort des plaifirs de la gloire que le reffort des plaifirs des fens : mais la gloire elle-mefme à befoin d'eftre dirigée, & ne voit-on pas fouvent qu'au lieu de produire l'émulation fur l'acquifition du merite, elle ne fait naiftre que la jaloufie fur la recompenfe que reçoivent les autres, ne voit-on pas avec étonnement qu'un fentiment eftimable dans fon principe ne produit quelquefois qu'une conduite honteufe & méprifable.

Dans le calme de la Paix il ne fera pas bien difficile de diriger peu à peu les mœurs par la gloire. Nous en avons vû des exemples dans Lacedemone & dans l'ancienne Rome, les hommes vont droit à la recompenfe, ne recompenfez que les actions glorieuſes que les qualitez eſtimables & utiles , & à proportion qu'elles ſont utiles , l'abondance , loin de nuire à la vertu ne ſervira qu'à mieux établir ſon Regne.

2°. Il faut opter entre le Syſtême de l'abondance & le Syſtême de la pauvreté. Or qui ne voit que la pauvreté traîne après elle beaucoup plus de crimes , & de plus grands crimes que l'abondance , le meſme homme qui eſt injuſte à trois degrez tant qu'il eſt dans l'abondance , le ſeroit à ſix s'il tomboit dans la pauvreté ; c'eſt que dans l'abondance il n'en coûte le plus ſouvent que du ſuperflu pour eſtre juſte , au lieu que dans la pauvreté il en coûte du neceſſaire.

Les larcins , les fraudes , les fauſſetez , les parjures , l'hypocriſie , les perfidies , les vols , les empoiſonnement , les aſſaſſinats marchent à la ſuite de la pauvreté , & ſont de bien plus grands crimes que ceux de l'intemperance , de la faineantiſe & du luxe , c'eſt que les crimes de la pauvreté rendent criminel , odieux , execrable , & tendent à détruire la Societé , au lieu que la plûpart des vices de l'abondance ne font le plus ſouvent que rendre la ſocieté incommode , & le vicieux mépriſable.

3°. Qu'on ſe repreſente le prodigieux nombre de meurtres qui ſe font tous les jours à la guerre , & dont chaque party fait gloire ; les incendies , les pillages , & toutes les autres violences des ſoldats yvres & emportez , ce ſont des ſuites neceſſaires du Syſtême de la guerre : or l'on verra que les vices du Syſtême de l'abondance & de la Paix ſont infiniment moins à craindre pour le genre humain , que les crimes qu'autoriſe la guerre.

4°. Voyons-nous qu'en Hollande où les Habitans ſont plus opulens qu'ailleurs , que dans cet Etat où il y a plus de richeſſes à proportion chez ces particuliers qu'en aucun pays du monde il y ait plus de vices & plus de crimes que parmy les autres Nations , au contraire les Habitans , ſoit qu'ils doivent cela à l'abondance meſme , ou à leurs bonnes loix exercent bien plus exactement la juſtice , la bonne foy & la charité qu'on ne fait dans les Pays ou regne l'indigence.

Qu'on ne nous preſente donc plus l'abondance comme un

malheur pour les hommes , à moins qu'on ne veüille regarder
comme des maux tous les biens dont ils peuvent abuſer ce qui
ſeroit une grande extravagance.

XXXI. OBJECTION.

Je conviens, m'a-t-on dit, que ſi quatre ou cinq Souverains avoient
commencé à ſigner ce Traité , tous les autres le ſigneroient l'un
après l'autre ; mais c'eſt ce commencement qui eſt preſqu'impoſſible.

RE'PONSE.

Je ſçay bien qu'un Ouvrage ne ſçauroit jamais s'achever s'il
ne peut jamais ſe commencer; mais pourquoy juge-t-on que ſi le
Traité eſtoit commencé par quatre ou cinq Souverains les vingt
autres viendroient l'un après l'autre le ſigner & l'achever ; y a-t-il
quelqu'autre fondement à ce jugement , que le grand intereſt
qu'ils auroient à ſigner les derniers ce que d'autres auroient ſigné
les premiers : or qu'elle preuve , qu'elle impoſſibilité y a-t-il , que
le meſme motif qui ſeroit ſeurement aſſez puiſſant pour les faire
tous ſigner les derniers avec joye & avec empreſſement ne ſera
pas ſeurement aſſez puiſſant pour en exciter quatre ou cinq d'entr'eux à le ſigner les premiers, qu'on me montre cette impoſſibi-
bilité, il y a meſme un motif de plus pour les premiers, c'eſt l'hon-
nent d'avoir commencé l'eſtabliſſement le plus important aux
Peuples & aux Souverains que l'on puiſſe jamais imaginer.

Au reſte j'avoûë que ces ſortes d'Objections dont je ne ſçau-
rois découvrir la force, & qui ne prennent leur ſource que dans
des préjugez ſans fondement, loin de m'ébranler ne font que
m'afermir, loin de m'oſter l'eſperance du ſuccez ne font que me
l'augmenter; c'eſt que l'on a quelque ſujet de croire que ceux-
là n'ont rien de ſolide à objecter , qui après s'eſtre tournez de tous
coſtez ne preſentent que des Phantômes de difficulté, qui s'éva-
noüiſſent dès qu'on les approche de la lumiere,& ils diſparoiſſent
dès qu'on veut les toucher.

CONCLUSION.

CONCLUSION
DE L'OUVRAGE.

JE croy, avoir mis la plûpart des Lecteurs au point de fouhaiter que l'on tente fi effectivement il ne feroit pas poffible
d'amener peu à peu, & l'un après l'autre, les Souverains d'Europe à former entr'eux un Corps toûjours fubfiftant pour terminer leurs differens futurs *fans guerre*, en confervant & la diftinction qui eft entr'eux & la mefme eftenduë de territoire qu'ils
ont prefentement ou qu'ils auront par le premier Projet de Paix
prochain, & la mefme autorité fur leurs Peuples.

Je me fuis appuyé de l'exemple de l'Union Belgique, dans laquelle fept Souverainetez font un Corps qui fubfifte il y a près
de cent cinquante ans, & qui ont trouvé le moyen de terminer
entre elles *fans guerre* leurs differens, de conferver chacune toute
l'eftenduë de leur territoire, & la mefme autorité fur leurs fujets.
Je me fuis appuyé de l'exemple de l'Union Helvetique ou treize
Souverainetez depuis un temps encore plus long joüiffent du
mefme bonheur.

Mais l'exemple fur lequel je me fuis le plus appuyé a efté
l'Union Germanique, qui eft encore plus ancienne, & qui eft
compofée non-feulement de Republiques particulieres, mais
encore de diverfes Monarchies, qui ont confpiré à former cette Union, j'y ay remarqué un défaut effentiel, qui eft d'avoir
un Chef réel & non reprefenté, un Chef perpetuel & non revocable, un Chef qui a trop d'autorité, enfin un Chef dont les
interefts font oppofez aux interefts des Membres, j'ay fait voir
qu'il y avoit fept fois plus de difficultez à former cette Union
par le nombre des intereffez qu'il n'y en aura à former l'Union
Européenne, & que celle-cy fera plus facile, en ce que la durée
de la Paix interieure & exterieure fera bien plus certaine, & qu'elle fera parconfequent un motif bien plus puiffant.

J'ay montré que le Projet de *l'Union Européenne* de Henry
IV eft dans le fonds le mefme que celuy-cy ; que je ne fais que

reſſuſciter le ſien, qui eſtoit fait ſur le modele de *l'Union Germa-*
nique, à l'exception de l'article du Chef, on ſçait aſſez que ce
Prince n'eſtoit pas un viſionnaire, n'y luy, n'y ſes Miniſtres, n'y
les Souverains qui avoient agréé ſon Projet avant ſa mort, que
le Cardinal Mazarin, ny les Miniſtres de ſon temps n'auroient
jamais ſouffert que le Precepteur du Roy luy euſt dans ſon
inſtruction tant vanté un pareil Projet, s'ils l'avoient tous jugé
chimerique.

Tels ont eſté les préjugez que j'ay employez pour contre-ba-
lancer les préjugez du Lecteur, mais il reſtoit un grand inconvenient; les motifs de *l'Union Germanique* nous ſont inconnus,
ils ſe ſont évanoüis depuis pluſieurs ſiécles, les motifs qu'avoit ra-
maſſez Henry IV, pour former *l'Union Européenne* ſont perdus,
il a fallu par un effort d'attention longue & ſuivie, en ſe remet-
tant dans les meſmes voyes tâcher de retrouver ces importans
motifs que le temps nous avoit fait perdre.

C'eſt en ſuivant ces meſmes traces que j'ay montré dans le
premier diſcours, & ce me ſemble avec évidence que le Syſtême de l'équilibre entre la Maiſon de France & la Maiſon d'Autriche, que les Souverains d'Europe ont ſuivy juſqu'à preſent
faute de mieux, eſtoit plus difficile à eſtablir & à conſerver, que
le Syſtême de *l'Union Européenne*, qu'il eſtoit d'une dépenſe infiniment plus grande, qu'il ne donnoit pas à beaucoup près tant
de ſeureté, n'y pour la conſervation des Etats tels qu'ils ſont, ny
pour la conſervation du Commerce, & ce qui eſt le plus important qu'il ne rendoit point les guerres civiles & eſtrangeres moins
frequentes.

C'eſt en marchant dans les voyes de Henry le Grand, que
j'ay montré dans le ſecond diſcours, que ſi l'Union Européenne
ſe formoit à peu près ſur les articles que je propoſe, elle ſeroit
perpetuelle & inalterable, & qu'elle rendroit la Paix entre les
Souverains également perpetuelle & inalterable, j'ay ramaſſé
toutes les forces de mon eſprit pour mette cette propoſition à tel
point d'évidence qu'elle fuſt hors de doute, & j'en ſuis venu à
bout: car quoy que ce diſcours ſoit long, & un peu ennuyeux

pour la plûpart des Lecteurs, aucun d'eux que je sçache n'a hésité à dire qu'il est certain, que si les Souverains d'Europe signoient les uns après les autres un pareil Traité d'Union, il seroit très-solide, & que la Paix seroit parfaitement durable ; mais ceux qui m'ont fait des Objections se sont uniquement rabatus à dire, que ces Souverains *selon les apparences*, ne le signeroient point du moins de nos jours.

Il ne me restoit à prouver autre chose, sinon que ces Souverains *selon les apparences*, le signeroient ; c'est ce que j'ay fait dans le troisiéme Discours ; j'y ay établi pour baze la verité prouvée dans le second, qui est que nous aurions en Europe une Paix inalterable, si les Souverains signoient le Traité d'Union ; car dans l'inalterabilité de la Paix j'ay trouvé l'exemption d'un si grand nombre de si grands maux pour tous ces Souverains & pour leurs Sujets, j'y ay trouvé pour eux la possession d'un si grand nombre de si grands biens en comparaison de ceux qu'ils peuvent raisonablement esperer du Systême de l'Equilibre, qui est une branche du Systême de la Guerre, que quoique ce Discours ne soit pas à beaucoup près au point où je l'eusse mis, si j'avois eu plus de temps & plus de secours, je n'ay pas laissé d'obtenir des contradicteurs les plus opiniâtres un aveu qui est pour le projet d'un bon augure ; ils m'ont tous avoüé qu'il n'y eut jamais un Traité, qui à tout prendre, fût pour chacun des Souverains si avantageux, soit pour leurs propres Personnes, soit pour leurs Maisons ; mais ils se sont tous retranchez à dire que tels que ces Souverains estoient faits, ces avantages ne seroient pas pour eux assez évidens, assez sensibles, & ne se presenteroient pas assez ensemble à leur esprit pour les determiner à prendre le bon parti.

Voilà ce qui m'a obligé à ramasser les diverses difficultez que l'on m'a faites, & de les éclaircir ; c'est dans cette vûë que je prie instament le Lecteur, & pour obtenir plus sûrement, je le défie hautement de m'en faire de nouvelles, ou de montrer que je n'ay pas solidement répondu aux anciennes, ou sinon je le somme d'avoüer qu'il est convaincu que *selon les apparences*, tous les Souverains d'Europe signeront le Traité, & ce qui prouve que toutes les apparences font de ce côté-là, c'eft qu'entre les Lecteurs incertains la moitié convient qu'il feroit facile de le faire figner à quatre ou cinq Souverains, & que l'autre moitié convient que fi quatre ou cinq l'avoient figné, rien ne feroit plus facile que d'y faire entrer tout le refte l'un après l'autre; de forte que *les apparences* demeurent toûjours du côté du fuccez.

A l'égard du quatriéme difcours, je ne l'ay fait que pour montrer & que les conjonctures de la Guerre prefente font favorables pour faire goûter le projet, & que le projet peut eftre d'une grande utilité pour raprocher les efprits dans les conjonctures prefentes, pour leur ôter une partie de leur défiance mutuelle, & pour rendre enfin la Paix prochaine plus prompte & plus facile; cela ne fera pas difficile à voir à quiconque remontera au veritable intereft qu'ont eu les Alliez de la Maifon d'Autriche pour faire la Guerre à la Maifon de France; cet intereft eft uniquement *la fûreté fuffifante* de leur confervation & de leur Commerce. Or dès qu'ils verront cette *fûreté fuffifante* dans le Traité d'Union de l'Europe, il ne leur importera plus que la Maifon de France ait quelquesProvinces de plus,&il leur importera beaucoup même de les faire reftituer, pour obtenir par cette reftitution uue Paix inalterable qu'ils cherchoient en vain dans le Syftême de l'Equilibre, & qu'ils trouvent heureufement dans le Syftême de l'Union.

F I N.

Pour diriger nos pas vers la Paix.

LETTRE A M.

Pour examiner l'Ouvrage.

DANS la vûë que j'ay de montrer ce Memoire à des perſonnes de grande conſideration, & de le rendre enſuite public, s'ils le jugent à propos, j'ay crû qu'il eſtoit neceſſaire d'en ôter ce qui pourroit déplaire, & qu'il falloit pour cela le donner à corriger à mes amis, & leur en fournir en même temps pluſieurs Copies bien liſibles, pour avoir plûtôt leurs obſervations. Voilà ce qui m'a obligé d'en faire imprimer trois douzaines de Copies comme celle-cy.

Je vous ſupplie de relire les endroits les plus importans de ce Projet, & je vous demande, 1°. Ce que vous croyez qu'il manque aux preuves des quatre propoſitions qui font le ſujet des quatre Diſcours.

2°. Ce que vous jugeriez à propos de retrancher, ou d'ajoûter, qui ſoit tellement dans les intereſts de la Maiſon de France, qu'il puiſſe eſtre agréé par les Alliez de la Maiſon d'Autriche : de même ce que vous jugeriez à propos de retrancher ou d'ajoûter, qui ſoit tellement dans les intereſts des Alliez de la Maiſon d'Autriche, qu'il puiſſe eſtre agréé par la Maiſon de France. Il faut d'un côté pour faire convenir les Parties ceſſer d'être partial : & de l'autre il faut qu'elles trouvent toutes leurs avantages, & s'il ſe peut de très-grands avantages à la convention.

3°. Je vous demande encore ce que vons jugeriez à propos de retrancher ou d'ajoûter par rapport aux intereſts des autres Souverains pour rendre la Paix plus facile, plus étenduë & plus ſolide.

4°. Si vous croyez qu'un ou deux Souverains d'Europe s'oppoſent à l'Union, marquez-moy, je vous ſupplie, en quoy les intereſts qu'ils ont de s'y oppoſer ſont plus forts que ceux qu'ils ont de la ſolliciter : dites-moy auſſi ſi vous croyez que les Souverains qui s'oppoſeront à ce Projet ſeront plus unis entre eux & plus puiſſans que ceux qui voudront former l'Union.

Si je vous demande de relire l'Ouvrage, & ſur tout le troiſiéme diſcours & le commencement du ſecond, c'eſt que quelque eſprit & quelque attention que l'on ait, il n'eſt pas poſſible à l'égard d'un Ouvrage medité comme celuy-cy, que l'on puiſſe s'aſſûrer d'avoir vû en trois ou quatre heures d'une lecture interrompuë tout ce que l'Auteur n'a pû bien voir qu'en trois ou quatre années d'une meditation ſuivie & opiniâtre. Cependant on ne peut pas eſtre en état de bien juger de la bon-

té ou de la solidité d'un pareil projet, que l'on ne soit sûr d'estre parvenu au point de vûë de celuy qui le compose.

Il ne me reste plus qu'à vous demander, s'il ne conviendroit pas également à nos affaires & à celles des autres Souverains d'Europe que ce
Projet, *après qu'il aura esté corrigé*, fût traduit en Latin, & en diverses Langues vivantes, & répandu dans toutes les Cours & dans les principales Villes de l'Europe ; les avantages d'une Paix inalterable sont
si grands pour les Souverains, qu'on peut esperer qu'il ne se trouvera
aucun d'eux qui ne les voye facilement si le Projet vient à leur connoissance.

S'il n'est pas certain que tous les Souverains se conduiront sa-
gement dans cette affaire, & qu'ils feront un choix sensé, il n'est pas
certain du moins que le plus grand nombre & les plus puissans fassent
un choix insensé ; & ne trouvez-vous pas que si nous avons quelque chose à craindre de l'inapplication & de l'incapacité des uns, nous avons
beaucoup à esperer de l'attention & de la sagesse des autres.

Ce premier Septembre 1711.